W0039841

Mosaik bei
GOLDMANN

Buch

Der meisterhafte Umgang mit Geld ist so einfach wie Lesen und Schreiben und kann von jedem gelernt werden. Kurt Tepperwein lüftet das Geheimnis des Reichtums: Die wahre Quelle des Reichtums sind die inneren Potenziale des Menschen. Werden sie entdeckt, ist eine neue Epoche des Reichtums möglich. So kann jeder ganz einfach Schulden abbauen und sich ein Vermögen schaffen, denn ein wahrer Meister wird nicht vom Geld beherrscht, er beherrscht das Geld und lässt es für sich arbeiten. Der geschickte Umgang mit Geld ist für Männer und Frauen der Schlüssel zu einem erfüllten Leben. Deshalb sollten möglichst alle Menschen am Geldgeheimnis teilhaben und Meister in Finanzdingen werden.

Autor

Prof. Kurt Tepperwein war erfolgreicher Unternehmer und lange Jahre Unternehmensberater, ehe er sich 1973 aus dem Wirtschaftsleben zurückzog. Er wurde Heilpraktiker und Forscher auf dem Gebiet der wahren Ursachen von Krankheit und Leid. Seit 1984 ist er Dozent an der Akademie für geistige Wissenschaften. Seine Lebenshilfe- und Selbsthilfebücher wurden in viele Sprachen übersetzt.

Von Kurt Tepperwein außerdem bei Goldmann:
Geistheilung durch sich selbst (11738)
Die Geistigen Gesetze (21610)
Kraftquelle Mentaltraining (12141)
Jungbrunnen Entsäuerung (14207)
Erfinde dich neu (16582)
Gesund für immer (21703)
Wunder vollbringen durch schöpferische Imagination (21642)
Nie mehr ärgern (16970)

KURT TEPPERWEIN

Das Geldgeheimnis

ist nicht gelüftet!!

**Über den meisterhaften
Umgang mit Geld**

- K. Marx hat das Geld
  üb..........d definiert und
  analysiert; seine Funktionen
  verständlich gemacht.
- Geld erscheint oft mystisch,
  ist es aber nicht.
- Geld ist vor allem auch eine
  „ein Machtinstrument!"
  (Macht im weitesten Sinne,
  da man mit Geld alles
  kaufen kann)

Mosaik bei
GOLDMANN

FSC

Mix

Produktgruppe aus vorbildlich
bewirtschafteten Wäldern und
anderen kontrollierten Herkünften

Zert.-Nr. SGS-COC-1940
www.fsc.org
© 1996 Forest Stewardship Council

Verlagsgruppe Random House FSC-DEU-0100
Das für dieses Buch verwendete FSC-zertifizierte Papier *Munken Print*
liefert Arctic Paper Munkedals AB, Schweden.

4. Auflage
Originalausgabe November 2001
© 2001 Wilhelm Goldmann Verlag, München,
in der Verlagsgruppe Random House GmbH
Umschlaggestaltung: Design Team München
Umschlagfoto: Zefa/Westrich
Redaktion: Dunja Reulein
Satz: Barbara Rabus
Druck und Bindung: GGP Media GmbH, Pößneck
kö · Herstellung: Max Widmaier
Printed in Germany
ISBN 978-3-442-16380-9

www.mosaik-goldmann.de

Inhalt

Vorwort

Wir leben in einer Zeit, in welcher der meisterhafte Umgang mit Geld nicht das Privileg weniger bleiben, sondern von allen Menschen beherrscht werden sollte. Das Geldgeheimnis für viele Menschen zu lüften und den meisterhaften Umgang mit Geld leicht verständlich darzustellen ist das Ziel dieses Buches.

Es ist noch gar nicht so lange her, da konnten nur wenige Menschen lesen und schreiben. Heute lernt schon jedes Kind in der Schule, diese kulturellen Fähigkeiten zu beherrschen. Und darin sind auch Sie bereits Meister!

Dieser Vergleich, meisterhaft lesen und schreiben und meisterhaft mit Geld umgehen zu können, ist nicht zufällig gewählt, sondern sehr bedeutsam. *Die meisten Menschen sind heute in Gelddingen Analphabeten.* Aber umgekehrt gilt genauso: Das ABC des Umgangs mit Geld zu lernen ist kinderleicht.

Stellen Sie sich einen Moment vor, wie sehr Ihr Leben *verarmt* wäre, wenn Sie nicht lesen und schreiben könnten:

- Zeitungen und Bücher lesen könnten Sie ganz aus Ihrem Leben streichen und damit natürlich auch die Informationen und das Wissen, das Sie aus diesen Medien ziehen. Es brauchen ja nicht einmal hochgeistige Schriftstücke zu sein. Denken Sie auch an Kochbücher oder Gebrauchsanweisungen für Geräte, die für Sie böhmische Dörfer wären.
- Unterwegs in fremden Orten hätten Sie erhebliche Orientierungsprobleme, weil Sie Straßen- und Hinweisschilder oder Namen an Häusern nicht entziffern könnten.

- Ohne in der eigenen Muttersprache lesen und schreiben zu können, wäre Ihnen auch der Zugang zu anderen Kulturen und fremden Sprachen erheblich erschwert.
- Ein Katalog, aus dem Sie etwas bestellen könnten, wäre für Sie ein Buch mit sieben Siegeln. Eine Bestellung auf diesem Weg wäre ausgeschlossen. Sie könnten nichts direkt kaufen, sondern wären immer von einem Verkäufer abhängig, der Ihnen alles erklärt (zum Beispiel den Reisekatalog für eine Urlaubsreise).
- Sie könnten keine Liebesbriefe, Tagebücher oder auch nur Notizen schreiben.

Machen Sie es sich noch einmal ganz und gar bewusst, wie sehr Ihre Fähigkeiten, lesen und schreiben zu können, Ihr Leben in jeder Hinsicht *be-reich-ern*: in Bezug auf Gesundheit, Beruf, Partnerschaft und Familie, Lebensumfeld (Haus, Wohnung) und Persönlichkeitsentwicklung.

Der meisterhafte Umgang mit Geld wird Ihr Leben mindestens noch einmal so stark bereichern wie Ihre Fähigkeit, lesen und schreiben zu können.

Können Sie sich vorstellen, dass Sie ein Leben führen, das frei ist von ernsthaften Krankheiten? Ein heilsames Leben voller Vitalität und Lebensenergie, weil man für sich harmonische Lebensverhältnisse geschaffen hat!

So lassen sich auch die finanziellen Lebensverhältnisse grundsätzlich heilen, so dass man ein für alle Mal frei ist von finanziellen Sorgen.

Was dürfen Sie also von diesem Buch erwarten? Was bedeutet es, einen »meisterhaften Umgang mit Geld« zu erwerben? Was bedeutet es, einen »heilsamen Umgang mit Geld« zu pflegen?

- Wer mit Geld meisterhaft umgehen kann, ist kein Opfer finanzieller Umstände und Probleme mehr, sondern *meistert sein Leben in finanzieller Hinsicht.* Ernsthafte finanzielle Probleme sind aus seinem Leben verschwunden. Es ist immer mehr Geld vorhanden, als für den eigenen Lebensstil benötigt wird.

- Ein Meister wird nicht vom Geld beherrscht, sondern beherrscht das Geld. Er lässt Geld intelligent für sich arbeiten. Ein Meister vermag *mühelos ein Vermögen aufzubauen.* Sein Vermögen besteht nicht nur aus Geld, sondern ist ein umfassend schöpferisches Vermögen: Er vermag, alle seine Absichten in kurzer Zeit Wirklichkeit werden zu lassen.

- Man geht auch meisterhaft mit Geld um, wenn man *das tut, was einem am meisten Spaß macht,* seine Talente und Potenziale zur Entfaltung bringt und für die Gemeinschaft wertvoll ist. Dafür lässt man sich dann auch gut bezahlen.

- Der meisterhafte Umgang mit Geld bewirkt *Wohlstand und Wohlbefinden in allen Lebensbereichen:* Gesundheit, Beruf, Partnerschaft und Familie, Lebenswelt und Persönlichkeitsentwicklung.

- Ein meisterhafter Umgang mit Geld schafft *inneren wie äußeren Reichtum* und gibt dem Lebensglück die sichere Basis. Der scheinbare Widerspruch zwischen Geld und Glück, innerem und äußerem Reichtum löst sich in reinem Wohlgefallen auf.

- Im meisterhaften Umgang mit Geld manifestiert sich eine *Harmonie männlicher und weiblicher Energien,* von Verstand und Gefühl, von Intuition und Handeln. Es ist ein emanzipatorisches Thema für Mann wie Frau.

- Der meisterhafte Umgang mit Geld ist *Bestandteil der meisterhaften Lebensführung.*

- Im meisterhaften Umgang mit Geld wird der Gesellschaft ein Optimum an Wert zugeführt. Der Meister ist kein Schmarotzer in der Gesellschaft, sondern ein *Wohltäter, der Verantwortung für das Ganze mitträgt.*

Im meisterhaften und heilsamen Umgang mit Geld befreien wir uns aus der Verhaftung im Materiellen und setzen unsere schöpferischen geistigen Potenziale frei.

GELD ist nicht nur ein Weggefährte auf unserer Abenteuerreise durch die materielle Welt. GELD weist uns als Spiegel auch in der geistigen Welt den Weg zu uns SELBST. Denn je mehr wir aus unserem wahren SELBST handeln, desto freier und *reich*-licher fließt Geld zu uns zurück. *Geld heilt von der Verhaftung im Materiellen, wenn wir seinen wahren Wert erkennen und nutzen.*

Beachten Sie bitte auch den Internet-Service zu diesem Buch unter: **www.millionaer.de**

1. TEIL
Geld: Das Ende des Tabus

Wir wollen gleich zur Sache kommen und das Geldgeheimnis direkt im ersten Teil lüften. Denn schließlich soll es dazu genutzt werden, um einen meisterhaften Umgang mit Geld zu erreichen.

Wenn wir von »Geldgeheimnis« sprechen, so schwingen gleich verschiedene Gedanken mit, von verdunkelnder »Geheimniskrämerei« bis hin zum fast schon erotisch »Geheimnisvollen«. Das Geldgeheimnis hat diese beiden und andere Facetten. Lassen Sie uns eines nach dem anderen offen legen.

Meisterschaft beginnt bei der Klärung des Bewusstseins und Denkens. Das ist der erste Schritt, der Inhalt des ersten Teils dieses Buches: *»Geldbewusstsein« als Meisterbewusstsein.* Geldbewusstsein ist keine Kenntnis über Finanztechniken, sondern das Bewusstsein *über die und hinter* den Finanztechniken. Finanztechniken helfen, Gewinn bringend mit Geld umzugehen, Geldbewusstsein führt dazu, das Leben in allen Be-reich-en und Aspekten zu be-reichern. *Geldbewusstsein öffnet das Tor zum Leben in Fülle.*

Was nutzen einem Liebestechniken, wenn man sich selbst nicht liebenswert findet und in keiner Liebesbeziehung lebt? So ist es auch mit Finanztechniken: Sie nutzen wenig, wenn man seinen wahren Wert nicht lebt und keine »Liebesbeziehung« zu Geld hat.

Das größte Tabuthema

Obwohl sich alles nur um Geld zu drehen scheint, gehört Geld heute zu den größten Tabuthemen. Wenn wir in einer Männerrunde nach den Seitensprüngen fragen, werden wir eher Auskunft bekommen, als wenn wir nach der Höhe des Einkommens fragen. Denn in Gelddingen »schweigt des Sängers Höflichkeit«. Man macht den persönlichen Umgang mit Geld erst gar nicht zum Thema. (Wir sprechen jetzt nicht von den neuesten Aktienkursen!)

Oft wissen Ehegatten oder Lebensgefährten nicht einmal genau, wie viel der andere verdient, man lässt sich nicht »in die Karten schauen«. Sich körperlich zu entblößen scheint weniger schamhaft zu sein, als seine Geldverhältnisse bloßzulegen.

Frau zeigt sich lustvoll entblößt, aber Mann lässt sich noch lange nicht ins Portemonnaie sehen. *Wenn es schon mit der sexuellen Potenz nicht so weit her ist, dann soll wenigstens die finanzielle Potenz nicht in Frage gestellt werden.* Denn Frau will vom Mann ja immer nur das eine: *finanzielle Sicherheit!* – Oder?!

Um Geld wird ein riesiges Geheimnis gemacht. Da heiratet eine Frau einen Mann und weiß nicht, wie hoch verschuldet er ist, dass sein ganzer »Besitz« nur aus gepumptem Geld besteht.

Kaum etwas lassen die Menschen so im Dunklen wie ihre Geldverhältnisse. Und kaum etwas ist so schwierig, wie hier Licht ins Dunkle zu bringen.

Die »sexuelle Revolution« ist nur ein Vorspiel gegenüber *der Revolution vollständiger finanzieller Transparenz,* die Offenlegung der Geldverhältnisse eines jeden Menschen für jedermann.

Geldfragen sind Machtfragen. Und solange man mehr scheinen will als man ist, bluffen, blenden oder betrügen will, wird

man um sein Geld, sein finanzielles Vermögen ein großes Geheimnis machen.

Auch und gerade gesellschaftlich führt Geld ein Schattendasein, fließt Geld »unter der Hand«, versteckt und »in dunklen
Kanälen«. Wir brauchen hier nur Schlüsselbegriffe in Erinnerung zu rufen: Korruption, Schwarzgeld, Steuerhinterziehung,
Erpressung, Geldwäsche, Schmiergeld oder Kapitalflucht.

*Hinter verdeckten Geldverhältnissen verbergen sich immer
das Licht scheuende Machtverhältnisse.* Geld verleiht Macht,
und Macht verfügt immer über Geld. Wo gesellschaftliche
Macht im Verborgenen bleiben soll, da sind auch die Finanzen
in Geheimnisse gehüllt.

»Geld regiert die Welt« ist natürlich nicht einmal die halbe
Wahrheit. Geld alleine vermag rein gar nichts. Es ist so machtlos wie ein Computer, der nicht eingeschaltet ist und von keinem Menschen bedient wird. Geld, das auf dem Tisch liegt,
bleibt bewegungslos, es liegt nur »dumm« herum. Es vermag
nichts zu regieren, schon gar nicht die Welt. Menschen sind es,
die regieren. Sie verfügen als Mächtige sicherlich immer über
Geld, in den wenigsten Fällen aber über ein politisches Man-
dat. Die Macht haben nicht die, die vom Volk gewählt wurden,
sondern die, die an den Schaltzentralen des Geldes sitzen. Und
das hat im Dunklen zu bleiben. Und solange die gesellschaftliche Macht in den Händen weniger liegt, werden Geldverhältnisse nicht transparent sein.

*Kurz: Um Geld wird ein riesiges Geheimnis gemacht, sei es
gesellschaftlich oder privat. Es ist das Tabuthema Nr. 1.*

GELD als Geheimnis

Es geht in diesem Buch nicht um die Geheimnisse, die man um
Geld macht, sondern um DAS GELDGEHEIMNIS selbst: *Was*

ist GELD? Ist es »Teufels Werk« oder gar eine der genialsten Erfindungen der Menschheit? Steckt im Geld die Wurzel allen Übels? Lassen sich damit unsere Probleme lösen? Sabotiert Geld den Sinn des Lebens, das Glück? Können nur Arme glücklich sein? Oder ist doch alles ganz anders?

Wenn wir über GELD sprechen, müssen wir stets *zwei Ebenen* voneinander unterscheiden: *die private Ebene* des persönlichen Umgangs mit Geld (was verdiene ich wie und gebe es wofür aus?) und *die gesellschaftliche Ebene* der Funktion des Geldes im weltweiten Wirtschaftsgefüge (wie entwickeln sich gesellschaftlicher Reichtum und Fortschritt?). *Das Geldgeheimnis* ist weder in der persönlichen noch in der gesellschaftlichen Ebene zu lüften, sondern *genau in der Beziehung zwischen beiden Ebenen.*

Die Menschheit besteht aus einer *Gemeinschaft* von Menschen, die voneinander abhängig sind. Und bei dem, was sie austauschen, spielt GELD »irgendwie« eine große Rolle.

Die Gesellschaft entwickelt sich, wird wohlhabender und reicher. Doch es sind *Menschen,* die diesen gesellschaftlichen Fortschritt, Wachstum und Reichtum hervorbringen: alleine, im Team, in Organisationen wie Fabriken und Unternehmen. Geld, das man von der Gesellschaft erhält, hat offensichtlich etwas damit zu tun, welche Leistung man für die Gesellschaft erbringt. Man schafft einen Wert für die Gesellschaft und erhält dafür Geld als Gegenleistung.

Halten wir in erster Annäherung fest: *Geld ist der »eigene Anteil« an der Entwicklung des gesellschaftlichen Reichtums.*

Das Geldgeheimnis liegt im Verhältnis zwischen gesellschaftlichem und persönlichem Reichtum, zwischen geistig-kulturellem und materiellem Reichtum, aber auch zwischen äußerem und innerem Reichtum.

Wir müssen für das Geldbewusstsein unbedingt die »persönliche« Sicht und Ebene verlassen und uns Klarheit über die grundlegenden Mechanismen aneignen, wie gesellschaftlicher Reichtum entsteht und welche Rolle Geld dabei spielt: Die persönliche Sicht stellt nur die Frage *»Wie kann ich mehr Geld erhalten?«* und macht damit blind für das Geldgeheimnis. Die gesellschaftliche Sicht stellt die Frage: *»Was kann ich zur Förderung gesellschaftlichen Reichtums beitragen?«* und erlaubt damit den sicheren Zugang zum Geldgeheimnis. Das ist auch eine Einstellungsänderung.

Die drei Dimensionen des Geldgeheimnisses
Das Geldgeheimnis enthüllt sich in drei Dimensionen:
1. Das Geldgeheimnis besteht aus *Täuschungen,* die den klaren Blick, das klare Denken vernebeln. Diese Täuschungen gilt es als Erstes zu beseitigen. Es ist eine *heilsame Ent-täuschung.*
2. Das Geldgeheimnis besteht aus Wissen, das von den Nutznießern des Wissens geheim gehalten wird und das es zu verraten gilt. (Geheimnisse werden bekanntlich verraten.) Wer mit Geld umgehen kann, kann mit Macht umgehen. *Das Geldgeheimnis ist auch ein Machtgeheimnis.*
3. Das Geldgeheimnis besteht aus dem *Erkennen der Wirklichkeit hinter dem Schein, dem Wesen hinter der Erscheinung.* Wenn uns Geld als Motor kapitalistischer Ausbeutung erscheinen mag, so ist das nicht das Wesen des Geldes, sondern nur äußerer Schein. Das Wesen des Geldes hat mit Kapitalismus nur wenig zu tun. Jeder Heiler kennt das Geheimnis: »Im Gift liegt das Heilmittel verborgen.« So gilt auch in unserem Fall: *Im Geldgeheimnis liegt die Heilkraft GELD verborgen.*

Lassen Sie uns *in dieser Einleitung des ersten Teils* der Enthüllung der drei Dimensionen des Geldgeheimnisses kurz vorgreifen:

Die erste Dimension: Die größte Täuschung des Lebens besteht darin, anzunehmen, in einer *begrenzten Welt* zu leben: Reich sein könnten immer nur wenige. Die Mehrheit der Menschen müsse in Armut leben, sonst könne die Welt nicht funktionieren.

Damit wenige Ausbeuter in Saus und Braus leben können, müsse es eine Menge Ausgebeutete geben (oder so ähnlich). *Es gebe nur einen begrenzten Reichtum, und der sei ungerecht verteilt.* Das heißt: Wer in einer solchen begrenzten Welt reich wird und reich ist, kann nur ein Schurke und Ausbeuter der Armen sein.

Wir werden in der »heilsamen Ent-täuschung« erkennen, dass es *keine Grenzen des Reichtums gibt.* Es hat nicht nur jeder das Recht, reich zu werden, sondern auch die »Pflicht«. Es ist so etwas wie eine Lebensaufgabe. Nur ein reiches Leben, ein Leben in innerem wie äußerem Reichtum ist ein gelebtes Leben. *Entscheidend ist jedoch, seinen Reichtum nicht auf Kosten anderer aufzubauen.* Das ist die erste Dimension des Geldgeheimnisses.

Diese »heilsame Ent-täuschung« werden wir uns gleich im ersten Kapitel mit dem Thema »*Der Sinn der gesellschaftlichen Evolution*« erlauben.

Die zweite Dimension: Menschen, die geldreich sind, haben instinktiv den inneren Zusammenhang zwischen Geld und Macht verstanden. *Das Geldgeheimnis ist in der zweiten Dimension ein Machtgeheimnis.* Meisterhaft mit Geld umzugehen heißt auch, meisterhaft mit Macht umgehen zu können.

Und hierbei sträuben sich bei den meisten Menschen die Nackenhaare. Mit »Macht« wollen sie nichts zu tun haben, bloß die Hände nicht schmutzig machen! Und tatsächlich – dieser (nennen wir es beim Namen) *patriarchalische Umgang mit Macht, Geld und Gewalt* ist es, der uns alle, die Menschheit und den Planeten Erde an den Rand des Abgrundes führt und dem Einhalt geboten werden muss. Was aber wäre die Alternative, wenn man mit Macht nichts zu tun haben will: Ohnmacht und Impotenz?

Wenn wir über Macht sprechen, müssen wir *ein neues Verständnis von Macht* bekommen. Dabei geht es nicht um die Macht über andere Menschen (auch nicht über Kinder), Macht über die Natur oder die Erde. Es geht bei dem neuen Verständnis von Macht um die *Macht über das eigene Leben.* Wir werden erkennen: *MACHT hat derjenige, der etwas aus seinem Leben, seinen Talenten, seinen Potenz-ialen MACHT.*

Der meisterhafte Umgang mit Macht ist eine meisterhafte, bewusste Lebensführung. *Die zweite Dimension des Geldgeheimnisses besteht darin, Geld liebe- und machtvoll für die Entfaltung der eigenen Potenz-iale zu verwenden, den inneren Reichtum zu bergen und sichtbar nach außen zu tragen.*

Diese Dimension des Geldgeheimnisses werden wir im zweiten Kapitel dieses ersten Teils besprechen (»Zwei Arten des Reichtums«). *Wie man dann praktisch die MACHT über das eigene Leben er-reicht,* ist *das Thema des zweiten Teils des Buches:* »Der Weg zur Meisterschaft im Umgang mit Geld«.

Die dritte Dimension des Geldgeheimnisses liegt in der *globalen Entwicklung der Menschheit.* Die Welt scheint nach eigenen, unbekannten Gesetzmäßigkeiten außer Rand und Band geraten zu sein. Die Entwicklung der Menschheit auf dem Planeten Erde gleicht einem Wildwuchs, dem ungezügelten Ausbreiten eines Krebsgeschwürs. Alles scheint außer Kontrolle, die finale Kollision unvermeidbar. Der Weltuntergang ist von bösen Zungen längst prophezeit. Und der teuflische Sündenbock ist auch bereits ausgemacht: Geld. Daraus resultiert auch der Spruch »Geld regiert die Welt«, gemeint ist dabei: zum Bösen, zum Untergang hin.

Doch wir werden im dritten Teil des Buches erkennen können: *Geld ist eine der genialsten Erfindungen der Menschheit, so genial wie die Entdeckung der Schriftsprache, des Lesens und des Schreibens.*

Die dritte Dimension des Geldgeheimnisses ist es, diese Gesetzmäßigkeiten erkennen und beherrschen zu lernen, so dass die Welt wieder eine kontrollierte Entwicklung nimmt. Die globale Perspektive lautet, die Entwicklung der Menschheit, der Natur und des Planeten Erde wieder in einen harmonischen Einklang zu bringen. *Geld wird sich dabei als macht- und liebevolle Heilkraft erweisen.* Dies behandelt der dritte Teil des Buches: *»Geld als heilsame Kraft«.*

Der Sinn gesellschaftlicher Evolution

Am Rande des Weltuntergangs?

Vor etwa 30 Jahren (1971) schreckte ein Bericht des »Club of Rome« die internationale Öffentlichkeit auf. Sein Titel lautete: *»Die Grenzen des Wachstums«.*

Er versetzte die verantwortungsbewussten Menschen in einen heilsamen Schock: So könne es mit der Ausbeutung der Erde durch die Menschheit nicht weitergehen. Es sei nur noch eine Frage der Zeit, da seien *die Ressourcen der Erde erschöpft.* Die gegenwärtige Generation hinterlasse den Kindern und Enkeln einen hemmungslos ausgebeuteten Planeten. Folgende Faktoren würden die Erde unbewohnbar machen:

- Abholzung der Regenwälder als Lunge des Planeten
- Verschmutzung des Trinkwassers
- Vergrößerung des Ozonlochs
- Erwärmung des Weltklimas, Schmelzen der Pole
- Verschlechterung der Atemluft (Smog)
- Erosion und Auslaugen des Mutterbodens
- Massensterben von Tier- und Pflanzenarten (Genozid)
- Überbevölkerung der Erde durch die Art Mensch

Diese mahnenden Worte des »Club of Rome« führten zu einer nachhaltigen Wende im Denken vieler Menschen. Der Planet Erde als unser aller Heimat und auch als die Heimat der Kinder und Enkel wurde uns mit einem Schlag bewusst.

Unser Denken nahm eine neue Perspektive an: *weg von den egoistischen, nationalen wirtschaftlichen Interessen hin zu den globalen ökologischen Interessen des Planeten.*

Wenige Jahre später ereilte uns mit der »*Energiekrise*« der nächste Donnerschlag: Die Erdöl produzierenden Länder (OPEC) hatten sich zusammengeschlossen und einen neuen Verkaufspreis für das Barrel Öl gefordert. Der Kampf um die Erdölreserven fuhr uns so in die Glieder, dass an einigen Sonntagen ein Fahrverbot für Privatautos erteilt wurde. Jetzt hatte auch den »letzten Hinterbänkler« die Botschaft erreicht: *Der Wohlstand ist am Ende, die Gürtel sind enger zu schnallen!*

Dann platzte am 24. April 1986 in diese trübe Stimmung die Hiobsbotschaft über den ersten *Supergau in einem Atomkraftwerk*. Die Rede ist von Tschernobyl. Der ganze Fortschrittsglaube in die Technik war mit einem Schlag wie weggeblasen. Der omnipotente Wahn des grenzenlos Machbaren löste sich in Luft auf. Blinder Fortschrittsglaube diskreditierte sich selbst.

Das Denken war wie gelähmt. Mahner sahen nur noch den unvermeidlichen Weltuntergang vor Augen (»So lasst uns denn ein Apfelbäumchen pflanzen!«), Nachdenkliche lebten von dem »Prinzip Hoffnung«.

Moment! Wieso eigentlich »Energiekrise«?

Langsam nur erwachten die Denker wieder aus dem Alptraum. Führt das selbstbewusste Auftreten der OPEC-Staaten gegenüber den Industrienationen wirklich zu einer »Energiekrise«?

Ist die Kernenergie wirklich die einzige Möglichkeit der zukünftigen Energiegewinnung, die durch Tschernobyl in Frage gestellt wurde? Werden wir in Zukunft keine Energie mehr haben? Geht es mit der Ressource »Energie« zu Ende?

Die Sonne ist doch nicht untergegangen! Das Erlöschen der Sonne (in 4,5 Milliarden Jahren) wird im Sonnensystem sicher eine dramatische Veränderung bewirken. Aber der Kampf um »gerechte Ölpreise«?! Oder die Sackgasse »Kernenergie«? Was ist denn daran ernsthaft eine »Energiekrise«?! Die Sonne liefert tagtäglich ohne Unterlass ihre Energie, und die ganze Materie auf dem Planeten ist ja nichts anderes als »eingefrorene Energie«. Alles, was uns umgibt, ist Energie in verschiedenen Erscheinungsformen. Vom Physikunterricht wissen wir: Energie kann gar nicht verschwinden, sondern ändert nur ihre Form.

Wenn es uns wirklich an einem nicht mangelt, dann ist es Energie! Energie haben wir (potenziell) in Hülle und Fülle. Wir leben in einem Meer von Energie. Wie konnte uns eine solche »optische Täuschung« ereilen, dass wir ernsthaft von »Energiekrise« gesprochen haben? Nicht ein faktischer »*Mangel an Energie*« machte die Krise aus, sondern *die Wahrnehmung, das Denken.* Dem Denken und Bewusstsein *mangelte es an Klarheit. Das ist in Wirklichkeit die Krise.*

Ist doch alles maßlos übertrieben?

Um nicht missverstanden zu werden: Die gegenwärtige planetare Krise soll keineswegs auf eine Krise der Wahrnehmung, des Denkens und Bewusstseins *reduziert* werden.

Der Zustand der Erde ist keineswegs paradiesisch, und der Schlamassel befindet sich nicht nur in unseren Köpfen. Wir Menschen haben auf der Erde wirklich einen riesigen Schlamassel angerichtet!

Die Erde *ist krank*. Und *die Menschheit ist der* »*Krankheitserreger*« auf dem Planeten. Doch weder Panik noch Zynismus sind ein guter Ratgeber für die globale Heilung.

Und das Licht am Ende des Tunnels ist bereits sichtbar: *Es gibt keine Energiekrise. Die Ressource Energie ist unerschöpflich.* Wir haben uns die Suppe selbst eingebrockt, aber wir haben auch alle Mittel, um sie auszulöffeln.

Die Lösung liegt im Reichtum!

Lassen Sie uns die Aufmerksamkeit *nur auf das zentrale Problem* auf unserem Globus lenken: *die Überbevölkerung der Menschheit.* Sie ist bei Licht betrachtet ein Problem *in den armen Ländern und nicht in den reichen Ländern!*

Ohne dieses Thema hier vertiefen zu wollen (Haben die reichen Länder ihren Reichtum auf Kosten der armen Länder aufgebaut?), liegt die Lösung des zentralen Problems der Überbevölkerung offensichtlich nicht darin, dass nun alle in Armut versinken. *Wenn Reichtum zu einer normalen Lebensform auf dem Planeten wird, löst sich das zentrale Problem Überbevölkerung offensichtlich wie von selbst!* Hier deutet sich bereits an: *Die Lösung aus der globalen Krise der Menschheit ist nicht sich selbst beschränkende Armut, sondern unbegrenzter Reichtum.*

Also doch kein Ende des Wachstums?!

Einmal ganz ehrlich: Ist es nicht im höchsten Maße unwahrscheinlich, dass die Jahrmillionen andauernde Evolution auf der Erde ausgerechnet jetzt zum Stillstand, zum Abbruch, zum Sich-im-Kreise-drehen kommen müsse? Ist es nicht unwahrscheinlich, dass die Evolution gerade jetzt *an ihre Grenzen* gestoßen ist? Ist es nicht unwahrscheinlich, dass *die Ressourcen des Fortschritts und Wachstums* erschöpft sind und der Evolution die Puste ausgeht? Ist die Lage auf der Erde wirklich so dramatisch, *dass die Evolution keine andere Möglichkeit mehr sieht, als ihren Job einzustellen?*

Einige Denker entwerfen schon ein Bild der Weiterführung der Evolution auf der Erde *einfach am Menschen vorbei!* (Motto: »Der Mensch braucht die Natur, doch die Natur braucht den Menschen nicht«!) Die Natur werde sich von dem »Krankheitserreger Mensch« wie von Grippeviren entledigen, sich regenerieren und wieder neu aufblühen. Der Mensch sozusagen als Fehlentwicklung der Natur und Evolution, als misslungene Art, als auszurottendes Ungeziefer im Pelz der Mutter Erde.

Doch aus dieser »Lösung« des Problems spricht wenig Selbstbewusstsein! Wir haben uns der Natur und Erde gegenüber sehr *verschuldet und schulden ihr sozusagen »Wiedergutmachung«*.

Doch hier schlägt das *Schuldgefühl der Erde und Natur gegenüber* wirklich wenig heilsame Kapriolen. Schulden aufgrund angerichteten Schadens und einseitiger Ausbeutung sind das eine, *Schuldgefühle* etwas ganz anderes und weisen nie den Weg zur Heilung.

Der Mensch ist kein Fremdkörper in der Natur, kein außerirdisches Wesen, das vom Himmel gefallen ist. Der Mensch ist kein extraterrestrischer Feind der Natur, den es auszurotten gilt. *Wir sind ein Kind der Natur.* Die Natur hat mehrere Milliarden Jahre gebraucht, um uns hervorzubringen. *In uns wird die Natur sich ihrer selbst bewusst.* Sie wird sich nicht ihres Bewusstwerdens entledigen! Es wäre so, als wenn wir unser Gehirn amputierten, nachdem wir unser Handeln als falsch erkennen.

Gewiss, wir verhalten uns alles andere als bewusst und respektvoll gegenüber »Mutter Erde«. Wir gleichen eher einer Horde wild gewordener Jugendlicher, die in ihrer pubertären Überheblichkeit ihre Wurzeln vergessen wollen. Das scheint überhaupt ein passendes Bild zu sein: *Wir sind als Menschheit gerade erst dabei, erwachsen zu werden. Wir erwachen gerade erst zu unserer Verantwortung!*

Wir haben auf der Erde einen großen Schaden angerichtet. Wir sind dabei, uns dessen in der ganzen Tragweite bewusst zu werden. Und jetzt ist »Wiedergutmachung«, Rückzahlung der Schulden und Heilung angesagt.

Wir können die weitere Evolution auf der Erde nicht auf die Natur oder irgendetwas anderes abwälzen: Die Natur wird uns den Job nicht abnehmen. *Wir sind die Natur!* Mehr noch: Die Evolution entfaltet sich *durch uns* weiter (durch wen sonst?!). Wir sind der Träger der Evolution. *Wir sind die Evolution!*

Wir sollten nicht jammern, ärmliche Bettellieder singen oder gar unseren Untergang als Schmarotzer der Erde in destruktiven Schuldgefühlen herbeisehnen, sondern *unseren Job als Evolution tun!*

Und wie sollten wir unseren Job verantwortungsvoll tun, wenn wir uns nicht bewusst sind: *Wir sind die Krönung der Schöpfung auf der Erde.* Also lasst uns *wahrhaft königliche Taten* vollbringen: *unser Königreich »Planet Erde«* wieder in Ordnung bringen!

Die Zukunft des Reichtums liegt im Geist

Andere Denker, die mit der Menschheit nicht so hart ins Gericht gehen, sehen die Zukunft der Evolution in einer *Evolution nach innen*. Nicht äußeres Wachstum, Entwicklung und Fortschritt werde die Zukunft der Menschheit auf dem Planeten Erde bestimmen, sondern der Weg nach innen. Der äußere Reichtum sei an seine Grenzen gestoßen, jetzt gelte es, den *inneren Reichtum zu entfalten*.

Sollten wir alle tibetanische Mönche werden? Liegt darin die Zukunft der Menschheit? Viele Menschen im Westen wenden sich östlichen Lebensphilosophien zu. *Und westliches Wissen und östliche Weisheit miteinander in Einklang zu bringen ist sicher ein »Zeugungsakt« für ein einheitliches Bewusstsein der Menschheit.*

Doch was für einen Sinn kann es machen, von einem Extrem (westliches Wissen und Technik) ins andere (östliche Weisheit und Kontemplation) zu fallen? Was für einen Sinn kann es machen, die »äußere Evolution« einzustellen und das Heil nur noch in der »inneren Evolution« zu sehen?

Dabei brauchen wir nur in den Spiegel zu sehen, um den Ausweg, die Lösung zu finden. Sehen wir uns dieses Geschöpf MENSCH an: Es ist sicher *das wertvollste Geschöpf* auf diesem Planeten!

Doch was macht seinen *Wert* aus? Besteht ein Exemplar dieser Gattung etwa aus 30 Kilogramm Gold und anderen Edelmetallen, 30 Kilogramm Diamanten und anderen Edelsteinen? Muss man die Erde um ihre wertvollsten Edelmetalle und Edelsteine berauben, um ein Exemplar der Gattung Mensch herstellen zu können?

Weit gefehlt! Der Wert der Substanz, aus der ein Mensch zusammengestellt ist, ist lächerlich gering, kaum mehr als ein Haufen Asche und Staub! *Nicht das Material, die Substanz, aus der wir bestehen, macht uns wertvoll, sondern die geistvolle Anordnung der an sich wertlosen Substanz zu einem lebenden, geistigen Organismus.*

Die Natur, deren Kind wir sind, hat uns die Lösung für unsere evolutionären Aufgaben längst an die Hand gegeben: Wertvolles und Reichtum zu schaffen ist keine Frage der materiellen Substanz, des materiellen Wertes. *Wert und Reichtum ergeben sich aus dem Maß an Intelligenz und Geist, mit dem an sich wertlose Substanzen strukturiert, organisiert und zusammengehalten werden.*

Wessen Geistes Kind wir sind, können wir durchaus am aktuellen Stand unserer »Kreationen« erkennen: Computerchips, hochwertige Prozessoren, sind heute längst zu einem Massenartikel geworden. Diese Prozessoren vollbringen Wunder an mathematischer Leistungsfähigkeit, doch der Materialwert eines Computerchips ist so lächerlich gering, dass er – ausgedient – kaum Schrottwert besitzt.

Der Wert liegt nicht in der Materie, dem »Rohstoff«, sondern in seiner Arbeitsweise, in der Intelligenz und dem Knowhow, wie hier an sich wertlose Materie strukturiert ist. (Dabei liegt das Know-how nicht nur im Produkt, sondern auch im Fertigungsverfahren.)

Wir kennen das Geheimnis, wie Wertvolles und Reichtum zu schaffen sind. Wir müssen uns nur daran erinnern!

Um Reichtum zu schaffen, müssen wir nicht die Erde plündern, Ressourcen bis auf das letzte Gramm ausbeuten und die Erde verwüsten. Die Kunst besteht darin, aus einfacher, uns in Hülle und Fülle zur Verfügung stehender Materie und Substanz *Geistvolles zu schaffen. Die evolutionäre Herausforderung, das Spiel heißt:* aus wertloser Substanz (da im Überfluss vorhanden) wertvolle, also geistvolle Kreationen zu erzeugen. Das sollte doch in Zukunft weiter machbar sein, das ist die Zukunft der Evolution!

Die innere Sehnsucht nach äußerem Reichtum

Wir sollten eine »Probe aufs Exempel« wagen: *Welche Sehnsucht, welchen Drang, welche Kraft spüren Sie in sich?!* Ist der Name Ihrer inneren Sehnsucht: Armut, Mangel, Stillstand, Stagnation, Sich-im-Kreis-drehen, Auf-der-Stelle-treten, Selbstbegrenzung? Ist es das, was Sie täglich motiviert aufzustehen?

Oder hat Ihre Sehnsucht andere Namen wie: in Fülle und Erfüllung leben, Aus-sich-heraustreten, Über-sich-hinaus-wachsen, die eigenen Fähigkeiten voll zur Entfaltung bringen, auszuleben, was in Ihnen steckt, wachsen, aufblühen, Fortschritte machen, Wertvolles schaffen, Spuren in der Geschichte der Menschheit hinterlassen?

Was, wenn wir diese inneren Empfindungen einfach *die Sehnsucht nach einem reich-haltigen und erfolg-reichen Leben, die Sehnsucht nach Wachstum, Fülle und Reichtum* nennen?

Es gibt eine evolutionäre Triebkraft, die jeder in sich spürt. Es ist die gleiche Kraft, die einen Samen dazu treibt, sich in einem mächtigen Baum auszudrücken. Es ist die gleiche Kraft, die Blumen zu wundervollem Blühen treibt. Es ist die gleiche Kraft, die Vögel ihre Nester bauen lässt. Es ist die gleiche Kraft, die in der sexuellen Vereinigung neues Leben schafft. *Diese Triebkraft will Neues schaffen, will immer vielfältigeres Leben zum Ausdruck bringen, will Überfluss, will Fülle, will überschäumende Freude.*

Es ist völlig ausgeschlossen, in einem evolutionären Prozess Wachstum einzustellen. Da, wo kein Wachstum, kein Fortschritt, kein zunehmender Reichtum mehr stattfinden, haben Tod, Vernichtung, Verarmung, Verwesung, »Entropie« (wir kommen darauf zurück) bereits den Platz eingenommen. *Wachstum, Fortschritt, Fülle und Reichtum lassen sich nicht begrenzen.*

Tief in unserem Inneren sind wir keine Bettler, Almosenempfänger, Schmarotzer oder arme Wichte, sondern *Königinnen und Könige,* welche die Sehnsucht nach einem königlichen Leben in Fülle, Wohlstand und Reichtum treibt. Wir haben diese Größe in uns, diesen inneren Reichtum. Es wird Zeit, dass wir aufstehen und uns in voller Größe zeigen!

Unsere Lebensaufgabe heißt Wachsen, und Wachsen heißt, unsere Lebensenergie, unsere Potenz-iale, unsere Triebkraft zum Ausdruck zu bringen, nach außen zu tragen. *Das Beste, was wir für die Menschheit tun können, ist, das Beste aus uns zu machen!* Entfalten wir unseren ganzen inneren Reichtum, indem wir die Welt bereichern! Das ist unser persönlicher Beitrag zur Evolution. Das ist unser Job!

Zwei Arten von Macht und Reichtum

Wir haben bei der »heilsamen Ent-täuschung« des letzten Kapitels die Vorstellung von grenzenlosem Reichtum wieder rehabilitiert. *Reich zu sein ist keine Schande, sondern eine Lebensaufgabe. So haben wir den Blick frei, um überhaupt das Geldgeheimnis in Augenschein nehmen zu können.*

Doch jetzt dürfen wir die Augen nicht davor verschließen, dass der bisher angehäufte gesellschaftliche Reichtum auch eine Schattenseite hat. Diese Schattenseite ist es, die die Mahner dazu veranlasst, auf die Bremse des Fortschritts zu treten. *Wenn Reichtum auf Ausbeutung beruht, muss Reichtum auf Grenzen stoßen,* denn weder die Erde, noch die Natur, noch Völker oder Menschen sind *grenzenlos* ausbeutbar. Um diesen Widerspruch zu lösen (Reichtum ist grenzenlos, Ausbeutung ist begrenzt), *suchen wir jetzt nach einer Entfaltung des Reichtums jenseits der Ausbeutung.*

Der Reichtum der Natur

Wie hat die Natur eigentlich ihre ungeheure Fülle, ihren unglaublichen Reichtum hervorgebracht?

Versetzen wir uns um etwa drei Milliarden Jahre auf der Erde zurück! Die Erdkruste ist so weit erkaltet, dass sich Meere bilden können, Kontinente und Inseln aus dem Wasser herausragen.

Im Wasser selbst existieren noch keine Lebewesen, auch das Land ist noch völlig wüst und leblos. Ständig schlagen Blitze mit ungeheurer Energie auf der Erde ein, eine unaufhörliche Entladung von »atmosphärischer« Spannung. Es gibt jedoch noch keine Sauerstoff-Atmosphäre. Auch die radioaktiven und ultravioletten Strahlen der Sonne treffen noch ungehindert auf die Erde. In den Meeren kocht und brodelt eine »Ursuppe«. Unzählbare Partikel schwimmen in dieser Brühe und gehen chemische Verbindungen miteinander ein. Sonnenstrahlen und Blitzeinschläge sind die Energien, die unendlich viele Arten chemischer Verbindungen zusammenführen und auch wieder lösen. Wir erleben gerade *die Phase der chemischen Evolution.*

Zwei Milliarden Jahre später (vor einer Milliarde Jahren) ist dieser Globus kaum wiederzuerkennen: Es hat sich eine Sauer-stoff-Luft-Atmosphäre gebildet, das Land ist von grünen Wäl-dern überzogen. Leben hat sich gebildet, sexueller Austausch und sexuelle Fortpflanzung (gegenüber der einfachen Zelltei-lung) sind entdeckt und haben der Entfaltung verschiedenar-tigster Lebenserscheinungen einen ungeheuren Schub gegeben. In Meeren und Wäldern wimmelt es nur so von Leben. *Die biologische Evolution ist längst in vollem Gange.* Die Erde sieht vom Mond aus betrachtet nun etwa so aus, wie wir sie heute durch unsere bemannte Raumfahrt wahrnehmen.

Was ist in diesen zwei Milliarden Jahren geschehen? Wie hat die Natur diese Fülle an Reichtum hervorbringen können? Wurden andere Planeten des Sonnensystems versklavt und unterdrückt? Wurden Mars und Venus beraubt? Ist der Mond ausgebeutet worden? Wurde eine planetare Kolonie errichtet, um Reichtümer aus extraterrestrischen Kolonien billig auf die Erde zu importieren?

Wir alle wissen, dass die Natur sich solcher Methoden nicht bedienen musste. *Die Natur hat ihren Reichtum aus ihren ei-genen Potenzialen entfaltet:* ein ungeheures Energiepaket ER-DE mit einer unbändigen Lebenskraft NATUR im ständigen Tanz mit den Energiestrahlen der SONNE.

Ein kleine Bemerkung am Rande: Die Natur hat sich aber auch nicht auf den höchsten Gipfel der Erde gesetzt, über ihren inneren Reichtum meditiert und ihn selbstgenügsam genossen. Sie hat nicht beschlossen, die Evolution nach innen zu richten. Sie hat ihr Potenzial sichtbar nach außen getragen, eine ungeheure Artenfülle hervorgebracht und inneren Reichtum in äußerem Reichtum zum Ausdruck gebracht.

Die Entfaltung des natürlichen Reichtums ist ein Schöpfungsprozess aus sich selbst heraus. Das ist ein natürliches, kreatives Modell von Macht und Reichtum.

Wir werden uns in Zukunft auf dieses Modell wieder besinnen, wenn wir nach dem Wahnsinn des Patriarchats (»Macht euch die Erde untertan!«) wieder zu Sinnen kommen. Wir werden uns an die Wirksamkeit dieses schöpferischen Modells von Macht und Reichtum *er-innern,* wenn wir wieder *Kontakt zu unserem inneren Potenzial* aufnehmen, es achten und seinen Weg nach außen freilegen. *In der Befreiung des inneren Reichtums liegt die Perspektive unserer äußeren, grenzenlosen Freiheit.*

Der Aufbau der patriarchalischen Gesellschaft

Als die Menschheit vor etwa 10 000 Jahren sesshaft wurde, eignete sich *der Mannmensch* Land und Boden an und begann, MEINS und DEINS *sorgsam und rigide voneinander zu trennen.* (Seitdem hat Mann eine tiefe, neurotische Angst vor Vereinigung, denn seine Herr-schaft beruht auf Trennung!)

Das Patriarchat begann seinen »Siegeszug«: Ab jetzt wurden die Menschen klassifiziert in Sieger und Besiegte, in Ausbeuter und Ausgebeutete, in Herrscher und Untertanen, in Übermenschen und Untermenschen, in Gewinner und Verlierer, in Täter und Opfer. (Es ist übrigens gleichzeitig auch der »Siegeszug«

des logischen, analytischen, trennenden *Verstandes,* der eine panische Angst vor der Vereinigung mit Gefühl oder Intuition hat.)

Denn MANN (»der Mensch«) war es, der Grenzen um seine Besitztümer zog und sie bis aufs Blut verteidigte. Besitz konnte an den ältesten Sohn vererbt werden, und damit der Besitz auch auf das »eigene Fleisch und Blut« überging, wurde FRAU (»das Mensch«) gleich mit in die Besitztümer eingereiht. Die *eigene* Frau (Eigentum) wurde *eifersüchtig* vor dem *anderen Mann als Konkurrent* in Be-schlag genommen. Ihr wurde die Sicherheit eines eigenständigen Lebens genommen, und sie war fortan vom Mann als »Ernährer« abhängig. (Dabei ist Ernährung eigentlich der biologische Job der Frau!) *Eifersucht und Konkurrenzdenken* entfalteten sich durch den Mann zur Blüte.

Die Grundlage von Gewalt, Krieg und Ausbeutung war gelegt.

Materiellen Reichtum konnte man erwerben, wenn man etwas anderen *durch Ausbeutung oder Raub* wegnahm: der Erde durch die Ausbeutung von Bodenschätzen, der Natur durch die Ausbeutung von Pflanzen (Abholzen von Wäldern) oder Tieren (Haustiere als Arbeitstiere oder Nahrungslieferant), anderen Menschen durch die Versklavung von Völkern, Klassen und den »minderen« Menschen, Frauen und Kindern.

Könige, Priester und Krieger arbeiteten nicht mehr, sondern ließen arbeiten. Gesellschaftsklassen lebten auf Kosten von Sklaven und kolonialisierten Völkern. *Reich zu sein hieß, Macht über andere zu haben.* Die einen arbeiteten, die anderen eigneten sich die Früchte an. (Das ist unser *patriarchalisches Trauma des Reichtums,* welches unseren *Traum vom Reichtum* so ambivalent bleiben lässt.)

Ausbeutung ist die Form der Aneignung von materiellem Reichtum auf Kosten anderer. Bei der ausbeuterischen Aneignung und Schaffung von materiellem Reichtum gibt es immer Besiegte, Ausgebeutete, Ohnmächtige und Opfer.

Wie baut man einen Palast? Man braucht Rohstoffe (die Erde als Lieferant), einen Plan (das ist der Job des Herrschers und seiner Berater) und eine Menge Leute, die arbeiten (das Los der Sklaven). Der Palast als neu erschaffener Reichtum besteht aus materiellen Rohstoffen (zum Beispiel Marmor), Geist (Plan) und einer Menge körperlicher Arbeit (Schweiß und Blut).

Wir wollen die Geschichte des Patriarchats nicht zu sehr dramatisieren. Es ist offensichtlich eine spezifische menschliche Organisationsform, die uns von der Natur emanzipierte.

Das Patriarchat ermöglichte es, eine Gesellschaft mit Häusern, Dörfern, Städten und Staaten, mit Schiffen, Zügen, Autos und Flugzeugen, Fabriken und Geschäften zu schaffen, die *zu unserer »zweiten Natur«* geworden sind. Und so weise auch die Lebensphilosophie des Ostens ist, auch sie ist nicht am Patriarchat vorbeigekommen.

Und wenn wir uns über die einseitige Sichtweise des Klassenkampfes der »Auserwählten« erheben (der viele ideologische Ausdrucksformen hat wie Sozialismus, Feminismus, religiöser Fundamentalismus oder völkischer Fanatismus) und *die Sichtweise der **einheitlichen** Menschheit einnehmen, dann haben wir die bisherige menschliche Gesellschaft geschaffen, indem wir uns als Menschen (mit vielen Opfern) **selbst** ausgebeutet haben. Mehr nicht.*

Ein Haus entsteht in Eigenleistung

Um diese Phase des Patriarchats *jetzt in Frieden loslassen* zu können, ist es vielleicht sinnvoll, diese letzten 10 000 Jahre

Menschheitsgeschichte mit dem Bau eines Hauses in Eigenleistung zu vergleichen:

Ein Grundstück wird abgesteckt, eine Grenze gezogen, ein Plan erstellt. In der Phase des Hausbaus wird kaum Rücksicht auf die Vegetation des Grundstückes genommen: Der Bauplatz wird gerodet, Sträucher, Wiese und Blumen werden rücksichtslos platt getreten, Tiere, die auf diesem Boden ihre Heimat hatten, werden ihrer Lebensgrundlage beraubt oder vertrieben.

Weitere Familienangehörige, Freunde und Nachbarn helfen mit »Freundschaftsdiensten«. In der Zeit des Hausbaus wird jede freie Minute für den Bau aufgebracht. Ein oder zwei Urlaube und die ganze Freizeit werden geopfert, den Kindern kann kaum noch Aufmerksamkeit geschenkt werden.

Alles ist dem einen Ziel untergeordnet: bald ein eigenes Dach über dem Kopf zu haben. Die Gesundheit leidet unter dem Stress und der Doppel- und Dreifachbelastung. Man hat den Eindruck, die letzten Kräfte mobilisieren zu müssen, um dieses »Werk fürs Leben« (das die Kinder ja einmal erben) fertig stellen zu können. Man geht an körperliche Grenzen, »beutet sich selbst aus«, leistet »Raubbau« an seiner Gesundheit. Vielleicht wird man zwischendurch auch tatsächlich einmal ernsthaft krank. *Rohe Körperkraft ist oft angesagt, MANN hat beim groben Hausbau das Sagen.*

Mit der familiären Harmonie ist es oft nicht weit her. Anspannung und Intoleranz machen sich breit. Die Kommunikation reduziert sich häufig auf Befehl und Ausführung. Blinder Gehorsam ist angesagt, jetzt ist nicht die Zeit des Diskutierens, sondern zügigen Handelns. Je schneller das Haus fertig ist und bewohnt werden kann, desto geringer sind die Kosten. Man spart materielle Kosten auf Kosten der Gesundheit und Harmonie.

Am Ende steht das Haus! Ein echter *Gewaltakt!* Die Mühen sind schnell vergessen. Es gilt, das Haus auch innen bewohnbar zu machen, wohnlich einzurichten und das Leben im eigenen Heim jetzt richtig zu genießen.

Sehr bald schon wird *der Garten um das Haus* neu hergerichtet. Die Bauwüste erwacht wieder zum Leben, neue Bäume und Pflanzen werden gesetzt, ein Teich und kleine Biotope werden angelegt. Die Natur um das Haus blüht mehr denn je. Insekten, Vögel und andere Tiere finden sich wieder ein. Ein kleines Paradies entsteht.

FRAU ist in der zweiten Phase »in ihrem Element«: Inneneinrichtung und Gartenbau.

Vielleicht wird man eine Zeit noch hart arbeiten müssen, um die Schulden für den Hausbau abzutragen. Doch es ist *»in harter, selbstausbeuterischer Arbeit«* etwas Neues geschaffen worden, ein Heim, ein Zuhause. Stress und Ärger sind vergessen. Gesundheit und Familienharmonie ziehen wieder ein.

Könnte dies nicht ein brauchbares und versöhnliches Bild für die letzten 10 000 Jahre des Patriarchats sein? *Sollte es jetzt nicht die Zeit sein, das Haus, das mit Mühen und Anstrengungen, Opfern und Entbehrungen, Streit und Missstimmung erbaut wurde, wohnlich einzurichten und den Garten um uns herum, die Natur, wieder zu kultivieren?*

Harte Arbeit und (Selbst-)Ausbeutung sind das zweite Modell der Entwicklung von Reichtum. Es ist das patriarchalische Modell des knallharten gesellschaftlichen Fortschritts.

Auch wenn diese Methode tatsächlich an ihre Grenzen gestoßen ist, sind damit die Evolution, das Leben, der Reichtum und Fortschritt noch nicht am Ende. Im Gegenteil: Jetzt geht es mit der Transformation des Patriarchats erst richtig los!

Die Kultur des Lesens und Schreibens

Die Menschheit hat bisher nicht nur *materiellen Reichtum* geschaffen, der mit bloßem Auge sichtbar ist: Häuser, Städte, Fabriken, Geschäfte und Verkehrsmittel. Ein großer Teil der geschaffenen menschlichen Kultur ist *geistiger Reichtum,* der sich mit bloßem Auge nicht so einfach enthüllt.

Während die Wirtschaft die auf *Arbeit und Ausbeutung* beruhende gesellschaftliche BASIS darstellt, besteht der kulturelle ÜBERBAU vor allem *in der Schriftsprache,* im *Lesen und Schreiben.*

GELD vermittelt zwischen diesen beiden Ebenen der menschlichen Gesellschaft: der wirtschaftlichen Basis (materieller Reichtum) und dem kulturellen Überbau (geistiger Reichtum). Um das Geldgeheimnis in den nächsten beiden Kapiteln vollständig zu lüften, müssen wir uns jetzt der Kunst zuwenden, welche die Schöpfung unseres *geistigen Reichtums* ermöglicht hat: der Sprache und insbesondere *der Schrift.*

Sprache als biologische Anlage

Sprache ist keine menschliche Erfindung. Auch Tiere sind zur Kommunikation über bestimmte, eindeutige Laute fähig. Manche Tiersprachen scheinen bereits sehr ausgeprägt zu sein (die der Delfine), andere (Haus-)Tiere sind sehr »sprachbegabt« und lernen, uns rudimentär zu verstehen.

Doch die menschliche Sprache hat in der biologischen Evolution des Menschen zu einer starken Differenzierung geführt. Wir verdanken einem Großteil unseres Gehirns (dem Neocortex) und dem Kehlkopf im Zusammenhang mit dem aufrechten Gang die Entwicklung einer differenzierten Sprache und einem entsprechenden Bewusstsein.

Die Fähigkeit, sehr abstrakt denken zu können, ist ein Resultat unserer Sprachentwicklung. (In der Sprache erhalten Gegenstände einen bestimmten Laut als Symbol für einen Gegenstand, zum Beispiel die Verbindung zwischen den Lauten H–AU–S. Andere Laute wie L–IE–B–E beziehen sich überhaupt nicht auf Gegenstände, sondern symbolisieren Gefühle, andere Begriffe wie G–O–TT bezeichnen völlig abstrakte Konstrukte.)

Sprache ist ein zentraler Bestandteil unseres Menschseins. *Die Sprachfähigkeit ist bereits genetisch verankert.* Wie ein Kind einen inneren Drang verspürt, nach einem bestimmten Reifeprozess aufzustehen und aufrecht zu gehen, so versucht es in einem bestimmten Alter, sich sprachlich zu verständigen. Wir lernen das Sprechen nicht erst in der Schule nach langjähriger Unterweisung, sondern brauchen nur hellhörig in einem bestimmten Sprachraum zu leben, um uns eine konkrete Sprache (die »Muttersprache«) anzueignen.

Eine flüchtige Kommunikation

Stellen wir uns vor, wie sich die menschliche Sprache in Jahrtausenden entwickelt hat:

- Wir leben nicht mehr in Bäumen, sondern ziehen in Gruppen auf Nahrungssuche durch die Savanne. Wir warnen uns vor gefährlichen Tieren und rufen uns gegenseitig zu, wenn wir Nahrungsmittel gefunden haben.
- Nachts beobachten wir die Sterne und teilen uns unsere Beobachtungen mit. Wir sehen Sterne, die sich mit viel Fantasie zu Bildern deuten lassen, Fixsterne und Wandersterne,

Sternschnuppen huschen vorbei. Hat das alles eine Bedeutung? Mythen entstehen, werden von Generation zu Generation weitererzählt.

- Tausende von Jahren später sitzen die Frauen am Feuer in Höhlen zusammen und »palavern«. Kleidung wird genäht, Geschirr getöpfert, Höhlen werden angemalt, es wird über Kunstfertigkeit diskutiert.

- Oder ein anderes Frauenthema: Hat das Kind nicht eine Ähnlichkeit mit dem und dem Mann?! Wie kommt so eine Ähnlichkeit zustande? Ob da ein Zusammenhang besteht? Warum bekommt DIE kein Kind? Weibliche Erkenntnisse, die auch für die Viehzucht wichtig wurden.

- Männer kommen wild gestikulierend von einer erfolglosen Jagd zurück. Langsam beruhigen sich die Gemüter, und man diskutiert eine neue Jagdstrategie für den nächsten Tag.

- Späher kundschaften neue Jagdgebiete aus und erzählen, was sie vorgefunden haben. Eine andere Horde von Menschen wurde gesichtet!

- Bei der Rückkehr in ein verlassenes Quartier scheint ein Wunder geschehen zu sein. Da, wo achtlos Samen vom Essen vergessen wurden, wachsen neue Pflanzen, die man ernten kann. Eine Handvoll Samen hat sich plötzlich um ein Vielfaches vermehrt! Was ist da passiert? Wie kann man das gezielt wiederholen?

- Während Männer auf der Jagd sind, lernen Frauen einen Garten zu kultivieren. Statt sich immer wieder auf die Suche nach Lebensmitteln zu machen, wird gesät und geerntet. Eine Menge Gesprächsstoff!

- Die Kinder werden anspruchsvoller. Sie wollen immer wieder die Geschichte ihrer Sippe hören!

- Jemand ist verletzt oder wird krank. Was passiert da? Wie

kann man Krankheiten heilen? Da ist jemand aus der Sippe gestorben. Was passiert mit ihm nach dem Tod?

- Wilde Tiere sammeln sich um die Hütten, lassen sich füttern, werden zahmer und schließen sich den Menschen an. Haustiere zähmen und züchten, was für ein Thema für endlose Gespräche!

Die Gesprächsanlässe werden immer komplexer und für die Entwicklung der Gemeinschaft immer bedeutungsvoller. Von all diesen und ähnlichen Gesprächen ist uns nichts erhalten geblieben, außer den tiefen Spuren in unseren Genen, ein paar Werkzeugen und Wohnstätten, welche die Zeit überdauerten und stumme Zeugen der damaligen menschlichen Kultur sind. Wir können solche Gespräche nur logisch rekonstruieren.

Die gesprochene Sprache ist so flüchtig wie der Atem, den wir aushauchen. Es lässt sich so sicher vieles an kulturellem Wissen an die nächste Generation weitergeben. Doch hier sind Grenzen gesetzt: *Der Empfänger der mündlichen Information muss im Prinzip als Zuhörer anwesend sein.*

So geeignet und segensreich die Sprache für den unmittelbaren Austausch, die direkte Kommunikation ist, um so ungeeigneter ist sie, Wissen und Kenntnisse zu konservieren, um *eine komplexere kulturelle Tradition* aufzubauen. *Wissen, das nur mündlich weitergegeben wird, kann leicht verfälscht werden und in Vergessenheit geraten.* (Das Neue Testament wurde erst 600 Jahre nach den Ereignissen um Jesus in eine schriftliche Form gebracht.)

Mit der Schrift entsteht eine in Raum und Zeit vernetzte Kultur

Die Schriftsprache unterlag zunächst selbst einer Evolution und ging aus unterschiedlichen Quellen hervor, vor allem aus dem symbolisierten Malen konkreter Gegenstände.

Schrift wird mit der Zeit immer abstrakter. Aus Bildern für Gegenstände (zum Beispiel einem Tier) wurden immer abstraktere Symbole. Die ägyptische Schrift ist noch sehr symbolhaft. Im Chinesischen steht ein Zeichen für ganze Wörter (die chinesische Sprache besteht aus etwa 50 000 Bedeutungszeichen). Das Griechische war die erste Schriftsprache mit 24 Symbolen und machte einen Unterschied zwischen Groß- und Kleinschreibung. Nun mussten Materialien entdeckt werden, die sich zum Aufschreiben eignen: Tafeln, Papyrus, Stifte.

Mit der Entwicklung dieser Technik können nun Gedanken und Informationen an Empfänger weitergegeben werden, die nicht unmittelbar zugegen sind: Sie können räumlich (ferne Gegenden) oder zeitlich (spätere Generationen) weit entfernt sein.

Information, die schriftlich niedergelegt wird, ist jetzt (theoretisch!) jedem zugänglich. Nehmen wir eines der bekanntesten alten und erhaltenen Schriftstücke, das I-GING: Jeder kann es sich heute in einer Buchhandlung kaufen und darin lesen. Es ist (potenziell) Allgemeingut geworden. Deutlicher gilt dies natürlich in unserem Kulturkreis für die Bibel.

Der flüchtige Dialog, der Informationsaustausch von Angesicht zu Angesicht, die menschliche Kommunikation über die Sprache nimmt nun mit der Entwicklung der Schrift eine völlig neue Qualität an.

Erfahrungen, Kenntnisse und Wissen hören auf, Privatbesitz zu sein, sondern werden »kollektiviert« und jedem zugänglich. Schrift schafft eine unvergängliche Struktur des vernetzten

Austauschs, eine jederzeit abrufbare Informationssammlung von *kollektivem WISSEN.*

Religion und Philosophie, Wissenschaft und Technik (wo es auf präzise Informationen ankommt) entfalteten sich nun sprunghaft und nachhaltig. *Die Menschheit hatte eine geniale Erfindung gemacht, wie geistiger Reichtum (Wissen) in Schriftstücken fixiert und so »materialisiert« werden kann.*

Schrift als kollektives Gedächtnis und Bewusstsein

Bisher – in der biologischen Phase von über einer Million Jahren Menschheitsentwicklung – wurde unsere biologische Weiterentwicklung als Spezies MENSCH langsam über Gene weitergegeben. *Die Informationsdatenbank MENSCH war in den Genen eines jeden Menschen biologisch materialisiert.*

Die Menschheit schafft sich nun mit der Schrift *ein kollektives Gedächtnis.* Alles Wissen (der geistige Reichtum) dieser Erde kann schriftlich fixiert und in Büchern (und anderen Medien) *festgehalten werden.* Einmal erworbenes Wissen kann von anderen Menschen übernommen und weiterentwickelt werden. *Mit der Schrift beginnt die wesentliche kulturelle Evolution der Menschheit.* Schrift hat diesen gewaltigen *evolutionären Sprung* ermöglicht: die von biologischer Begrenzung befreite *kulturelle Weiterentwicklung der Menschheit zu einer einheitlichen Familie mit kollektivem Gedächtnis!*

Bibliotheken entstanden, die das Wissen eines bestimmten Kulturkreises sammelten. Noch musste jedes einzelne Exemplar von Hand hergestellt werden, und es waren eher die Klöster und Mönche, die geistige Zentren bildeten. Aufgeschrieben wurden religiöse und staatliche Gesetze sowie Verträge, Geschichtsschreibung und Literatur entstanden.

Mit der Druckerpresse von Gutenberg konnten Schriftstücke eine gewisse »Massenauflage« erreichen. Wen wundert es, dass zuerst die Bibel gedruckt wurde?

Die *Vervielfältigung von Schrift mit der Druckerpresse* ist mit der *Entwicklung des Internet in der heutigen Zeit* zu vergleichen. Wissen wird durch die Vervielfältigung und das Bereitstellen faktisch zu einem Allgemeingut. *Geistiger Reichtum konnte sich wie ein Strohfeuer verbreiten.*

Mit der Entwicklung der Schrift haben wir uns die Basis für eine menschliche Kultur, ein kollektives Bewusstsein, ein Bewusstsein der Gattung MENSCH geschaffen!

Die Entwicklung der Menschheit nimmt damit eine neue Dimension an. Die Frage »*Was ist der Mensch?*« beantworten uns jetzt nicht mehr ausschließlich die Gene. Wir müssen die Frage neu stellen: »*Was ist die Menschheit?*« Die Antwort finden wir in der Kultur.

Mit anderen Worten: Auf dem Mond spazieren zu können ist keine biologische Anlage des Menschen. Wir können nicht einmal gegen die Schwerkraft ankommen. Und doch: Auch wenn bisher nur wenige Menschen den Mond betraten, gehört es heute zu den *Fähigkeiten der Menschheit,* auf dem Mond spazieren zu gehen. *Hier wird deutlich, was »Kultur der Menschheit« bedeutet.* Doch denken wir daran, was für ein gesellschaftlicher Reichtum, welch eine gigantische Wissenschaft und Technik, Ausbildung von Technikern und Ingenieuren, Managern und Astronauten notwendig ist, um ein paar Exemplare unserer Gattung auf den Mond zu schicken!

Nachdem sich »das Wesen des Menschen« von seinen inneren biologischen Anlagen zur Kultur verlagert hat (also mehr ist als nur biologische Anlage), kann man »Menschsein« nicht nur biologisch leben (wie ein Tier seine Art ganz einfach lebt), sondern muss es sich gesellschaftlich und kulturell wieder »ein-

verleiben«. Das nennen wir dann »Erziehung«, »Sozialisation« oder »Entkulturation«, also als Mensch Teil dieser menschlichen Kultur zu werden.

Schulen und Ausbildung entstehen

Im Gegensatz zur Sprachveranlagung besitzen wir *keine genetische Veranlagung zum Lesen und Schreiben.* Diese Fähigkeiten sind viel zu jung, als dass sie Teil unserer biologischen Ausstattung, unserer menschlichen Gene geworden sind. Das ist auch gar nicht mehr nötig. *Wir bekommen die menschliche Kultur nicht über die Gene mit in die Wiege gelegt, sondern müssen sie uns aktiv aneignen. Dafür gehen wir in die Schule.*

Wir lernen in der Schule die Schriftsprache, wir lernen lesen und schreiben! Und durch diese Fähigkeit, uns der Schriftsprache zu bedienen, eignen wir uns »das Wissen der Menschheit« an und werden in die Lage versetzt, die menschliche Kultur weiterzuentwickeln *und so selbst geistigen Reichtum zu schaffen. Wir müssen uns dazu sozusagen den »aktuellen Stand des Menschseins« persönlich (vor allem durch Lesen und Schreiben) zu eigen machen.*

So gesehen sind Schulbildung und »lebenslanges Lernen« eigentlich ein Teil der Menschwerdung: Unsere biologische »Mitgift« ist in unseren Genen verankert, unsere kulturelle »Mitgift« *müssen wir uns durch Bildung aktiv aneignen.* Wir treten dabei nicht nur *ein materielles Erbe* an, sondern auch ein *geistiges Erbe,* indem wir in ein bestimmtes kulturelles Niveau hineingeboren werden.

Ein Auto als materieller und geistiger Reichtum

Betrachten wir ein Auto neuester Technologie auf aktuellem Stand der menschlichen Kultur:

Was wir mit bloßem Auge an dem Auto wahrnehmen können, ist *materieller Reichtum:* Material (zum Beispiel Zink-Karosserie), Ausstattung (zum Beispiel Ledersitze), Technik (zum Beispiel mit Navigationssystem), eine bestimmte Leistungsfähigkeit (zum Beispiel Höchstgeschwindigkeit im Verhältnis zum Benzinverbrauch), ein Marken-Image (zum Beispiel Mercedes-Chrysler) und ein ansehnlicher Marktpreis. *Das alles ist sichtbarer, von Menschen geschaffener Reichtum.*

Stellen wir uns nun vor, was für ein *grenzenloses Wissen, Technik und Know-how* in einem solchen Auto gebündelt sind. Die Ansammlung der technischen Kenntnisse geht zurück in die Zeit, als ein Wagenrad erfunden wurde! Stellen wir uns jetzt vor, wir stellen alle diese Bücher, die für die Herstellung dieses Autos und seiner sicheren Verwendung gebraucht wurden, in eine Bibliothek neben das Auto. Dazu gehören natürlich auch Satelliten- und Computertechnik, Verkehrssysteme, Sicherheitssysteme, Fertigungsanlagen oder Managementwissen über die Führung eines Unternehmens. Kaum ein wissenschaftliches und technisches Buch, das nicht in dieser Bibliothek stehen würde! *Diese »virtuelle Bibliothek« ist der für das bloße Auge unsichtbare geistige Reichtum, den dieses Auto »verkörpert« und materialisiert!*

Kein Mensch der Welt verfügt über all dieses Wissen! Jeder, der an der Entwicklung beteiligt war, hat seinen Beitrag mit seinem Spezialwissen eingebracht. *Das Auto verkörpert das technische Know-how der ganzen Menschheit, wie es kein einzelner Mensch alleine besitzen kann.* Doch was zur Weiterentwicklung dieses materiellen Reichtums gebraucht wird, lässt sich über schriftlich fixiertes Wissen, Technik und Know-how aneignen. Unsere »virtuelle Bibliothek« ist sozusagen die geistige Blaupause zu dem materiellen Objekt Auto.

Die menschliche Kultur besteht aus der BASIS vergeistigter Materie (zum Beispiel einem technisch hoch entwickelten Auto) *und dem ÜBERBAU aus materialisiertem Geist* (einer umfassenden Datenbank menschlichen Wissens). Wir kommen jetzt zur zentralen Frage: *Und was hat GELD damit zu tun?*

Geld als genialer Evolutionsfaktor

Wir haben im letzten Kapitel *das Geheimnis der Schrift* gelüftet:

- Schrift *speichert Wissen* (Geist) in einer »Wissensdatenbank« (zum Beispiel Buch) und macht es jederzeit wieder abrufbar (zum Beispiel durch Lesen und Studium).
- Schrift ermöglicht den *vernetzten Austausch* von Wissen über Raum und Zeit hinaus. Schrift macht Wissen allgemein verfügbar.
- Schrift *materialisiert geistigen Reichtum* und erlaubt dessen leichte Verbreitung.
- Schrift ermöglicht *den Aufbau einer komplexen und globalen Kultur der Menschheit.*

Wir wissen jetzt grob, wie sich materieller und geistiger Reichtum in der menschlichen Gesellschaft und Kultur herausgebildet haben. Doch all das wäre nicht möglich gewesen, hätte die Menschheit nicht neben der Schrift noch eine genauso bedeutsame Erfindung gemacht: das Geld. *Welche fundamentale Rolle hat das Geld also beim Aufbau der menschlichen Kultur gespielt?*

Handel als Tausch und Austausch

Unsere Geschichtsbücher sind voll von Kriegen, die Menschen (Horden, Stämme, Völker oder Staaten) miteinander geführt haben. Liest man sie, kann man leicht den Eindruck bekommen, der Mensch sei des Menschen größter Feind.

Es gab aber nicht nur Kriegsschauplätze, sondern auch

Marktplätze. Kriege haben Zerstörung, Raub und Plünderung gebracht, *Handel* dagegen wachsenden Tausch, fairen Austausch zwischen den einzelnen Kulturen und sich vergrößernden Reichtum. Leider erfahren unsere Kinder in den Geschichtsbüchern viel zu wenig von dieser Seite des *Zusammenwachsens der Menschheit durch den sich entwickelnden Handel.* Miteinander auszutauschen, was man besitzt, schafft Respekt, Achtung und Verständnis.

Häfen und Städte entstanden an den Kreuzungen von *Handelsstraßen.* Je mehr sich eine Stadt mit ihrem zentralen Marktplatz in den Handel integrieren konnte, desto reicher wurde sie. Unsere großen Hauptstädte in Europa oder dem Orient liegen an solchen »Handelskreuzungen«. Denken wir auch an die Karawanen im Orient und eine wachsende Handelsschifffahrt über die Weltmeere.

Lange bevor sich die Menschen sprachlich über die Grenzen hinweg verständigen konnten, beherrschten sie schon *die gemeinsame Sprache des Handels.* Nichts hat die Menschheit mehr verbunden als der Handel. *Kaufleute,* die von diesem Handel über die Grenzen hinweg lebten, haben immer ein hohes Ansehen genossen. Sie waren gleichzeitig die ersten »Botschafter fremder Kulturen«.

Voraussetzungen des Handels

Um Handel miteinander treiben zu können, musste man bestimmte *Güter im Überfluss* haben. Man gibt nur etwas her, was man selbst nicht mehr nötig braucht, wovon man zu viel hat.

Umgekehrt macht ein Naturaltausch, ein Austausch von Gütern, nur dann Sinn, wenn man *etwas braucht, was man nicht selbst hat und nicht selbst herstellen kann.* So waren es Raritäten, Reichtümer, Seltenes und Wertvolles, was in den Handel ging. Es mussten leicht transportierbare Güter sein, die auf der oft monatelangen Reise nicht verderben konnten. Beide Seiten beim Handel mussten also etwas haben, was man selbst im Überfluss hatte und der Handelspartner brauchte.

Der Handel war aber noch nicht das »täglich Brot« der kleinen Leute. Handel trieben die Reichen, die Fürsten. *Der Prunk eines neu entstehenden Palastes war Inbegriff von intensiven Handelsbeziehungen – oder aber von Raubzügen.*

Der große Handel war lange Zeit ein Naturaltausch. Dabei wurde es mit der Zeit immer praktischer, dass man ein gewisses Gut bei einem Tausch verwenden konnte: GOLD. Vor allem, *als der Handel »professionalisiert« wurde,* sich neue Handelsberufe herausbildeten und etablierten und Händler und Kaufleute davon lebten, war ein überall anerkannter Tauschwert von besonderer Hilfe. Man bezahlte mit Gold (oder einem anderen wertvollen Gut), wenn der direkte Naturaltausch nicht möglich war. Der Handelspartner konnte mit Gold immer etwas anfangen. *GOLD wurde so als »universelles Tauschmittel« der Vorläufer von GELD.*

Der örtliche Markt

Neben dem »professionellen Handel« über die Grenzen hinweg blühte später auch der örtliche Handel auf, der »Handel der kleinen Leute«. Dieser Handel setzte *»freie Menschen«* voraus: Nur wer Eigentum besaß, konnte etwas gegen andere Güter tauschen.

Sklaven und Leibeigenen gehörte nicht einmal ihr eigenes Leben, so hatten sie auch nichts, was sie tauschen konnten. Erst als es *eine große Schar von Handwerkern und freien Bauern* gab, kam der örtliche Handel in Gang.

Voraussetzungen für das Aufblühen des örtlichen Markts:

- *Privatbesitz:* Der Mensch muss über Rohstoffe und Produktionsmittel verfügen, um etwas herzustellen, das man gegen andere Güter des täglichen Bedarfs tauschen kann.

- *Arbeitsteilung:* Die Mitglieder einer Gemeinschaft durften nicht alle dasselbe machen, sondern mussten unterschiedliche Dinge tun. Undenkbar ist zum Beispiel ein Dorf, in dem nur Schmiede wohnen. Je besser die Arbeitsteilung organisiert war, desto eher konnte ein örtlicher Markt aufblühen.

- *Spezialisierung und Expertentum:* Je mehr Expertentum man sich in einem bestimmten Spezialgebiet erworben hatte, desto gesuchter waren die Leistungen und desto weniger konnten die Güter und Leistungen billig kopiert und nachgemacht werden.

- *Überfluss:* Der Markt belohnte es, über den eigenen Bedarf hinaus zu produzieren. Markt und Handel machten die Herstellung von Überfluss lohnenswert und verteilten diesen Überfluss, sie waren der Motor für wachsenden Reichtum.

- *Bedarf:* Austausch konnte nur dann zustande kommen, wenn auch eine Nachfrage bestand. Genauso gilt aber auch: Ein wachsendes Angebot initiierte wieder wachsende Bedürfnisse.

Markt und Handel sind ein Motor für die Entfaltung von gesellschaftlichem Reichtum.

Man produziert Überfluss und kann sich durch den Tausch selbst mehr leisten. Der Markt und Tausch schafft sehr schnell eine örtliche Gemeinschaft. Er vernetzt Menschen miteinander. Dörfer und Städte entstehen um Marktplätze herum. Der Markt ist das Zentrum der Gemeinschaft. Die Arbeitsteilung innerhalb solcher Gemeinden weitet sich erheblich aus.

Werte für den Markt schaffen, die Gemeinschaft bereichern

Wer etwas auf dem Markt tauschen will, muss etwas schaffen, was für andere wertvoll ist. Markt erzieht zu gesellschaftlichem Bewusstsein, zur Philosophie des GEBENS und NEHMENS. Was kann ich für den anderen herstellen? Was kann ich besonders gut, was andere brauchen können? Wie kann ich meine Fähigkeiten weiterentwickeln, um mich auf dem Markt von anderen abzuheben?

Es ist eine *diametral andere Philosophie als die der Gewalt und des Krieges:* Diese kennt nur rauben, plündern, zerstören, vergewaltigen, Reichtum anhäufen auf Kosten anderer. Gewalt zerstört Reichtum (Vandalismus, Brandschatzung) oder verteilt Reichtum nur anders (was früher dem Beraubten gehörte, ist jetzt im Besitz des Räubers).

Doch die Fragestellung »Wie schaffe ich etwas Wertvolles für den Markt?« bereichert alle Beteiligten im Tausch und schafft gesellschaftlichen Reichtum neu. *Gesellschaftlicher Reichtum entsteht durch das Schaffen von Werten, durch schöpferische Tätigkeit.*

Dies können handwerkliche Produkte sein (landwirtschaftliche Geräte, Werkzeuge, Geschirr und Besteck, Stoffe oder Kleidung), das Herstellen von Nahrungsmitteln, der Bau von Höfen, Stallungen, Häusern und Wohnungen (Kirchen nicht zu vergessen!).

Markt bedarf freier Menschen und fördert die Freiheit und das gesellschaftlich verantwortliche Bewusstsein der Menschen.

Grenzen des direkten Tauschs

Ähnlich wie die direkte und flüchtige Kommunikation über mündliche Sprache hat auch der direkte Tausch von Naturalien eine Grenze.

Man kann – je nach Entfernung – seine Produkte vielleicht noch auf zwei oder drei verschiedene Marktplätze bringen, die direkte Verbreitung der eigenen Produkte bleibt jedoch lokal sehr begrenzt. Die Entfernungen sind (für damalige Zeiten) zu groß. Ich bin zu sehr mit der Herstellung meiner Produkte beschäftigt, als dass ich noch Zeit hätte, sie »in der großen Welt« (schon 30 Kilometer weiter) feilzubieten.

Der zweite Nachteil: Der Bedarf an meinen Produkten kann im lokalen Markt schon bald durch mich selbst »gesättigt« sein. Ich habe eine kleine Apfelplantage mit den besten Äpfeln im Umkreis von 100 Kilometern. Davon habe ich 100 Sack geerntet. Doch bereits bei 20 Sack Äpfeln ist der Bedarf in meinem lokalen »Vertriebsgebiet« gedeckt.

Ein dritter Nachteil: Die lokale Begrenzung bremst auch die Überproduktion. Je mehr ich für einen begrenzten Markt produziere, desto wertloser werden meine Produkte, da sie jetzt keine »Raritäten« mehr sind, sondern »Massenware«. Wenn ich diese 100 Sack auf einem einzigen Marktplatz feilböte, wäre mein Ertrag sicher gering. Ich hätte zwar wertvolle Äpfel, würde aber kaum jemanden finden, der mir so viele Äpfel gegen ein entsprechend wertvolles Gut eintauscht. Könnte ich aber 20 Märkte mit je fünf Sack der besten Äpfel beliefern, könnte ich einen hohen Tauschpreis pro Sack realisieren.

Vierter Nachteil: Was ist, wenn zwar Tauschpartner auf dem Markt Äpfel brauchen, mir aber nichts anbieten können, was ich brauche?! Eine neue Scheune wäre dringend nötig! Der Wert meiner Apfelernte würde dies zwar hergeben, aber wie tausche ich 100 Sack Äpfel gegen eine neue Scheune? Oder mein Produkt hat eine andere Saison als das Produkt, das ich brauche. Äpfel kann ich im Herbst auf den Markt bringen, aber die jungen Lämmer, die ich gerne gegen meine Äpfel tauschen würde, sind erst im Frühjahr auf dem Markt!

Bei einem lokalen Markt mit direktem Naturaltausch stößt eine Produktion auf Grenzen. Die Nachfrage ist begrenzt, die Tauschmöglichkeiten sind begrenzt, die Verbreitung des Produkts ist gebremst, die Produktion ist gebremst. *Ein lokaler Markt bremst die Entfaltung von gesellschaftlichem Reichtum.*

Geld vermittelt Leistung und Bedürfnis

Statt Naturalien gegen Naturalien *direkt* zu tauschen, ermöglicht die Erfindung des Geldes den *indirekten Tausch:* Man kann durch die Vermittlung des Geldes alles gegen alles tauschen. *Geld löst alle Bremsen des lokalen Marktes.*

Auch das Geldsystem hat (wie die Schrift) seine eigene Evolution und fällt nicht perfekt und vollkommen vom Himmel. Vielleicht haben wir heute erst *die »Halbzeit der Evolution des Geldes«* erreicht!

- Es besteht bereits *eine bestimmte feste Tauschgemeinschaft* (zum Beispiel Stadt), die beschließt, ein Geldsystem einzuführen, also den Wert des Geldes *festzulegen und zu garantieren.* Wie Schrift einer gewissen Konvention der Gemeinschaft bedarf (zum Beispiel die Reformation der deutschen Sprache durch Luther), *muss eine Gemeinschaft auch Konventionen für den Gebrauch des Geldes festlegen.* Zunächst hatte jede größere Stadt ihre eigene Währung, auf dem Land um die Stadt wurden dagegen noch weitgehend Naturalien getauscht.

- *Das Geldsystem muss sich erst Vertrauen erwerben:* Wenn

ich für meine Produkte Geld statt Naturalien nehme, muss ich sicher sein, dass ich an einer anderen Stelle für das Geld wieder Produkte eintauschen beziehungsweise kaufen kann. Dies ist eine psychologisch fundamentale *Rolle des Geldes.*

- *Wer Geld hat, hat eine Vorleistung erbracht.* Ich habe Geld, nachdem ich meine Leistung verkauft habe. Meine Leistung hat die Gemeinschaft bereichert. Als Gegenleistung erhalte ich Geld, das *den Gegenwert meiner Leistung speichert. Geld ist also ein Speichermedium für eine bereits erbrachte, wertvolle Leistung. (Schrift speichert Wissen, Geld speichert Leistung.)*

- Im Naturaltausch tauscht man noch Materielles miteinander. *Bei Geld wird die materielle Seite des Tauschmittels Geld immer bedeutungsloser.* Ein Geldschein hat kaum noch materiellen Wert, im bargeldlosen Zahlungsverkehr entkleidet sich das Geld ganz seines materiellen Kostüms. *GELD ist ein Versprechen, eine Garantie, eine IDEE, ein geistiges Speichermedium. (Geld soll der Inbegriff des Materiellen sein? Weit gefehlt!)*

- *Letztlich ist Geld nur eine In-form-ation* (etwas Geistiges). Geschaffene Leistung und erarbeiteter Wert gehen *in die Form* des Geldes. *Geld informiert,* dass der Besitzer den Anspruch erworben hat, etwas Gleichwertiges dafür einzutauschen.

- Geld ermöglicht jetzt *indirekt,* dass ich *durch meine Leistungen meine Bedürfnisse* befriedigen kann. Vorher hatte ich niemanden gefunden, der mir gegen meine Apfelernte (Leistung) eine neue Scheune (Bedürfnis) eingetauscht beziehungsweise gebaut hätte. *Geld* ermöglicht nun, meine Leistung (Apfelernte) zu verkaufen und mit dem Geld mein Bedürfnis (eine neue Scheune) zu befriedigen. *Geld ist nicht das*

Ziel des Tausches, sondern ein Zwischenstadium. Ich will nicht Geld, sondern mittels Geld ein Bedürfnis befriedigen. Geld ist der direkte Vermittler (Leistung gegen Geld – Geld gegen Bedürfnis) für einen indirekten Tausch (Leistung gegen Bedürfnis).

- Geld macht letztlich die Grenze zwischen wirtschaftlicher Basis (materiellem Reichtum) und kulturellem Überbau (geistigem Reichtum) durchlässig und intensiviert den Austausch zwischen den beiden Formen des Reichtums, *da Geld in der Lage ist, zwischen materiellem und geistigem Wert zu vermitteln.*

Während der Naturaltausch Menschen zu Gemeinschaften vernetzt hat, hat Geld Märkte und Gemeinschaften zu größeren Einheiten vernetzt. Geld hat Wirtschaftsgemeinschaften zusammengeschlossen, Nationen gebildet. *Diese fundamentale Kraft des Geldes durch sein befreiendes Potenzial* haben wir heute vor unseren Augen: Die Vernetzung europäischer Völker und Nationen durch den EURO. *Am Ende dieses Prozesses wird ein einheitliches Weltwährungssystem stehen, und der globale, einheitliche Markt wird Realität sein.* Globaler und internationaler Handel verschmelzen. Wir denken dabei auch an das Internet-Shopping als globalem Marktplatz der ganzen Menschheit.

Geld forciert natürlich auch die Arbeitsteilung. Geld hat den Handel »professionalisiert«. Durch die Existenz eines Geldsystems lohnte es sich, nicht mehr selbst Waren und Produkte herzustellen, sondern sie als »Vermarktungsspezialist« den Herstellern abzukaufen und für sie auf den Markt zu verkaufen. Aus Kaufleuten und Händlern wird die große Berufsgruppe der Verkäufer und ganzer Vertriebsorganisationen.

Geld ist ein Sinnbild für Kooperation! Geld organisiert ein engmaschig verwobenes Kooperationsnetz. Bedenken Sie, wie viele Menschen an der Herstellung und Lieferung eines einzigen Autos beteiligt sind! Oder denken wir nur an eine Banane aus Südamerika! Gegenüber dem weltweiten Kooperationsnetz, das durch Geld geschaffen wurde, ist das Internet noch im embryonalen Stadium. *Geld ist der Motor für die Entfaltung materiellen und geistigen Reichtums, weil Geld den indirekten und damit unbegrenzten Austausch, die grenzenlose Freiheit ermöglicht. Geld ist ein Kind und Bote der Freiheit.*

»Geld macht nicht glücklich!«

Ja und?! In diesem Satz sind gleich *zwei* fatale Missverständnisse verborgen: Man tut Geld Unrecht, wenn man von ihm etwas verlangt, was gar nicht seine Funktion ist. Die Funktion des Geldes ist nicht, »Glücksmacher« zu sein, sondern »Tauschvermittler«. Niemand würde einem Gärtner vorwerfen, dass er die Buchhaltung nicht macht. Das ist einfach nicht sein Job!

Der Satz missversteht aber auch Glück. *Nichts* in der Welt kann glücklich *machen (auch kein geliebter Mensch).* Glücklich werde ich *nicht gemacht, sondern bin ich.* Glück *braucht nichts und niemanden.* Glück ist von nichts abhängig.

Gespartes Geld wird Kapital

Geld hat einen weiteren, grandiosen Vorteil: *Es kann als Speichermedium gespart werden.* Das mag zunächst trivial klingen, doch in dieser Fähigkeit des Geldes steckt im wahrsten Sinne des Wortes Gigantisches.

Naturalien verderben schnell, sie müssen bald konsumiert werden, um nicht wertlos zu werden. Im Naturaltausch tauscht man Verderbliches mit dem Ziel, es rasch zu konsumieren. *Wenn ich Naturalien tausche, dann suche ich solche Produkte, die ich dringend brauche und bald auch ver-brauche.* Niemand zwingt mich dagegen, Geld zu konsumieren, sofort zu ver-brauchen.

• Ich kann Geld sparen, um mir *etwas Größeres zu leisten.* Gespartes Geld akkumuliert so meinen Reichtum.

• Ich kann Geld sparen, um irgendwann *nicht mehr arbeiten zu müssen.* Dann kann ich von dem Gesparten leben. Gespartes Geld schafft mir größere Unabhängigkeit und Freiheit von gesellschaftlicher Altersversorgung.

• Ich kann aber auch *Geld verleihen* und so »*Geld arbeiten« lassen,* das heißt für mein gespartes Geld bekomme ich nach einer bestimmten Zeit mehr Geld, als ich gegeben habe.

Dieses Potenzial des Geldes hat nicht nur ganze *Wirtschaftszweige wie das Banksystem* hervorgebracht, sondern ein ganzes Gesellschaftssystem. Wir sprechen vom industriellen Kapitalismus! *Banken organisieren das Sparen,* sind Vermittler zwischen denen, die zu viel Geld haben, und denen, die sich dieses Geld leihen mit dem Versprechen, nach einer gewissen Zeit und in bestimmten Raten mehr Geld zurückzugeben.

Ohne die Möglichkeit, *auf diese Weise Kapital zu akkumulieren,* hätten keine großen Firmen oder Großunternehmen entstehen können. *Geld in Form von Kapital hat erst die Industriegesellschaft und ein allgemeines Ausbildungssystem ermöglicht.*

Der Unternehmer als Wohlstandsbringer

Wenn wir vom Kapitalismus sprechen, dann müssen wir auch die überragende Rolle eines Unternehmers für *die Schaffung gesellschaftlichen Reichtums* hervorheben.

- Der klassische Unternehmer hat zunächst *eine (wertvolle) Idee,* eine »Geschäftsidee«. Diese orientiert sich natürlich am Markt, also den Marktchancen, damit Kundenbedürfnisse zu befriedigen. Sie muss für die Gesellschaft so wertvoll und Gewinn bringend sein, dass er dafür von Banken eine Menge Geld für die Gründungsinvestition bekommt.

- Dann braucht er Risikobereitschaft und *Mut, um Geld = Kapital aufzunehmen.* Er riskiert alles, um sich den Traum finanzieller Freiheit und beruflicher Unabhängigkeit zu erfüllen. *Reichtum schaffen erfordert Mut,* Ar-mut dagegen ist ohne Mut und verharrt in Risikoscheu, Angst und Abhängigkeit.

- Der Unternehmer *konzipiert und organisiert einen Unternehmensablauf,* der auf effiziente und kostengünstige Weise ein gesellschaftlich benötigtes Produkt herstellt. Die Organisationsform atmet die Vision, die Intelligenz und das Verantwortungsbewusstsein des Unternehmers.

- Dutzende, Hunderte, Tausende von Menschen werden eingestellt und so Arbeitsplätze geschaffen. Es entsteht eine Gemeinschaft von miteinander kooperierenden Menschen mit dem *Ziel, die Gesellschaft mit ihren Produkten zu bereichern.* Das Unternehmen als synergetische Kooperationsgemeinschaft *schafft* einen enormen gesellschaftlichen Wert und Reichtum! Es ermöglicht Massenproduktion, um den Bedürfnissen vieler Menschen nachzukommen.

- Wertschaffend ist natürlich *die Arbeit, die Arbeitskraft* der Mitarbeiter. Doch auch die ursprüngliche Geschäftsidee, die weiteren Innovationen, die Logistik, der Arbeitsablauf, der Fluss der finanziellen Mittel, das technische Know-how, alle diese und andere Faktoren sind Teil des erschaffenen gesellschaftlichen Wertes. *Der Unternehmensgewinn wird nach*

einem Schlüssel (zum Beispiel Tarifverträge) unter den Beteiligten und der Firma (Neuinvestitionen) verteilt.
* *Der geschäftsführende Unternehmer ist die geistige Steuer-
  zentrale des ganzen Unternehmens.* Er verkörpert die Ge-
  schäfts-Vision, trägt das Finanzrisiko und eine hohe Verantwortung (für Produkt, Kunde, Mitarbeiter, Gesellschaft)
  und muss letztlich auch dafür sorgen, dass das Unternehmen
  am Markt lebendig bleibt und innovativ ist.

Von keiner Berufsgruppe ist gesellschaftlicher Fortschritt,
Wachstum und Wohlstand mit solchem Drang vorangebracht
worden wie vom Unternehmertum.

Wir mussten »Reichtum« rehabilitieren, um den Blick für
das Geldgeheimnis frei zu bekommen. Wir müssen auch das
Unternehmertum rehabilitieren, um das Geldgeheimnis meisterhaft nutzen zu können.

*Die Zukunft liegt in einer neuen Kultur beruflicher Selbst-
ständigkeit!* (Wir kommen im dritten Teil des Buches darauf
zurück.) Es wird ein neues Unternehmertum sein, doch *der
Wunsch nach beruflicher Selbstständigkeit und finanzieller
Unabhängigkeit wird eine regelrechte gesellschaftliche Bewegung, eine »Kulturrevolution« werden.*

*Der meisterhafte Umgang mit Geld ist dafür eine »Geburts-
hilfe«.*

Die Tabelle des wachsenden Energieaufbaus

Fassen wir unsere Überlegungen zu Geld und Reichtum abschließend in eine erstaunliche Tabelle:

	GEFÜHL Beziehung	GEIST Wissen	MATERIE Handel	
Energie-Austausch = Kommunikation				
synchron ICH-DU	**Sex**	**Sprache**	**Natural-TAUSCH**	Natur
a-synchron WIR	**Liebe**	**Schrift**	**GELD**	Kultur
	innerer Reichtum	geistiger Reichtum	materieller Reichtum	
Reichtum = Energie-Aufbau				

Die Tabelle bedarf einer Erläuterung, da sie mehr enthält als eine Zusammenfassung des bisher Gesagten:

- Wir bringen in dieser Tabelle sechs zentrale gesellschaftliche Begriffe in einen Zusammenhang: Sex und Liebe, Sprache und Schrift, Naturaltausch und Geld.
  Sie alle sind gemeinschaftsbildend, das heißt, sie fördern die Bildung einer Gemeinschaft, Gemeinde oder Gesellschaft. Kommunion, Kommune und Kommunikation sind verwandte Begriffe. Wer aus einer Gemeinschaft ausgeschlossen wird, wird ex-kommuniziert.
- Gemeinschaften (von der Familie bis zur Menschheit) entstehen da, wo ihre Mitglieder im Austausch (Kommunikation) miteinander stehen. Austausch ist letztlich immer *Energie-Austausch,* die *gegenseitige Belebung* und die *Erzeugung*

von mehr Energie für das ganze System. Damit sich ein System entwickelt, muss ihm immer mehr und höhere Energie zugeführt werden.

- Der Energie-Austausch umfasst *drei Dimensionen* (nach dem Körper-Geist-Seele-Schema): *Gefühl, Geist und Materie.* Durch Sex und Liebe wird Gefühl ausgetauscht und Beziehung hergestellt. Durch Sprache und Schrift wird Geist ausgetauscht und Wissen/Informiertheit hergestellt. Durch Tausch und Geld wird Materie (materielle Güter) ausgetauscht und ein Handel = Wirtschaftssystem hergestellt.

- Die Tabelle zeigt auch eine horizontale Ähnlichkeit: *Sex, gesprochene Sprache und Naturaltausch* vollziehen sich im Kern in einer *Zweiergemeinschaft (ICH – DU).* Befruchtender Samen und zu befruchtendes Ei treffen einander, Sprecher und Zuhörer treffen einander, Tauschende treffen einander. Beim Sex sind die Rollen festgelegt, im Gespräch wechseln die Rollen ab (Sprecher und Zuhörer), im Tausch werden beide Rollen (Geber und Nehmer) gleichzeitig ausgeübt. Für diese Zweierbeziehungen gilt: Es sind *»face-to-face-Beziehungen«,* das heißt, man sieht sich in diesen drei Akten von Angesicht zu Angesicht. Die Aktionen sind *»synchron«,* Geben und Nehmen im Sex, im Gespräch und im Tausch geschehen gleichzeitig. Sie sind weitgehend *in der Natur* verhaftet.

- *Liebe, Schrift und Geld* überwinden die Grenze der Zweiergemeinschaft.
  Schrift wendet sich meistens nicht nur an einen, sondern an viele Leser. *Geld* ermöglicht den Austausch von Gütern mit vielen Menschen. Die Akte werden *asynchron:* Liebe kann einseitig sein, sie wird vielleicht später erwidert. Liebe kann auch »anonym« an Menschengruppen geschenkt werden

und »kommt erst viel später an«. Schrift wird erst geschrieben und (viel) später gelesen. Durch Leistung erworbenes Geld wird nicht sofort wieder ausgegeben, sondern erst (viel) später. Der/die Geliebte muss nicht anwesend sein, der Empfänger des Geschriebenen ist selten anwesend, beim Geldtransfer sind die Beteiligten nur noch selten anwesend. Hier haben wir es bereits mit *Kultur* zu tun.

- *Liebe, Schrift und Geld sind letztlich die Faktoren, die im Prinzip »für alle« sind und welche die Menschheitsfamilie bilden (WIR):* die Liebe für die Bildung des Menschheitsbewusstseins, die Schrift für die Bildung der menschlichen Kultur, das Geld für die Bildung eines einheitlichen Weltwirtschaftssystems.

- Die Tabelle ist *aber auch eine Tabelle des Reichtums!* Sex hat eine ungeheure Artenfülle, einen *grandiosen biologischen Reichtum* hervorgebracht (»innerer Reichtum der Natur«). Sprache und Schrift sind die Basis unseres *geistigen Reichtums.* Naturaltausch und Geld haben unseren *materiellen Reichtum* ermöglicht. Liebe selbst gilt als Inbegriff eines reichen, bereichernden Lebens, des *inneren Reichtums.*

- Die menschliche Kultur besteht aus drei Säulen: *Sprache, Geld und Liebe.* Die Schrift beherrschen wir bereits durch ein allgemeines Schulsystem. *Der meisterhafte Umgang mit Geld ist aktuell eine große Herausforderung.* Liebe ist in der menschlichen Kultur noch am wenigsten entwickelt. Deshalb ist die Menschheit noch unkultiviert. *Wir werden auch meisterhaft Liebende werden.*

- Aus der Physik kennen wir die »Entropie«: *in sich geschlossene Systeme* haben die Tendenz, Energiespannungen auszugleichen und mit der Nivellierung der Energie zu sterben. Es gibt nur zwei Tendenzen in Systemen: *Energie-Ausgleich* und damit zunehmender Funktionsverlust *oder Energie-Aufbau* und damit zunehmende Lebensfähigkeit des Systems.

- *Die Erde ist kein in sich geschlossenes System.* Sie nimmt ständig Energie von außen auf, und die Menschen sind in der Lage, dem System ständig *geistige Energie* zuzuführen, wodurch die vergeistigte materielle Energie immer höhere Schwingungen annimmt. *Wachsender Reichtum auf der Erde ist Energie-Aufbau und eine elementare Kraft, welche die Erde vor der Entropie schützt und das System ERDE ständig zu höherem Leben führt.*

- Die nächste Ebene einer höheren Lebensform auf der Erde ist *die Bildung einer Menschheitsfamilie,* in welcher der Mensch dem Menschen (und der Natur) liebevolle Freundin und liebevoller Freund ist. *Wachsender Reichtum ist der Weg dorthin.*

Zusammenfassend kann festgehalten werden: *Geld ist wie Liebe und Sprache (Schrift) ein Energieerzeuger und ein zentraler Evolutionsfaktor der Menschheit.*

Finanzprobleme endgültig loslassen

Finanzprobleme hat man, wenn man mehr ausgibt als einnimmt, wenn man »über seine Verhältnisse lebt«. Das ist weithin bekannt. Wir wollen dieses Phänomen jetzt unter Berücksichtigung unserer bisherigen Überlegungen unter einem anderen Licht betrachten, um das Finanzproblem ein für alle Mal zu lösen, um Geldmangel endgültig loszulassen und um einen meisterhaften Umgang mit Geld zu erlernen.

Was ist Verschuldung?

Gegenüber der etwas verharmlosenden Bezeichnung »Finanzprobleme« ist Verschuldung *der ehrlichere Begriff.* Es gibt verschiedene Arten von Verschuldung. Unser Thema ist die private Verschuldung.

Verschuldet sein bedeutet, auf »Kredit« zu leben. Man hat (von anderen Menschen gespartes) Geld bekommen mit dem Versprechen (Kreditvertrag), mehr Geld als den erhaltenen Kredit wieder zurückzuzahlen. Für den Sparer, den Kreditgeber (sehen Sie in der Bank den Verwalter von Spareinlagen anderer Menschen!) bedeutet das, sein *»Geld arbeitet«.* Tatsächlich ist es nicht *das Geld,* sondern der Kreditnehmer, der mehr arbeiten muss, denn *er hat versprochen, mehr Geld zurückzugeben, als er bekommen hat.* Wie er das anstellt, ist sein Problem. *Und spätestens damit fängt für die meisten Menschen das Finanzproblem an!*

Nehmen wir diese Zwickmühle genauer unter die Lupe: Wer einen Kredit aufnimmt, plant, mehr Geld auszugeben, als er sich aktuell aus eigener Tasche leisten kann. Der aufgenommene und ausgegebene Kredit setzt einen unter Druck (man ist »belastet«), *mehr zu leisten als bisher,* um sein Kreditversprechen einzulösen.

Machen wir uns bewusst: *Wer Geld besitzt,* der hat etwas geleistet, ist in »Vorleistung« gegangen, hat auch das Geld noch nicht wieder »konsumiert« (ausgegeben).

Wer Geld als Kredit nimmt, muss erst noch etwas leisten, hat sogar schon etwas konsumiert (den Kredit ausgegeben), wofür er noch keine Leistung erbracht hat. *Die Gegenleistung für einen Kredit* besteht nicht nur in der Summe des Geldes, das man schon konsumiert hat, sondern auch *in zusätzlichen Leistungen* für die »Kreditkosten«.

Die Abwärtsspirale der Verarmung

Häufig beginnt mit dem *»Leben auf Kredit«* eine fatale Abwärtsspirale:

* Man ist nicht in der Lage, sein Kreditversprechen so einzulösen, wie man es eigentlich erwartet hatte, also *tatsächlich mehr zu leisten.* Irgendwie scheint man nicht nur finanziell belastet zu sein, sondern auch Unglück anzuziehen, das die eigene *Leistungsfähigkeit mindert:* Man wird ernsthaft krank, persönliche Probleme in Partnerschaft und Familie rauben einem Kraft, das berufliche Fortkommen ist gebremst, erwartete Mehreinnahmen bleiben aus. Der erhoffte Lottogewinn will sich nicht einstellen. Eine erwartete große Erbschaft erweist sich als Illusion.

* Ein größerer Kredit wird aufgenommen, um einen kleineren abzulösen. Irgendwann ist man für die Banken nicht mehr »kreditwürdig«. Verwandte und Freunde werden »angepumpt«, was auch diese Beziehungen belastet. Das verschuldete Leben treibt langsam, aber unaufhörlich in die Einsam-

keit, da man *auf Kosten anderer* lebt: Man verbraucht das Geld, das andere erarbeitet haben. Leute wenden sich ab, weil sie ihr Vertrauen (»Kredit«) missbraucht sehen.

- *Die Frage »Wie komme ich an Geld?« wird immer mehr zum Mittelpunkt des Lebens.* Da man der Verlockung des Kredites nicht hat widerstehen können, ist man meist auch *offen für andere Verlockungen:* Die Finanzprobleme mit einem Schlag lösen! Viel Geld in kurzer Zeit mit wenig Aufwand machen! Verlockungen gibt es zuhauf, und sie warten nur auf »die Dummen«. Kleine Investitionen versprechen den großen Gewinn! Dann hat man brav investiert, aber das versprochene Geld bleibt aus. Man fühlt sich betrogen, von Geldvampiren ausgesaugt. (Dabei hat man sich selbst diesen Verlockungen gegenüber naiv und dumm verhalten, also »nichts anderes verdient«.)

- Die *Grenze der Illegalität, des Betrugs* rückt näher. Als Betrogener glaubt man eher das Recht zu haben, auch andere betrügen zu dürfen. Geld machen heißt anscheinend, »Dummen« das Geld aus der Tasche zu ziehen. Man muss nur der »Clevere« sein.

Die Illusion, mit einem Schlag aus dem Schlamassel herauszukommen, wird immer größer – das reale Leben dagegen immer verarmter, nicht nur in finanzieller, sondern in jeder Hinsicht.

Finanzprobleme sind »Energiekrisen«

Eine so beschriebene »Abwärtsspirale der Verarmung« gleicht einem System, das wir kurz schon mit dem Namen Entropie beschrieben haben: *Das System isoliert sich immer mehr (wird tendenziell ein »geschlossenes System«) und verliert kontinuierlich an Energie.*

Und tatsächlich, wer *Finanzprobleme hat, spürt diese schwindende Energie:*

- Geldmangel erscheint *wie Sauerstoffmangel,* Mangel an Atemluft: Man könnte ersticken und gerät in Panik.
- Das Leben erscheint *wie ein Auto, dessen Tank leer ist.* So toll das Auto auch sein mag: Man kommt nicht mehr voran!
- *Dieser Energieverlust wird auch in anderen Lebensbereichen spürbar:* Kreativität und Leistungsfähigkeit lassen nach, auf den eigenen Körper und seine Mitmenschen kann man sich (scheinbar) nicht mehr verlassen. Man zieht Krankheit und Unglück regelrecht an. Die Lebensenergie schwindet zusehends.

Energiekrise heißt: Man verbraucht Energie, die man *nicht selbst* erzeugt hat. Man lebt auf Energie-Kosten anderer, die sich immer mehr von dem »Energieräuber« distanzieren. *Man verbraucht mehr Energie, als man erzeugt.* Das heißt, das System verliert kontinuierlich Energie. Oder um es ganz präzise auf den Punkt zu bringen: *Man eignet sich gesellschaftlichen Reichtum an (Geld ist auch in der Form von Kredit gespeicherte Leistung), ohne als Gegenleistung die Gesellschaft bereichert zu haben.*

Schulden sind der Gemeinschaft geschuldete Leistungen. So können wir die etwas oberflächlichen Beschreibungen »Mehr ausgeben als einnehmen« oder »Über die Verhältnisse leben« jetzt tiefsinniger und treffender beim Namen nennen.

Die Frage drängt sich auf: *Wie ist die Abwärtsspirale der Verarmung umzukehren in eine Aufwärtsspirale des Reichtums? Wie muss das System beschaffen sein, damit mehr Energie erzeugt als verbraucht wird? Wie kann man die Gesellschaft bereichern, statt auf ihre Kosten zu leben?*

Diese Fragen sind sozusagen *die Meisterprüfung auf das Geldgeheimnis. Wer meisterhaft mit Geld umgehen kann, lebt nicht nur selbst in einem Energie erzeugenden und Energie aufbauenden System, sondern trägt auch zum Reichtum der Gesellschaft bei.*

Die Wende herbeiführen!

Wenn Finanzprobleme das Leben zu dominieren beginnen, ist es höchste Zeit, den meisterhaften Umgang mit Geld zu lernen. Mehr noch: *Diese Kunst zu erlernen sollte eine gewisse Zeit lang die absolute Priorität im Leben einnehmen.*

Wir erinnern uns: »Im Gift liegt das Heilmittel verborgen.« Wenn der unerträglich gewordene Geldmangel schon alle Lebensbereiche betrifft, wird überaus deutlich, dass umgekehrt die Lösung des Finanzproblems wieder alle Lebensbereiche dramatisch verbessern wird.

Das Leben selbst ist es, das die Priorität setzt!

Der meisterhafte Umgang mit Geld kann so zur Schule meisterhafter Lebensführung werden. Die scheinbare »Energiekrise« wird so zu einem Geschenk, das ein neues und bewusstes, ganzheitliches Leben in Reichtum und Glück ermöglicht.

Finanzprobleme ein für alle Mal zu lösen heißt aber, den Verlockungen zu widerstehen und unbeirrbar *den einzig wahren* Weg zu gehen, Reichtum zu schaffen. Es gilt, *nur einen,* nämlich den *eigenen Weg zu erkennen und ihn auch zu gehen.*

Geldbewusstsein macht sensibel und immun gegen Verlockungen, die Irrlichter, die rechts und links des Weges in den Sumpf führen. Geldbewusstsein hilft, die eigene Vision zu erkennen und ihr entschlossen zu folgen. Geldbewusstsein und den meisterhaften Umgang mit Geld kann man sich erwerben wie Lesen und Schreiben.

Auf diesem Weg sind wir schon ein gutes Stück vorangekommen! Sie sollten sich deshalb jetzt entscheiden, diesen Weg weiterzugehen und der Wende zum persönlichen Reichtum uneingeschränkt die Priorität einräumen. Meister bleiben unbeirrbar bei dem, was sie einmal als notwendig erkannt haben.

Geld ist Kommunikation und Energie-Austausch. Geldmangel dagegen ist blockierte Energie und blockierte Kommunikation. Geldmangel ist vor allen Dingen der Ausdruck einer Blockade sich selbst, dem wahren Selbst und dem inneren Reichtum gegenüber. *Geldmangel signalisiert Selbst-Entfremdung.*

Der wahre Weg zum Reichtum ist nichts anderes als der Weg zu sich SELBST, wieder in den Fluss der Kommunikation mit sich SELBST zu kommen. Sie können für sich, für Ihre Familie, für die Gesellschaft *nichts Wertvolleres tun, als reich zu werden.*

Das Geldgeheimnis meisterhaft nutzen!

Der meisterhafte Umgang mit Geld balanciert die drei Dimensionen des Reichtums harmonisch aus, bringt Energie und Geld in Fluss und erzeugt ein energieaufbauendes System:

- innerer und äußerer Reichtum,
- materieller und geistiger Reichtum,
- privater und gesellschaftlicher Reichtum.

In kürzester Fassung: Um Energie zu erzeugen, muss man seinen *inneren Reichtum bergen* und nach außen tragen. *Dieser innere Reichtum ist geistiger Art,* eine geniale Idee, eine kreative Leistung, eine schöpferische Tätigkeit. Er macht sich *für die Gesellschaft nützlich,* indem *der materielle Reichtum der Gesellschaft erhöht* wird (Materie wird intelligenter organisiert). Als Dank fließt Geld von der Gesellschaft *für den Aufbau pri-*

vaten Reichtums zurück. Der private Reichtum ist der Anteil am erzeugten »gesellschaftlichen Reichtum«. *Das ist in wenigen Worten der Weg, Reichtum synergetisch und schöpferisch aufzubauen und nicht auf Kosten anderer.* Dieser Weg des Meisters wird im zweiten Teil des Buches genau behandelt.

Wir sind am Ende des ersten Teils in der Lage, jetzt *das Geldgeheimnis in seiner ganzen Fülle zu verstehen.* Denn Klarheit in der Form von Geldbewusstsein ist der erste Schritt zur Meisterschaft. Das Geldgeheimnis meisterhaft zu beherrschen ist der nächste.

Die Rückseite des Geldgeheimnisses lautet: Geld meidet Systeme, die mehr Energie verbrauchen, als sie selbst erzeugen. Geld wird von Energie raubenden und Energie abbauenden Systemen energisch abgestoßen.

Wer Geld hinterherjagt, weil er es dringend braucht, vor dem ist Geld bereits auf der Flucht, der holt Geld nicht ein. Er lebt bereits in einem Energie abbauenden System.

Die Vorderseite des Geldgeheimnisses lautet: Geld wird magnetisch von Systemen angezogen, die mehr Energie erzeugen als verbrauchen. Neue Energie und Werte werden erzeugt durch die Ver-äußerung von innerem Reichtum und Potenzialen. Geistiger Reichtum wird durch Geld in Form gebracht.

Wer seine schöpferische Tätigkeit für die Gemeinschaft liebt, dem fließt Geld in Hülle und Fülle zu. Er lebt bereits in einem Energie aufbauenden System.

2. TEIL
Der Weg zur Meisterschaft im Umgang mit Geld

Zur Erinnerung: Unser Ziel kann es nicht sein, eine aktuelle Finanzkrise einmalig zu lösen. Unser erklärtes Ziel ist es, Finanzprobleme *ein für alle Mal* zu lösen, Geldmangel *für immer* loszulassen, *ab jetzt* in Fülle und Wohlstand zu leben.

Wir haben im ersten Teil das Geldgeheimnis gelüftet und erkannt, wie sich privater Reichtum durch gesellschaftlichen Reichtum entwickelt. Nun gilt es, *mit diesem Geldbewusstsein im zweiten Schritt den meisterhaften Umgang mit Geld zu erlernen.* Sie erinnern sich: Die zweite Dimension des Geldgeheimnisses ist der *Zusammenhang zwischen Geld und Macht,* das Thema dieses Teils.

Anstiftung zur Machtergreifung

Im zweiten Teil steht die Nutzung des Machtgeheimnisses im Mittelpunkt: von Ohnmacht und Impotenz – *zur Macht und Vollmacht über das eigene Leben.*

Den *meisterhaften* Umgang mit Geld zu lernen und ein Vermögen aufzubauen wird sicher eine gewisse Zeit in Anspruch nehmen (wie viel Zeit genau, hängt auch von Ihren inneren Glaubenssätzen ab).

Doch eines können und sollten Sie *sofort* als grundlegende Wende bewirken: *die Macht über Ihr Leben ergreifen, die Herr-schaft antreten und es in Herr-lichkeit führen!*

Wer sein Leben nicht *in jeder Hinsicht bewusst führt, lebt nicht selbstbestimmt, sondern fremdbestimmt, lebt nicht in Unabhängigkeit, sondern in Abhängigkeit.* Er fühlt sich zum Beispiel von Geldvampiren ausgesaugt, von Betrügern umgeben, wird ständig das Opfer von »Geldhaien«. *Machtergreifung (das ist eine Revolution!)* über das Leben heißt, vom *Opfer der Lebensverhältnisse* zum *Herrn über das eigene Leben* zu werden, um *dann Meisterin des Lebens* zu sein.

Wir verwenden hier durchaus bewusst die beiden Formeln *»Herr über das Leben«* (das Leben in Macht beherrschen und kontrollieren) und *»Meisterin des Lebens«* (das Leben in Vollmacht führen). Natürlich kann auch eine Frau »Herr über ihr Leben« sein und ein Mann »Meisterin seines Lebens«.

In der Phase der Machtergreifung stehen eher die männlichen Energien der Übernahme von Kontrolle über das Leben im Vordergrund, in der zweiten Phase der Meisterschaft über das Leben dominieren mehr die weiblichen Energien des Führenlassens durch die Intuition. Um daran zu erinnern und uns einer ausgewogenen »Geschlechtssprache« zu bedienen, werden wir nur von »Meisterin« sprechen. Eine Meisterin muss nicht mehr über ihr Leben herrschen, sondern steht in einem unaufhörlichen Schöpfungsprozess und schafft ständig Neues.

Die emanzipatorische Bedeutung des meisterhaften Umgangs mit Geld für Frau und Mann liegt genau hierin: Frau entfaltet ihre männlichen Energien, um Herr ihres Lebens zu werden, Mann entfaltet seine weiblichen Energien, um Meisterin seines Lebens zu werden.

Doch in der ersten Phase sind Machtergreifung und Herrschaft angesagt! Dieser revolutionäre Akt kann *sofort* vollzogen werden. *Machtergreifung heißt, den bisherigen Herrschern Ihres Lebens die Macht zu entreißen.* Diese Dämonen, die

Macht über Ihr Leben haben, heißen Schuldzuweisungen und Schuldgefühle.

Sie mögen unerträgliche Schulden haben. Der wichtigste Schritt zum *Abbau von Schulden* ist es, *die Schuld* für Ihre finanzielle Misere niemanden mehr in die Schuhe zu schieben. Wer anderen die Schuld für seine Lage gibt, der gibt ihm gleichzeitig auch die Macht über das Leben! *Die anderen sind die Schuldigen – ich bin nur das arme Opfer* (Achten Sie einmal darauf: Opfer sind immer arm.) Indem wir anderen Menschen oder Umständen (die Wirtschaftskrise!) die Schuld *geben,* weisen wir uns diese ärmliche Opferrolle *selbst* zu.

Die ganze Revolution der Machtergreifung besteht darin, *die volle Verantwortung für die eigene finanzielle Lage und für das ganze Leben zu übernehmen.* Denn erst dann haben wir auch die Macht, es nach unseren Vorstellungen zu verändern.

Mit der ungeteilten Übernahme der Verantwortung beginnt die Herrschaft über Ihr Leben! Das ist der erste Schritt, um Ihr Leben zu beherrschen. Sie *reagieren nie mehr hilflos,* sondern *agieren selbstbewusst.* Und das können und sollten Sie *jetzt sofort* tun!

Schreiben als Verändern der Wirklichkeit

Wir sind durch den ersten Teil des Buches in der glücklichen Lage, die wichtige *Bedeutung des Schreibens für den Aufbau der menschlichen Kultur und des geistigen Reichtums* erkannt zu haben. Schreiben ist eine bedeutsame Form, ein erster Schritt, Geist und Ideen zu materialisieren. Indem wir unsere Gedanken und Ideen schriftlich fixieren, machen wir den ersten Schritt, die Wirklichkeit neu zu gestalten.

Wenn Sie eine Rechenaufgabe wie 18 mal 27 lösen müssen, tun Sie das wahrscheinlich nicht im Kopf, sondern verwenden

Stift und Papier. Doch um wie viel komplexer ist unser Leben als eine so simple Rechenaufgabe! Aber die meisten denken vermessen, das Leben nur im Kopf planen zu können.

Hierbei kommt meistens wenig heraus, *da Gedanken in der Regel widersprüchlich sind.* Denn wenn man denkt, sagt man sich: Dieses spricht dafür, jenes spricht dagegen! *Zweifeln* ist geradezu eine Eigenschaft des Verstandes. So *diffus und zwei-fel-haft* die Gedanken im Kopf sind, so *diffus und ver-zweifelt* ist dann auch das Leben.

Gedankendisziplin und zweifels-freie Klarheit entsteht nur dadurch, dass wir unsere Gedanken auch zu Papier bringen! Wir haben in der Schule das Schreiben gelernt und nutzen diese wunderbare Kunst für eine bewusste Lebensplanung so wenig.

Die Herrscher des Altertums hatten alle ihre Schreiber, die ihre *Anweisungen niederschrieben und fixierten.* Wir kennen den berühmten Ausspruch des ägyptischen Herrschers Ramses II. aus dem Film MOSES: »*So ist es geschrieben, so soll es geschehen!*«

Wenn Sie die Herrschaft über Ihr Leben übernehmen, dann machen Sie es den Herrschern des Altertums nach: *Planen Sie Ihr Leben schriftlich, geben Sie Ihrem Leben konkrete, schriftliche Anweisungen!* Werden Sie die Schreiberin und der Drehbuchautor Ihres beherrschten und meisterhaften Lebens!

Das Wunder muss erfolgen: Das Leben reagiert absolut präzise auf Ihre Anweisungen! Je präziser die schriftlichen Anweisungen, desto genauer die Resultate. Die konsequente Anwendung eines der wichtigsten und genialsten Werkzeuge der Menschheit, des Schreibens, ist auch für Ihre bewusste Lebensführung und den meisterhaften Umgang mit Geld eine *Grundvoraussetzung.*

Schreiben Sie sich frei von Schuld und Schuldigen!

Sind Sie also bereit, *jetzt* die Machtergreifung in Ihrem Leben zu vollziehen? Handeln Sie jetzt als Meisterschüler und lassen Sie das Wunder sofort geschehen!

Meisterübung 1

Erstellen Sie bitte jetzt eine Liste unter der Überschrift »*Ich hätte genug Geld und könnte wunderbar mit Geld umgehen,...*«, und jetzt fügen Sie so viele *WENN* und *ABER* hinzu, wie Ihnen einfallen. (Zum Beispiel »... ABER mein Mann verprasst unser ganzes Geld«, »... WENN die Bank noch einen letzten Kredit gewähren würde, der mich aus allem herausbringt«, »... WENN meine Eltern mir eine bessere Ausbildung...«) Machen Sie all Ihre unbewussten Schuldzuweisungen für Ihre finanzielle Lage sichtbar und lesbar! *Nehmen Sie sich dazu bitte die für Sie angemessene Zeit. Es ist die wichtigste Vorbereitung Ihrer Machtergreifung.*

JETZT meisterhaft handeln!

Gehen Sie nach dieser Auflistung bitte jede einzelne Schuldzuweisung durch und ent-decken Sie hinter jedem einzelnen Punkt Ihre eigene (Mit-)Verantwortung. Nehmen wir dazu die oben angeführten Beispiele:

* *Ihr Mann verprasst das ganze Geld?* Warum haben Sie ihn geheiratet? Warum hat er sich in der Ehe geändert? Warum ist er unglücklich? Warum hat er kein klar bestimmtes Verprassungsbudget, das er voll auf den Kopf hauen kann – aber nicht mehr! Warum haben Sie nicht die Hauswirtschaft, die familiäre Finanzplanung übernommen? Warum

trennen Sie sich nicht von Ihrem Mann? Warum sind Sie finanziell abhängig von Ihrem Mann? Warum sind Sie nicht finanzsouverän? Warum haben Sie keine eigene Einnahmequelle? ...

- *Sie erhalten keine Kredite mehr von Ihrer Bank?* Warum sind Sie nicht mehr vertrauenswürdig? Warum brauchen Sie überhaupt einen Kredit? Könnte es nicht sein, dass die Bank Sie vor einem großen Fehler bewahrt und Sie der Bank dankbar sein müssten? Was können Sie aus dem NEIN der Bank lernen, was will das Leben Ihnen damit sagen? Ist es nicht besser, einen anderen Weg aus der finanziellen Misere zu finden, als einen neuen Kredit aufzunehmen? ...

- *Sie machen die Eltern für eine mangelnde Ausbildung verantwortlich?* Sind Sie denn immer noch nicht erwachsen geworden? Überfordern Sie Ihre Eltern nicht? Haben sie denn nicht wirklich ihr Bestes getan? Mehr war eben nicht drin! Haben Sie jetzt nicht die großartige Chance, Ihre Ausbildung nach Ihren Wünschen und Bedürfnissen in die eigenen Hände zu nehmen? ...

Diese Beispiele mögen als Anregung ausreichen, um Ihre Liste durchzuarbeiten. (Da müssen Sie durch!)

Die *Schlüsselfragen zur Befreiung* von den Schuldzuweisungen sind meistens:

- Warum lasse ich das zu? Warum sage ich nicht einfach »MIT MIR NICHT!«
- Wie habe ich die Situation mitbestimmt, wie habe ich sie selbst verursacht?
- Was will mir das Leben damit sagen? Will es mich durch diesen unerträglich werdenden Druck aufrütteln?
- Was ist an der Situation positiv? (Das ist schon eine Meis-

terfrage! Es gibt nichts rein Negatives. Positiv denken heißt, in allem das Positive zu erkennen.)
• Wie würde eine Meisterin in dieser Situation handeln?

Meisterübung 2

Bitte gehen Sie jetzt jeden einzelnen Punkt Ihrer Liste durch. Wenn Sie sich von einer Schuldzuweisung befreien können, dann streichen Sie diese durch. Vielleicht brauchen Sie mehrere Tage für diese *Befreiung von den alten Herrschern über Ihr Leben, den Despoten der Verschuldung, Schuldzuweisung und Schuldgefühle.* Ziehen Sie diese Revolution unbeirrt bis zur vollständigen Machtergreifung durch!

JETZT meisterhaft handeln!

Am Ende dieses Durcharbeitens zerreißen, verbrennen oder vergraben Sie diesen *Schuldschein!* Machen Sie eine Zeremonie daraus! Feiern Sie Ihre Machtergreifung, die Austreibung und Vertreibung der alten Despoten aus Ihrem Leben. Feiern Sie Ihre Krönung als Herrscher über Ihr Leben, Ihre Inthronisierung als König und Königin über Ihr Lebens-reich in aller Macht und Herrlichkeit. *Machen Sie ein Spiel daraus.* Das Leben ist ein Spiel. Jetzt sind Sie keine Spielfigur mehr im Leben, sondern der Spieler. Und bald bestimmen Sie als Meisterin des Spiels die Spielregeln sogar selbst!

Sobald Sie sich von allen Schuldzuweisungen befreien können, die Verantwortung für Ihr Leben voll und ganz übernommen haben, Sie sich keine Ausreden mehr erlauben wollen, niemandem mehr erlauben, sich in Ihr Leben einzumischen, *ist die Machtergreifung über Ihr Leben vollzogen.*

Die mangelhafte Vergangenheit loslassen

Sie haben ganz bewusst eine für Ihr Leben überaus bedeutsame Ursache gesetzt und die unmittelbare wundervolle Wirkung erfahren! Durch die ungeteilte Übernahme der Verantwortung für Ihr Leben haben Sie nun die Vollmacht über Ihr Leben.

Sind Sie jetzt bereit für den nächsten Schritt, die neu errungene Macht nicht mehr aus den Händen zu geben und sie zu konsolidieren?

Sie haben sich von einem Teil Ihrer Vergangenheit, von den Despoten lösen können. Jetzt geht es als weiterer Schritt der Machtkonsolidierung darum, *die mangelhafte Vergangenheit ganz loszulassen.*

Machen wir uns bewusst: *Das geistige Gesetz von Ursache und Wirkung* ist so allmächtig wie das physikalische Gesetz von Aktion = Reaktion. Jeder Reaktion (zum Beispiel Schmelzen von Eis) ist eine Aktion (zum Beispiel Erwärmung) vorausgegangen. Jeder Wirkung (zum Beispiel ein Leben im Mangel) ist eine Ursache (zum Beispiel mangelhafte, mangelbehaftete Gedanken) vorausgegangen. *Alles, was wir in der Vergangenheit verursacht haben, tritt in unserem Leben unweigerlich als Wirkung in Erscheinung.* Wo eine Aktion gesetzt ist, erfolgt unweigerlich die Reaktion, sie ist nicht zu vermeiden.

Sie nehmen jetzt nur die Wirkungen entgegen, deren Ursachen Sie in der Vergangenheit als Akteur gesetzt haben. Was Sie nun erleben, ist das, was Sie in der Vergangenheit (meist unbewusst) *bestellt* haben. Wenn Sie sich mit der Machtergreifung entschlossen haben, *ein neues königliches Leben in Macht und Herrlichkeit zu führen,* wie können Sie sich von gesetzten »falschen«, das heißt nicht mehr zu Ihnen passenden Ursachen aus der Vergangenheit lösen?

Der Generalschlüssel dazu lautet: *Was auch immer wir erreichen wollen, wir müssen zunächst etwas loslassen. Noch genauer: Loslassen durch Annehmen.*

Wenn wir von einem IST-Zustand in einen SOLL-Zustand kommen wollen, dann müssen wir den IST-Zustand zuvor loslassen, sonst kann sich nichts ändern. *Wenn wir ein Leben in Fülle und Wohlstand erreichen wollen, müssen wir das Leben in Disharmonie und Mangel komplett loslassen.*

Um einen IST-Zustand loslassen zu können, müssen wir zuvor erkennen und anerkennen, dass es SO IST, wir müssen den IST-Zustand ganz einfach akzeptieren. Das, was IST und was JETZT ist, kann niemand mehr ändern. Solange wir das nicht akzeptieren können, dagegen ankämpfen, begeben wir uns wieder in die Machtlosigkeit. Erst wenn wir akzeptieren, was JETZT ist, können wir auch bestimmen, was GLEICH und MORGEN sein SOLL.

Wir kommen in den SOLL-Zustand, indem wir uns vom IST-Zustand frei machen, ihn akzeptieren und annehmen. Machen Sie sich dabei die Doppelbedeutung des Wortes »annehmen« bewusst (annehmen = akzeptieren, annehmen = in Empfang nehmen)!

Das Bestellte in Empfang nehmen

Wenn wir etwas verursacht haben, dann konfrontiert uns das Leben so lange mit dieser Situation, *bis wir sie erlebt haben.* Wenn wir in der Vergangenheit etwas bestellt haben, konfrontiert uns das Leben so lange mit der Bestellung, *bis wir sie in Empfang genommen haben.*

Machen wir uns dieses Gesetz an einer kleinen Szene deutlich: Sie sitzen in Ihrem Lieblingssessel in Ihrer Bibliothek, lesen in Ihrem Lieblingsbuch und dann kommt Ihr Butler –

stellen Sie sich vor, Sie haben einen Butler – herrlich, nicht wahr?! – und bringt Ihnen auf einem silbernen Tablett die Post. Sie geruhen gerade nicht hochzuschauen, blicken in Ihr Buch und lesen weiter.

Nach einer Weile wird Ihr Butler sich vermutlich zurückhaltend räuspern. Jetzt blicken Sie hoch, und er sagt: »Sir – oder Mylady –, die Post!«

Sie blicken jedoch wieder in Ihr Buch und lesen unbeeindruckt weiter. Und was macht Ihr Butler? Er kann ja nicht weggehen, er hat noch immer die Post – *er muss sie loswerden!* Also wird er nach einer Weile wieder und jetzt etwas deutlicher räuspern. Das Räuspern des Butlers wird immer energischer, bis Sie *diesen Quälgeist dadurch loswerden,* dass Sie Ihr Lieblingsbuch beiseite legen und die Post endlich in Empfang nehmen.

Und genauso macht es das Leben. Alles, was Ihnen passiert, haben Sie in irgendeiner Form selbst verursacht. Ihr gegenwärtiges Leben ist sozusagen eine Bestellung aus der Vergangenheit. Vieles von dem, was Sie bestellt haben, ist als Bestellung noch gar nicht bei Ihnen eingetroffen, ist noch unterwegs, klopft an die Tür.

Werden Sie Ihre Vergangenheit jetzt los, sonst bleibt sie ihr LOS.

Machen wir es uns noch einmal bewusst: *Ihre Bestellungen sind erst erledigt, wenn Sie sie in Empfang genommen haben, wenn Sie sie erlebt haben, wenn Sie durch sie gegangen sind.* Und solange Sie die Tür verschlossen halten, dagegen angehen, solange Sie sagen: »Nein, ich habe es mir anders überlegt, will ich nicht mehr haben!«, sagt Ihnen das Leben: »Moment, ich kann das nicht in Luft auflösen! Ich muss es *loswerden!* Das hast du bestellt! Das musst du also schon annehmen!…«

Denn die Energie des Bestellten kann sich nicht von selbst auflösen.

Viele Menschen erleben *immer wieder dieselben Situationen:* Sie haben Zuhause vielleicht einen dominanten Vater oder eine dominante Mutter, wollen der Diktatur entrinnen und nehmen sich gleich mit 18 Jahren ein eigenes Zimmer und finden dann einen Partner, der sie genauso unterdrückt. Und dann laufen Sie aus dieser unterdrückenden Beziehung wieder weg, gehen zu einem anderen, der einen besseren Eindruck macht, und der entpuppt sich genauso als ein Diktator.

Oder Menschen werden immer bestohlen, betrogen, oder es wird bei ihnen häufig eingebrochen. Und viele sagen: »Was ist denn nur los mit dem Leben? Andauernd erlebe ich die gleichen Dinge.« Das bedeutet, dass sie sich offensichtlich dafür resonanzfähig gemacht haben und dass sie dieses Unglück unbewusst anziehen und verursachen. Eine innere Programmeinstellung sorgt dafür, dass wir im Leben immer wieder das Gleiche erleben.

Solche »Teufelskreise« müssen wir ein für alle Mal *durchbrechen und beenden!* Und es gibt eine sehr einfache und wirkungsvolle Methode, um ein solches Programm zu löschen: *die Auswirkung des Programms endgültig in Empfang zu nehmen, zu erleben und aus-zuleben.*

Loslassen durch Erleben

Wir wenden uns der nächsten Meisterübung zu. Gerade in der Mühelosigkeit, Einfachheit, Verspieltheit und Freude zeigt sich wahre Meisterschaft. Unsere Meisterübungen sind deshalb genial einfach und vollkommen wirkungsvoll.

Lesen Sie die Übung »Loslassen durch Erleben« bitte zunächst durch, um sie kennen zu lernen:

(Erster Schritt:) *Sie schließen Ihre Augen, machen sich Ihrer Mitte bewusst und ruhen gelöst in sich als Ihr wahres Wesen. Und als das, was Sie in Ihrem Wesen sind, richten Sie jetzt Ihre Aufmerksamkeit einmal auf das, was Sie loslassen möchten, auf die Reste Ihres inneren Armutsprogramms aus der Vergangenheit. Stellen Sie sich erdrückenden, atemberaubenden Geldmangel vor, lassen Sie diesen Mangel ganz lebendig werden, und gehen Sie bewusst und vollständig in diese Situation hinein, so dass es schon richtig wehtut. Nehmen Sie diese ärmliche Situation ganz bewusst an, erleben Sie sie bedingungslos und in allen Aspekten! Hören Sie auf, irgendetwas daran abzulehnen. Sie haben diese Misere bestellt! Also gehen Sie jetzt einmal ganz hinein und erleben Sie diese mangelhafte Situation, die Sie loslassen möchten, mit allen Sinnen und allen Aspekten. Vielleicht auch mit einer Eigenschaft, die dazu beiträgt. Einer Beziehung, die Sie in dieser Lage festhält. Einer Tätigkeit, die Sie eigentlich ablehnen und die Sie unerfüllt lässt. Erleben Sie dieses loszulassende Leben in Geldsorgen in allen Einzelheiten. Lassen Sie sich dabei viel Zeit. Nehmen Sie alles Leiden und alle Schmerzen, alle Ohnmachtsgefühle und jeden Groll eines verursachten ärmlichen Lebens vollständig in Empfang, so dass jetzt alles angekommen ist. . . .*

(Zweiter Schritt:) *Und wenn Sie die Situation, die Sie loslassen möchten, in allen Einzelheiten erlebt haben, dann richten Sie Ihre Aufmerksamkeit jetzt auf das Gegenteil! Stellen Sie sich einmal ganz lebhaft und bildhaft vor, wie Sie es denn gerne hätten! Wie erleben Sie diese vollkommen ideale Situation Ihres Lebens in Fülle, Wohlstand und Reichtum? Lassen Sie diesen erwünschten Endzustand noch lebendiger werden. Gehen Sie mit allen Sinnen und Ihrer ganzen Fantasie in diese Situation hinein, erleben Sie Ihr Leben in Fülle, so wie Sie es gerne hätten. Nehmen Sie sich auch dafür viel Zeit. Fühlen Sie Ihren Wohlstand, bis er Ihnen richtig unter die Haut geht, er zu Ihnen gehört ...*

(Dritter Schritt:) *Und während Sie auch das erleben, machen Sie sich bewusst, dass Sie alle Macht über Ihr Leben haben. Sie haben die freie Wahl, das größte Geschenk, das wir haben. Sie können sowohl das eine als auch das genaue Gegenteil davon wählen und erleben. Und so, wie Sie diese gegenteiligen Welten innerlich erleben können, so können Sie diese unterschiedlichen Welten auch verwirklichen und wirklich leben. Und nun treffen Sie Ihre Wahl! Sie entscheiden sich, welches Leben Sie ab jetzt in Zukunft führen möchten. Es ist sicher nicht schwer zu erraten, welche Entscheidung Sie* **getroffen** *haben. Mit Ihrer »Entscheidung« haben Sie jetzt wahrscheinlich Ihre innere Triebkraft, Ihre innere Sehnsucht im wahrsten Sinne des Wortes* **getroffen.**

(Vierter Schritt:) *Noch einmal gehen Sie ganz bewusst in das Gefühl der unerträglichen Geldsorgen, tauchen ganz in dieses Gefühl ein, werden EINS mit dem Gefühl, erleben es mit Ihren ganzen Sinnen, Ihrem ganzen Sein. Erleben Sie bewusst den inneren und äußeren Raum, den Ihre Geldsorgen bisher in Ihrem Leben eingenommen haben. Atmen Sie dann ganz tief ein, und während Sie ausatmen, verlassen Sie bewusst diesen Raum und kehren langsam zurück in die Wirklichkeit Ihres wahren Seins, Ihrer inneren Sehnsucht und Fülle, erleben Sie bewusst den Unterschied zwischen dem, was Sie losgelassen haben, und Ihrem wahren Sein. Verge-*

wissern Sie sich, dass Sie diesen Raum ganz verlassen haben, dass Sie sich vollständig davon gelöst haben – nachdem Sie ihn in ganzem Schmerz und Leid erlebt haben.

(Fünfter Schritt:) *Während Sie jetzt voller Freude und Dankbarkeit in sich ruhen, gestatten Sie der Energie des Losgelassenen, die Sie wahrscheinlich als Schmerz empfunden haben, sich vollständig aufzulösen, bis nichts mehr davon übrig ist. Sie können sie wegwischen oder ausradieren oder in die Luft entlassen. Es ist ganz gleich, wie Sie die Energie des Losgelassenen auflösen. Sie vollziehen es, bis die Energie vollkommen verschwunden ist. Stellen Sie sich vor: Die Luft aus diesem Luftballon ist völlig raus.*

(Sechster Schritt:) *Als der, der Sie wirklich sind – König und Königin Ihres Lebens –, richten Sie nun wieder Ihre Aufmerksamkeit auf Fülle, Wohlstand und Reichtum, auf das, was Sie jetzt gerne erfahren möchten, was Sie jetzt in Ihr Leben rufen, was Sie ab jetzt erleben möchten.*
Treffen Sie bewusst Ihre Wahl: »Das ist jetzt mein Leben, das ich als König und Königin verdiene!« Erschaffen Sie sich jetzt Ihr Königreich. Richten Sie Ihre ganze Aufmerksamkeit auf das, was Sie annehmen, was Sie sein möchten, und erleben Sie sich in diesem Zustand der Fülle in immer neuen Situationen: die Menschen, die Sie unmittelbar umgeben, die Tiere, ... das Haus, die Lebenswelt, ... die Tätigkeit, die Sie ausüben, ... die Welt, die Sie bereisen können, traumhafte Orte, ... Menschen, die zu Ihrem Freundeskreis gehören ... Werden Sie EINS mit diesem Zustand. Nehmen Sie dieses Leben jetzt durch Identifikation in Besitz. Verursachen Sie bewusst durch Ihr geistiges Erleben Ihrer so erschaffenen

*Zukunft eine erlebte Realität der Gegenwart: »Ich erlebe
mich bewusst im mir zustehenden Zustand der Fülle, des
Wohlstands und Reichtums. Ich bin das, was ich sein möchte, habe das, was ich haben will. ICH BIN der bewusste
Schöpfer meines So-Seins. Ich erschaffe mir so die Eigenschaft, die Persönlichkeit, die Situation, die ich haben möchte, indem ich sie mit allen Sinnen in Besitz nehme.«*

*(Siebter Schritt:) Immer, wenn Sie eine Situation auf diese
Weise ändern, beenden Sie die Übung mit einem tiefen Gefühl der Freude und vor allem Dankbarkeit. Dankbar schau-
en Sie auch auf das, was Sie in Liebe losgelassen haben und
was Sie stattdessen jetzt geschaffen haben. Freuen Sie sich
daran, spüren Sie das Gefühl der Freude und Dankbarkeit,
atmen Sie tief durch: »Schön, dass ich auch das jetzt erreicht
habe. Es ist vollbracht! Es ist geschehen!«*

Kreieren Sie Ihre eigene Übungsform

Finden Sie jetzt bitte eine Möglichkeit, diese Übung praktisch
durchzuführen. Bisher haben Sie die Reise erst auf der Landkarte vorgenommen, jetzt gilt es, die Reisevorbereitungen zu
treffen und die Reise des Loslassens durch Erleben anzutreten.

So einfach sich diese Technik anhört, so wirkungsvoll ist sie.
*Es ist jetzt geschehen! Sie haben sich von Ihrer Vergangenheit
gelöst, indem Sie sie angenommen und losgelassen haben. Die
mangelhafte, verarmende Vergangenheit ist nicht länger Ihr
LOS, Sie sind sie los.*

Eine Meisterin kennt keinen Zweifel. Sie ist sich absolut sicher, dass das, was sie geistig verursacht hat, mit der Präzision
eines Schweizer Uhrwerks in der Realität in Erscheinung tritt.
Das ist der Grund dafür, dass eine Meisterin mit dieser schöp-

Meisterübung 3

Es bieten sich vier Reiserouten an:

1. Sie machen die Übung ohne weitere Hilfsmittel alleine. Sie merken sich die Schritte (1. das Loszulassende erleben – 2. das Erwünschte erleben – 3. die Wahl treffen – 4. das Loszulassende noch intensiver und endgültig erleben – 5. das Loszulassende in seiner Energie auflösen – 6. das Erwünschte noch intensiver erleben und mit noch mehr Energie füllen – 7. sich von den Gefühlen der Dankbarkeit und Freude erfüllen lassen). Dann suchen Sie einen ruhigen, ungestörten Ort auf und führen die Übung entsprechend dieser Anweisung durch.

2. Sprechen Sie die Übung auf eine Kassette nach Ihrem eigenen Rhythmus und Empfinden. Wechseln Sie dabei aus der Sie-Form in die Ich-Form: »Ich schließe die Augen...«. Hören Sie sich dann die Kassette ungestört zunächst bitte nur einmal an.

3. Bitten Sie einen anderen Menschen, die Übung mit Ihnen durchzuführen. Der Sprecher wechselt von der Sie-Form in die Du-Form (»Du schließt die Augen...«). Vereinbaren Sie ein Zeichen, wann die Sprecherin die einzelnen Pausen beenden und die Anweisungen fortsetzen kann. So kann die Übung ausgesprochen intensiv und synchron zu Ihrem inneren Erleben werden.

4. Die Übung liegt ähnlich auch von Prof. Kurt Tepperwein auf einer Kassette besprochen vor. (Aktuell: Das Geldgeheimnis, Kassette 2, Seite A – siehe Seite 317.)

JETZT meisterhaft handeln!

ferischen Tat ein tiefes *Gefühl der Freude und Dankbarkeit* empfindet. Sie braucht nicht erst zu warten, bis das in Erscheinung tritt, was sie verursacht hat. Sie kann sich sofort darüber freuen, denn *es ist vollbracht!*

Ein Meisterschüler dagegen ist noch nicht so zweifel-los und bestimmt wie ein Meisterin. Leicht machen sich wieder Gedanken breit: »Hoffentlich hat das geklappt!«, »Nicht dass das andere noch immer ... oder wieder kommt!« – schon hat er den scheinbar losgelassenen Zustand wieder am Hals. Aber das ist auch nicht schlimm. Ein Meisterschüler zeichnet sich dadurch aus, dass er übt, bis er selbst eine Meisterin geworden ist. Er macht die Übung einfach noch einmal.

Es gibt einen ganz einfachen *Test für die Wirksamkeit dieser Übung.* Wiederholen Sie die Übung bald. Wenn alle Reste Ihres inneren Armutsprogramms wirklich gelöscht sind, werden Sie dieses *intensive Gefühl* der Geldsorgen gar nicht mehr nachempfinden können. *Es ist einfach weg! Sie erkennen daran: Das Armutsprogramm ist vollkommen gelöscht.*

Alles ist gut, so wie es ist

Sie haben also Ihre inzwischen unerwünschten Bestellungen aus der Vergangenheit liebevoll angenommen, sie durch Erleben aufgelöst und damit die Vergangenheit loslassen können. *Ab jetzt können Sie vergangenheits-los leben, so dass Sie nicht mehr an der Vergangenheit kleben, sondern kraftvoll und energisch im JETZT leben.*

Es gibt einen einfachen Meistertest, wie Sie feststellen können, ob noch ein Rest aus Ihrer Vergangenheit an Ihnen klebt und Sie ausbremst. Es ist ein *Generaltest,* wie intensiv Sie im Fluss des Lebens leben, nichts festhalten, sondern alles frei fließen lassen. Wenn Sie Ihren IST-Zustand vollkommen annehmen und loslassen, dann können Sie der Formel vorbehaltlos zustimmen: *Alles ist gut, so wie es ist.* Diese Formel darf aber kein intellektueller Taschenspielertrick sein, sondern Sie müssen sie wirklich *liebevoll und tief empfinden: Alles ist gut, so wie es ist!*

Dagegen ist alles, worüber Sie sich noch ärgern, was Ihren Groll noch hervorruft, Vergangenheitsklebe. *K-leben* ist *kein Leben.* Ärger und Groll sind Energien, die gegen Sie arbeiten. Lösen Sie sich auch davon Schritt für Schritt nach der oben vorgestellten Methode.

Von der Zukunft aus denken

Sie haben in der Übung des Loslassens durch Erleben ein intensives Gefühl dafür entwickeln können, wie sich Fülle, Wohlstand und Reichtum für Sie ganz persönlich anfühlen. Sie können sich bereits *in die Energie dieses Zustandes versetzen, diesen Energiezustand erzeugen.* Damit haben Sie sich einen Resonanzempfänger geschaffen (wie ein Radio, das jetzt nur noch auf Ihren Lieblingssender eingestellt ist), eine Frequenz, die alles das aufnimmt und in Erscheinung bringt, was diesem Energiezustand entspricht.

Jetzt ist es an der Zeit, Ihre Zukunft etwas genauer zu visualisieren. Geben wir diesem Meer der Fülle, des Wohlstands und Reichtums jetzt *eine konkretere Form,* worin sich diese Energie materialisieren (in Form gehen) kann.

Geld selbst ist als Tauschmittel ja nie das Ziel des Energieaustauschs, sondern das Ziel ist die Befriedigung von Bedürfnissen. *Geld kann keine Begeisterung auslösen, sondern nur die Vorstellung, was Sie mit dem Geld machen wollen, wogegen Sie es eintauschen wollen. Was also sind Ihre Visionen, Träume und Lebensziele?*

Es geht hier nicht um eine präzise Planung der Zukunft, sondern um ein Ins-Auge-Fassen, wohin die Reise geht. Die meisten Menschen haben verlernt zu träumen.

Beginnen Sie ab heute *ein Traum(verwirklichungs)buch,* das Ihnen hilft, Ihre Träume festzuhalten, Sie an Ihre Träume zu erinnern, Ihren Träumen gestalterische Kraft zu geben, Ihre Zukunft immer konkreter auszumalen. So lernen Sie, von der Zukunft aus zu denken, sich immer wieder an Ihre Zukunft zu erinnern. Ziele gibt es Millionen und ebenso viele Wege.

Wer sein Lebensziel kennt und von ihm aus denkt (wie habe ich dieses Lebensziel erreicht?), erkennt schnell, dass es *nur einen einzigen Weg dorthin* gibt.

Eine neue Bestellung schriftlich aufgeben

Machen Sie sich »zum Warmwerden« bitte ein paar *Gedanken* zu den Fragen: *Wo bestelle ich gerne mehr Fülle und Wohlstand für meine Zukunft?*

- Mehr Geld und Zeit für das Wesentliche?
- Eine für beide wachstumsfördernde Partnerschaft?
- Umgang mit Kindern und Eltern?
- Wie ist mein Gesundheit? Vitalität? Fühle ich mich jugendlich unabhängig von meinem Alter? Sexualität?
- Macht mir meine Tätigkeit Spaß? Lebe ich meine Berufung?
- Der Umgang mit anderen Menschen?
- Mein Wohnumfeld? Ist mein Lebensraum ein Tempel der Heilung?

Gehen Sie mit der Übung bitte *sehr achtsam* um. Hier gibt es eine *Prüfung,* eine nicht zu unterschätzende *Falle!* Fallen Sie jetzt nicht ins Mangelbewusstsein zurück nach dem Motto: Was fehlt mir?

Ihnen fehlt ganz und gar nichts! Die Frage ist vielmehr: Welche Bestellung wollen Sie jetzt konkret für Ihr Leben aufgeben? Was soll das Leben Ihnen bringen? Welche neuen Anweisungen wollen Sie dem Leben geben? *Sie stopfen kein Mangelloch, sondern schaffen neue Fülle!*

Beachten Sie bitte, dass es das Leben mit Ihrer Bestellung *sehr* genau nimmt! Schreiben Sie (etwas verkürzt) »*Ich will* mehr Geld!«, antwortet das Leben: »Kein Problem: Kannst du jederzeit *wollen*!« Und Sie werden Zeit Ihres Lebens ein Mensch sein, der Geld WILL, aber nicht HAT. Formulieren Sie stattdessen immer *final (wie ist der »Endzustand?«) und positiv,* zum Beispiel »Ich verfüge jederzeit über viel mehr Geld, als ich für meinen Lebensstil brauche.«

Vergleichen Sie zur Verdeutlichung noch einmal folgende Sätze:

* Ich WILL in einer Traumvilla leben: *Willensformulierung.*
* Ich LEBE in einer Traumvilla: *finale Formulierung.*
* Ich lebe NICHT mehr zur Miete: *negative Formulierung.*

Empfinden Sie den energetischen Unterschied zwischen den Sätzen? Was sendet der erste Satz in die Welt? Was der zweite? Was für eine Anweisung geben Sie mit der negativen Formulierung an das Leben? (Antwort: keine! Sie haben rein gar nichts bestellt!)

Bitte legen Sie jetzt *Ihr neues Traumverwirklichungsbuch* zurecht und *geben Sie Ihre neue Traumbestellung ans Leben ab.* Versehen Sie die Seite mit dem heutigen Datum.

Diese Hinweise sollen *anregend sein, aber nicht richtungsweisend oder begrenzend.* Sie leben in Vollmacht und sind Herr über Ihr Leben. Sie lassen sich durch niemanden etwas vorschreiben, nur Anregungen geben.

Meisterübung 4

Bitte beantworten Sie die folgenden Fragen schriftlich in meisterhafter Art:

- Nehmen Sie in Ihr Bewusstsein: Wie alt sind Sie in sieben Jahren?

- Was wird in sieben Jahren auf alle Fälle geschehen sein? Das heißt, nicht was Sie sich wünschen, sondern das schon heute sichere »Rahmenprogramm« (zum Beispiel Haus ist abbezahlt, Kinder sind aus dem Haus, Ausbildung ist beendet, ...)

- Schreiben Sie einmal alle (bisher unerfüllt gebliebenen) *Träume* auf, die Sie seit Ihrer Kindheit hatten.

- Was bin ich in sieben Jahren? ICH BIN...

- Was habe ich in sieben Jahren? ICH HABE...

- Was tue ich in sieben Jahren? ICH MACHE...

- in Bezug auf *Geld und materielles Vermögen.* (Eigenes Haus? Wie viele? Vermögen, von dessen Zinsen ich bequem leben kann? Wie hoch sind die monatlichen Zinsen, die ich aus meinem Vermögen beziehe?)

- in Bezug auf *Beruf.* (Selbstständig mit eigener Firma? Wie viele Mitarbeiter? Karriereleiter in der jetzigen Firma? »Ruhestand« erreicht = nicht mehr arbeiten müssen, um zu leben?)

- in Bezug auf *Partnerschaft,* Familie, Freunde, Freizeit. (Zusammen mit dem idealen Lebenspartner? Wie oft und wie lange Urlaub? Was für einen Freundeskreis?)

- in Bezug auf *Gesundheit,* Leistungsfähigkeit, Wohlgefühl. (Fühle ich mich jünger als heute? Was bedeutet mir Sexualität?)

- in Bezug auf *persönliche Entwicklung,* Ausbildung, Lebenserfahrung und Weisheit. (Habe ich Bücher geschrieben? Seminare gehalten?)

  JETZT meisterhaft handeln!

Die Zukunft anprobieren

Wir haben jetzt gemeinsam *zwei Zukunftsvisionen entfaltet, eine energetische* (den Energiezustand Fülle, Wohlstand und Reichtum in der Meisterübung Loslassen durch Erleben) *und eine mentale* (Zielklarheit in Ihrem Traumbuch). Beide müssen noch nicht unbedingt *kongruent sein, das heißt miteinander in Einklang stehen.*

Die nächste Meisterübung setzt diese Macht der Kongruenz frei (zwei Schwingungen, die gegeneinander schwingen, löschen sich völlig aus, zwei Schwingungen, die präzise übereinander stehen, verstärken sich um ein Vielfaches). *Wir bringen jetzt Ihre beiden Zukunftsschwingungen übereinander, damit sie kongruent sind, in Einklang stehen und sich gegenseitig potenzieren können.*

»Zukunft anprobieren« ist wie ein neues Kleidungsstück anprobieren: Im Schaufenster haben Sie ein tolles Kleid, einen chicen Anzug entdeckt, nehmen aber »zur Sicherheit« noch zwei weitere Kleider oder Anzüge mit in die Umkleide. Und es stellt sich heraus: Das Kleidungsstück, das Ihnen wirklich »wie angegossen« passt, ist doch ein anderes als das im Schaufenster ausgesuchte.

Nehmen Sie sich für diese Meisterübung mindestens eine Stunde Zeit, besser sind zwei. Am Anfang der Übung wird das

Meisterübung 5

Suchen Sie sich einen ruhigen Platz, wo Sie sicher sein können, dass Sie zwei Stunden ungestört sind.

(Erster Schritt:) *Lesen Sie noch einmal Ihre Zukunftsvision, Ihre Träume, damit sie Ihnen vollkommen gegenwärtig sind (Traumbuch). Schließen Sie dann die Augen und erleben Sie noch einmal Ihre Energieschwingung Fülle, Wohlstand und Reichtum (Meisterübung).*

(Zweiter Schritt:) *Gehen Sie in eine mögliche Zukunft hinein, erleben Sie sie mindestens eine Stunde und probieren einmal: Ist das wirklich das, was ich will? Probieren Sie verschiedene Situationen, verschiedene Aspekte dieser Situation, bis Sie genau entscheiden können und sagen: Ja, SO will ich es haben! Jetzt passt es, jetzt stimmt es, jetzt fühle ich mich wohl! Jetzt erinnere ich mich daran: Das ist meine Zukunft. Das ist meine derzeitige Traumtätigkeit.*

(Dritter Schritt:) *Beenden Sie diese Phase der Übung erst, wenn sich ganz von SELBST ein Gefühl der Freude und Dankbarkeit einstellt. Damit* ist *die Kongruenz zwischen Ihren Energieschwingungen und Ihren Gedankenschwingungen hergestellt!*

(Vierter Schritt:) *Und dann heben Sie den Blick, öffnen die Augen und sagen:* »*So, und jetzt verwirkliche ich das im Außen!*« *Machen Sie sich Notizen zu Ihren neuen Erkenntnissen, schreiben Sie Sätze in Form von Anweisungen an das Leben (finale Formulierung) in Ihr Traumbuch,* **und machen Sie sich einen Plan, was Sie in den nächsten fünf Tagen als erste praktischen Schritte tun werden!**

JETZT meisterhaft handeln!

innere Quatschen noch nicht zur Ruhe gekommen sein, vielleicht machen Sie auch wieder Gedankengebilde für die Zukunft. Darum geht es aber nicht. »Zukunft anprobieren« heißt, eine zukünftige Situation als wirklich die Ihre zu *fühlen*. Sie fragen eher: Wie fühlt sich das an (zum Beispiel ein Haus am Meer), wie fühlt sich dagegen das an (zum Beispiel ein Haus in den Bergen)?

Beim Anprobieren ist es eher so, als ob Sie sich an Ihre eigene Zukunft *erinnern* könnten. So passt es! In diese Zukunft passe ich hinein, da fühle ich mich wohl, das gehört zu mir!

Loslassen, die Zweite

Loslassen hat mehrere Aspekte. Im »Loslassen durch Erleben« lösen wir uns von alten Programmen und nehmen das in der Vergangenheit verursachte und nicht mehr Erwünschte endgültig in Empfang, um es aufzulösen. *Jetzt lassen wir auch die Zukunft los!* Wer wirklich mit allen Sinnen und seiner ganzen Energie lebt, der lebt voll und ganz im JETZT. Denn in der Wirklichkeit gibt es gar nichts anderes. Der lineare Zeitstrom ist eine Illusion. Es gibt nur das EWIGE JETZT. Alles existiert nur im JETZT. Wer in »der Vergangenheit« klebt, *der lebt genauso wenig* wie der, der nur in »der Zukunft« hängt. Nachdem wir unsere Träume und Visionen geklärt haben, *lassen wir sie los, damit sie im JETZT auch in Erscheinung treten können.*

Klingt das paradox? *An einem Ziel nicht festhalten, sondern es loslassen?* Wenn man zu lange an etwas festhält, wird alles zum Krampf und Kampf, dann tritt Verbissenheit ein. Das Leben aber ist ein ständiges Fließen (»panta rhei«), so dass jedes Festhalten, jeder Energiestau in Destruktivität umschlagen kann.

Machen wir uns das wieder durch ein kleines Bild deutlich: Sie zielen mit einem Bogen auf eine Scheibe. Sie müssen zuerst den Bogen spannen (Energie einsetzen). Dabei dürfen Sie den Bogen auch nicht überspannen. Sie müssen zielen (Intelligenz und Geist einsetzen) und Sie müssen LOSLASSEN, sonst kann der Pfeil sein Ziel nicht erreichen. Wenn Sie statt loslassen weiter festhalten, verlieren Sie irgendwann die Kraft und können die Spannung nicht mehr halten. Die positive Spannungsenergie schlägt um in Verspannung und Spannungsausgleich, das heißt Schlaffheit des Bogens.

Um den Pfeil loszulassen, brauchen Sie nicht nur Zielklarheit, sondern auch das Vertrauen, dass der Pfeil sein Ziel erreichen wird. Nachdem Sie losgelassen haben, ist nichts mehr zu tun. Den Rest erledigt der Pfeil schon selbst. Stellen Sie sich vor, Sie laufen neben dem Pfeil her, geben ihm während des Fluges noch gute Ratschläge. Oder rufen ihm gar zu: »Ich habe es mir anders überlegt! Komm sofort zurück!« Das mag sich alles lustig anhören, aber die meisten Menschen verhalten sich tatsächlich so.

Nachdem wir also konkret für Ihr Leben bestimmt haben, wohin die Reise geht (Sie Ihre Zukunft anprobiert haben und sich an Ihre Zukunft erinnern konnten), ist es Zeit, sie jetzt loszulassen, damit das Leben Ihre Anweisungen befolgen kann. *Sie stecken Ihre Bestellung sozusagen in den Briefkasten und lassen sie los.*

Echtes, meisterhaftes Loslassen zeigt sich in *drei elementaren Gefühlen:* Glaube (innere Gewissheit), Freude und Dankbarkeit. Wenn Sie tiefe Dankbarkeit für Ihre Traumbestellung empfinden können, haben Sie faktisch losgelassen, *das von Ihnen geistig Erschaffene und Vollbrachte tritt jetzt unweigerlich in Erscheinung.* In Abwandlung unseres herrlichen Spruchs von Ramses II. könnten wir sagen: »*So ist es verursacht, so geschieht es jetzt!*«

Auch hier wieder eine kleine *Prüfung: Dankbarkeit und Freude müssen Sie wirklich fühlen, nicht denken!* Viele Realisten denken Dankbarkeit und sagen: »Oh, jetzt bin ich aber dankbar!« Oder Sie sagen mit erhabenem Gesichtsausdruck »Das ist aber erfreulich!«, aber sie freuen sich gar nicht. Das nützt gar nichts. *Fühlen* Sie es. Spüren Sie, dass Sie Dankbarkeit und Freude fühlen. Und meistens kommt dann ein tiefer Atemzug, ein Schnaufer der Erleichterung. *Genau! Ich habe es. Schön!* Das ist diese innere Gewissheit. Dann ist es vollbracht!

Das eigene Leben zu einem Meisterwerk gestalten

Was haben wir bisher *erreicht?* – Was ist der Stand unseres gemeinsam entfalteten Reichtums? *Ziehen wir eine erste Bilanz!*

- Wir haben im ersten Teil ein gesundes *Geldbewusstsein* entfaltet: Reichtum ist unser evolutionärer Auftrag, und Geld gehört zu den genialen Erfindungen der Menschheit. Wir haben dabei auch »*das Geldgeheimnis*« in seiner ganzen Fülle erkennen können.

- Im zweiten Teil haben wir sofort zu Ihrer *persönlichen Machtergreifung* aufgerufen. Sie haben die ungeteilte Verantwortung für Ihre Lebenssituation übernommen, damit die Macht über Ihr Leben.

- Sie haben den Zugang zu einer genial einfachen Meisterübung bekommen, indem Sie *Ursachen aus der Vergangenheit durch Erleben annehmen und loslassen* können. Sie haben Reste eines Armutsprogramms aufgelöst.

- Sie haben sich Ihre Träume, Visionen und Lebensziele bewusst gemacht und in Ihr *Traumverwirklichungsbuch* geschrieben.

- Sie haben *Ihre Zukunft »erinnernd« anprobiert* und die *Macht der Kongruenz* (im Einklang sein) erfahren.
- Sie haben auch *Ihre Bestellungen für die Zukunft losgelassen* (Briefkasten), damit das Leben im JETZT frei und unverkrampft fließen und die Bestellung auch im JETZT in Erscheinung treten kann.

Stellen Sie sich vor: *Das Meisterwerk Leben* besteht aus verschiedenen Etagen, und Sie beginnen jetzt eine grundlegende Sanierung Ihres Hauses Leben.

- *Der Garten des Hauses ist das ganze Lebensumfeld:* Wo wohnen Sie? In welchem Erdteil, in welchem Land? In der Stadt, auf dem Land, am Meer, in den Bergen, an einem See?
- *Das Fundament und der Keller des Hauses ist Ihre wirtschaftliche Situation,* die Art Ihres Einkommens, Ihr Besitz, Ihr Vermögen (im wahrsten Sinne: Ihre Lebenskraft).
- *Parterre ist Ihre familiäre Situation,* der Austausch mit Menschen, Nachbarn, Freunden, die Freizeit. Hier geht man ein und aus, das ist die »Lebensetage«.
- *Ihre Gesundheit, Vitalität und körperliches Wohlbefinden* sind die erste Etage mit dem Schlafzimmer und den Waschräumen zur körperlichen Erholung und Reinigung: Sie baut unmittelbar auf der emotionalen Etage auf.
- *Unter dem Dach* sind die Räume für Ihre persönliche Entwicklung. Häufig ist dieser Raum nicht ausgebaut und dient nur als Speicher für festgehaltene Klamotten aus der Vergangenheit. Manche bauen das Dachgeschoss aus, bauen sich hier ein Arbeitszimmer ein, eine Bibliothek, ein Atelier, gar eine kleine Sternwarte. (Man lebt unter dem Dach näher am Himmel!)

Wenn wir dieses Meisterwerk Leben sanieren (= heilen), dann *machen wir erst das Dach und die Lecks gegen fremde Einflüsse dicht.* (Das Dach abdichten ist unsere Machtergreifung über unser Haus.)

Und dann geht es an die Sanierung des Fundaments und des Kellers: *Wir bringen unsere finanziellen Verhältnisse in Ordnung und bauen uns ein starkes Vermögen, eine starke Lebenskraft auf.* Stehen Fundament und Keller erdbeben- und krisensicher, kann das Haus Etage für Etage von unten nach oben saniert werden.

Der meisterhafte Umgang mit Geld gibt unserem Leben in der materiellen Welt *ein sicheres Fundament.* Danach müssen wir Meister über unsere menschlichen Beziehungen, über unsere Gesundheit und unsere persönliche, mentale und spirituelle Entwicklung werden.

Wenn Sie diese Einleitung zum zweiten Teil des Buches an einem Tag meisterhaft erarbeitet haben, dann sind Sie sehr schnell! Wenn Sie dafür eine Woche brauchen, ist das auch schon sehr gut. *Entscheidend für die weitere Sanierung und die Entfaltung von Reichtum ist nur, dass Sie meisterhaft handeln und alles gleich in die Praxis umsetzen.* (Eine Meisterin tut, was zu tun ist.)

Ob Sie das gesteckte Ziel erreicht haben, erkennen Sie nicht daran, dass Sie alle Aufgaben brav gemacht haben und abhaken können, sondern an dem *Gefühl,* das Sie haben. Ein Gefühl der Erleichterung, Zuversicht, Freude und Dankbarkeit?

Dann haben Sie *die Aufnahmeprüfung für die Meisterbildung* schon bestanden. Herzlichen Glückwunsch!

Kosten sparen und
Schulden abbauen

Wir stehen jetzt vor *dem entscheidenden Schritt der Wende zu Fülle, Wohlstand und Reichtum. Nun gilt es, auch unser tägliches Handeln mit dieser Wandlung in Einklang zu bringen.* Zuerst vollzieht sich die Wandlung im Kopf, dann auch im Tun.

Bei dieser *alltäglichen Ebene der Machtergreifung* geht es um *die Macht der Gewohnheit.* Alte Gewohnheiten der Achtlosigkeit und Verschwendung Geld gegenüber halten sich sehr hartnäckig. Mit dem Rückenwind des Geldbewusstseins und des inneren Reichtumsprogramms sollte *die Herstellung neuer Gewohnheiten des Wohlstandsaufbaus im Alltag mühelos gelingen.* Und doch bedarf es in dieser Phase ganz besonderer Achtsamkeit und eines bestimmten Energieaufwands.

Wenn man mit dem Auto auf einer Straße fährt und wenden will, muss man den Wagen zunächst abbremsen (Energie!), ihn in die neue Richtung lenken (Energie!) und dann wieder Gas geben (Energie!). Diese kritische Phase der Richtungsänderung ist ohne Energieaufwand nicht zu vollziehen. Es geht um *die Wende und Wandlung auf der Ebene der Gefühle, der Emotionen, dem tagtäglichen Handeln.*

Wir schaffen eine neue Macht der Kongruenz (Einklang herstellen) zwischen der *Absicht* (Wohlstand zu bilden) und dem erfolg-reichen *Handeln* (die Gewohnheiten des Energie erzeugenden Wachstums und Reichtums). Nach diesem Kapitel ist die Wende meisterhaft und endgültig vollzogen. Wir werden ganz einfach *REICH SEIN.*

Das Ziel: Von Kapital-Zinsen königlich leben

Stellen Sie sich vor, Sie bekommen eine monatliche Staatsrente, von der Sie traumhaft leben können: Für den einen sind das 5000 Euro, der andere lebt erst mit 50 000 Euro monatlich königlich. Wäre es für Sie in Ordnung, einen solchen monatlichen Geldfluss zu bewirken, dass Sie nicht mehr für Geld arbeiten müssen? Wäre für Sie dann »*finanzielle Unabhängigkeit*« *als Ziel auf materieller Ebene erREICHt?*

Um uns grob zu orientieren: Wenn man ein Vermögen von 1 000 000 Euro anlegt (also Euro-Millionär ist) mit einer jährlichen Rendite von acht Prozent, so sind das 80 000 Euro im Jahr beziehungsweise 6666 Euro im Monat. Damit könnten viele schon ihr »königliches Leben« führen. Ein solches fürstliches Einkommen steht Ihnen zu und werden Sie sich auch bewirken. Wie hoch dieses Einkommen ist, bestimmt Ihre Lebenskraft. *Ein solches »passives Einkommen« zu erzeugen ist unsere Meisterprüfung!*

Das Programm »Meisterhafter Umgang mit Geld« empfiehlt Ihnen als Ziel, ein solches Vermögen aufzubauen, dass Sie von den Zinsen königlich und märchenhaft leben können. Einverstanden?

Leidenschaftlich handeln

Machen Sie das entschlossene und beharrliche Handeln für den Vermögensaufbau *zu Ihrer absoluten Priorität*. Vermögen heißt nicht nur, Geld zu *mögen*, sondern auch etwas im Leben zu *vermögen*. Wer ein großes Vermögen besitzt, kann viel in Bewegung setzen (Geld ist Bewegungsenergie). Vermögen ist letztlich *Lebenskraft*. Ein Vermögen aufzubauen *ist Lebenskraft zur Entfaltung zu bringen*.

Halten Sie meisterhaft daran fest, sich jetzt die Gewohnheit des Reichseins anzueignen. Meisterhaftes Handeln zeichnet sich dadurch aus, dass es *entschlossen, beharrlich, unbeirrbar, begeistert und leidenschaftlich* ist. Die meisten Menschen wechseln ständig (ziel- und planlos) ihre Prioritäten und drehen sich damit im Kreis.

Halten Sie meisterhaft daran fest, ein solches Vermögen zusammenzutragen, dass Sie von den Zinsen märchenhaft leben können. *Das ist unser Ziel. Bis dahin gibt es verschiedene Zwischenziele.* Mit diesem Ziel sind Keller und Fundament des Meisterwerks Leben saniert. Lassen Sie erst dann wieder los!

Das Opfer erduldet das Leben in demütigem Leiden, die Meisterin führt das Leben in begeisterter Leidenschaft.

Wir haben *das Leben als Leiden* und Selbstverachtung losgelassen. Jetzt starten wir *das Leben in freudiger Leidenschaft und überschäumender Lust.* Leidenschaft heißt nichts anderes, als *mit Begeisterung und Freude* tun, machen, handeln, schaffen, schöpfen. In der Leidenschaft *erfahren und erleben* wir uns als allmächtiger Schöpfer, allmächtige Schöpferin unseres Lebens.

1. Etappenziel:
Das Energie-System umpolen!

Wir erinnern uns: *Geld fließt in Energie aufbauende Systeme.* Nachdem wir alle Reste eines inneren Armutsprogramms gelöscht und stattdessen ein energiereiches Reichtumsprogramm eingerichtet haben, gilt es, jetzt auch unseren täglichen Umgang mit Geld umzupolen, damit *dem reichlichen Geldfluss das Flussbett angelegt ist und er vermögensbildend kanalisiert werden kann.*

Die überaus meisten Menschen haben ein sehr *unachtsames* Verhältnis Geld gegenüber. Wer jedoch Geld missachtet, der darf sich nicht wundern, dass Geld einen großen Bogen um ihn macht oder schnell wieder aus den Fingern rinnt.

Leicht geht einem dann der Satz über die Lippen: »Geld bedeutet mir nichts!«, und man wendet *sich damit selbst von der Teilnahme am gesellschaftlichen Reichtum ab.* Irgendwann beschleicht einen dann das ärmliche Gefühl: »Ich fühle mich so wertlos, zu nichts nütze«, und man versteht nicht, dass dieses Gefühl nur die Kehrseite der Missachtung von Geld (= gesellschaftlicher Wert) ist. »Geld bedeutet mir nichts« ist nur ein anderer Ausdruck für: »Wertvolles für die Gesellschaft zu leisten bedeutet mir nichts.«

Nur das kann wachsen, dem man Beachtung schenkt: Zimmerpflanzen, die man achtlos stehen lässt und nicht pflegt, sind bald verwelkt. Kinder, denen man keine Beachtung schenkt, »verwahrlosen«, Talente, die man unbeachtet lässt, vergeudet man, eine Liebe, der man keine Achtsamkeit schenkt, verschwindet.

Diesem *Gesetz des Wachstums durch Beachtung* gehorcht auch Geld. Das Energie-System zu einem Geld anziehenden Magneten umpolen heißt, *Geld die nötige Beachtung zu schenken, auf dass es wachsen, blühen und gedeihen kann.*

Wir erkennen: *Geld Beachtung zu schenken heißt nichts anderes, als SELBST-Achtung zu entwickeln.*

Wenn wir Geld verschwenden, leben wir »wertlos« und »selbstlos«, das heißt ohne Selbst-Achtung und Selbst-Wert. Wir bezahlen mit unserem Geld jeden und alles – nur uns selbst nicht. *Wir haben eine so geringe Selbst-Achtung, dass wir gar nicht darauf achten, uns selbst zu bezahlen.* Mit Geld achtsam umzugehen heißt, *darauf zu achten, uns reichlich mit Geld zu ver-sorgen, statt uns um Geld zu sorgen.*

Um das Energie-System vollständig umzupolen, ein Energie

107

aufbauendes System zu kreieren und um Achtsamkeit Geld gegenüber und Selbst-Achtung zu entfalten, ergreifen wir jetzt leidenschaftlich acht Maßnahmen:

1. Wir schaffen sofort *Fülle im Portemonnaie,* indem wir stets einen 500 Euro-Schein bar bei uns tragen.
2. Wir machen *unsere Geldverhältnisse transparent:* Kopf aus dem Sand – Zahlen auf den Tisch. Ein Kassensturz ist angesagt!
3. Wir schaffen *ein klar strukturiertes Drainage-System* für den Geldfluss und kanalisieren und regulieren den Überfluss (Vermögensaufbau) in ein Überfluss-Auffangbecken.
4. Wir *spenden zehn Prozent* unseres Einkommens.
5. Wir *bauen Schulden systematisch ab.*
6. Wir *stoppen sofort jede Energieverschwendung* und senken unsere Lebenshaltungskosten ohne Qualitätsverlust.
7. Wir optimieren unsere *Sparsysteme.*
8. Wir legen *ein beruhigendes Notpolster* an.

Falle: Warum nicht einfach mehr verdienen?

In den acht Maßnahmen ist *nicht erwähnt, das Einkommen zu erhöhen.* Warum wäre eine solche Maßnahme jetzt eine Falle?

Das momentane Ziel ist nicht, *mehr einzunehmen* als auszugeben, also die Einnahmen »irgendwie dramatisch« zu steigern. Dies verstärkt nur die alten Gewohnheiten, führt jedoch *keine Wende* herbei.

Nehmen wir einfache Zahlen zur Erklärung: Bisher hat Peter Geldsorg 5000 Euro verdient und 6000 Euro ausgegeben (»über die Verhältnisse gelebt«). Er sagt sich, gut, dann muss ich eben 8000 Euro verdienen, um meinen Lebensstandard zu halten (6000 Euro), Schulden abzubezahlen (1000 Euro) und eine Vermögen aufzubauen (1000 Euro). Das ist leider nicht mehr als eine Milchmädchenrechnung. Wenn Peter Geldsorg überhaupt den Sprung zu 8000 Euro schaffen sollte, wird er weiterhin »über die Verhältnisse leben« und in Windeseile monatliche Ausgaben von 10 000 Euro haben.

Es ist ein ehernes Gesetz: Wenn der Verdienst in einem Energie abbauenden System steigt, steigen auch die Ausgaben. Das System bleibt insgesamt Energie abbauend.

Peter Geldsorg hat *seine Energie* dafür aufgewendet, mehr Geld zu verdienen, *nicht aber, um das System zu verändern.* Statt auf die Bremse zu treten, um zu wenden, hat er Gas gegeben und fährt jetzt noch schneller in die falsche Richtung!

Umpolen kann nichts anderes heißen als: *Ausgaben bremsen, weniger ausgeben* als einnehmen! Es bedeutet zu lernen, mit dem auszukommen, was man als Einkommen hat (»mit dem Einkommen auskommen«). *Erst wenn das System umgepolt und gewendet ist, macht mehr verdienen Sinn, ist »Gas geben« unumgänglich. Das ist dann die Beschleunigung für den Vermögensaufbau.* Besseres zu leisten und mehr zu verdienen ist unser *zweites* Etappenziel. Das erste Etappenziel heißt jedoch unmissverständlich: das System umpolen!

Um es noch einmal mit anderen Worten zu sagen: Wir legen den Samen für ein Vermögen, *ohne mehr Geld verdienen zu müssen! Reichtum ist nicht, was man verdient, sondern was man behält.* Das ist die erste Lektion im täglichen meisterhaften Umgang mit Geld. Es geht in der ersten Etappe um nichts anderes, als Geld willkommen zu heißen, es zu achten, zu behalten und zu bewahren, ihm Aufmerksamkeit zu schenken und ein wohnliches Zuhause zu geben. *Geld, das sich bei uns wohl fühlt, zieht noch mehr Geld an und schafft uns Wohlstand.* Dann ist das System umgepolt: von Geld abstoßend zu Geld anziehend, von Selbst-Missachtung zur SELBST-Achtung.

Fülle bewahren: 500 Euro bar im Portemonnaie

Ein überaus gottesfürchtiger Mensch stößt täglich ein Bittgebet gegen den Himmel: »Herrgott, lass mich einmal eine Million im Lotto gewinnen!« Samstags sitzt er vor dem Fernseher und fleht Gott bei der Ziehung der Lottozahlen an: »Lass bitte heute das Wunder geschehen!« Jahrelang bleiben die flehentlichen Bittgebete ungehört. Eines Tages vernimmt er mit dem jüngsten Stoßgebet bei der Ziehung der Lottozahlen eine tiefe Stimme: »Mensch, ich würde dir ja gerne helfen, aber gib doch wenigstens mal einen Lottoschein ab!«

So wichtig für einen Lottogewinn das Ausfüllen und Abgeben eines Lottoscheins ist, so wichtig ist für den leidenschaftlichen Umgang mit Geld *»der große Schein« im Portemonnaie* (500 Euro oder der größte Schein einer anderen Währung).

Dieser Schein im Portemonnaie ist unumgänglich, er ist *die emotional-psychische Wende.* Dieser Schein ist eine deutliche Anweisung an unser Unterbewusstsein und das Geld, das durch unsere Hände fließt: *Hier fühlt sich viel Geld wohl, hier ist Geld zu Hause.*

Dieser Geldschein ist keine eiserne Geldreserve, die wir zur Not ausgeben können, sondern *unantastbar.* Keine Not wird so groß sein, dass der Schein dafür geopfert werden muss. Er bleibt mindestens so lange im Portemonnaie, bis das Ziel erreicht ist, von Vermögenszinsen leben zu können. Danach mag er eine wertvolle Erinnerung bleiben, wie wir unseren Wohlstand meisterhaft erreicht haben. Der Schein kann es sich im Portemonnaie so heimisch machen wie das Familienfoto (oder ähnliches).

So haben wir mit dieser Maßnahme ganz schnell Fülle und einen Magneten für wachsenden Wohlstand geschaffen. Der Geldschein ist nicht nur Zeichen des festen und unwiderruflichen Entschlusses, den meisterhaften Umgang mit Geld zu erlangen. Er ist *eine tägliche Meisterprüfung*. Geben Sie diesen Schein aus, sind Sie vom meisterhaften Weg abgekommen. So einfach ist das.

Ob das Risiko nicht zu groß ist, dass der Geldschein gestohlen wird? Wir haben mit diesem Meisterprogramm ein Energiefeld aufgebaut, das uns *»unbestehlbar«* macht. Weder der Schein noch die Geldtasche können gestohlen werden oder verloren gehen.

Sollte das doch einmal der Fall sein und er nicht »auf wunderbare Weise« den Weg zu Ihnen zurückfinden, ist dies ein *unmissverständliches Zeichen, dass das Programm noch einmal wiederholt werden muss*. Denn dann haben sich wieder ärmliche Glaubenssätze breit gemacht (zum Beispiel »Ich bin dieses Geld nicht wert.«) – und weg ist es. Was man anzieht, ist eine Frage der Resonanz. So oder so.

Meisterübung 6

Machen Sie sich also keine Sorgen, sondern *einen Garantieschein, unterschreiben Sie ihn* und *heften Sie ihn an den Geldschein:*

Unveräußerliches Prachtexemplar
von unbezahlbarem Wert –
mein Garantieschein für ein märchenhaftes
Leben in Fülle, Wohlstand und Reichtum

JETZT meisterhaft handeln!

Geldtransparenz schaffen

Unachtsamer Umgang mit Geld hat in der Regel auch ein ziemlich diffuses Wissen über die eigenen Geldverhältnisse zur Folge. Man beachtet seine Geldverhältnisse nicht und ahnt nur, wie es »mit den Finanzen steht«. *Geld Beachtung schenken heißt jetzt auch: Kopf aus dem Sand, Zahlen auf den Tisch!*

Meisterübung 7

Nehmen Sie zur Analyse Ihrer Finanzsituation bitte einen gesonderten Zettel zur Hand und geben Sie ihm den *Titel* »*Kassensturz und Geldtransparenz*«.

Der hier vorgelegte Fragenkatalog kann nicht vollständig sein, sondern dient Ihnen nur als Anregung. Machen Sie am besten drei Spalten nach folgendem Muster:

Art des Geldflusses	präzise	geschätzt

- Wie viel Geld haben Sie in Ihrem Leben schon verdient?
- Wie viel davon haben Sie in Form von Vermögen behalten?
- Wie viel Prozent sind das? (Vermögen : Geldfluss)
- Welche Einkommensquellen haben Sie, wie hoch sind sie?
- Wie hoch ist Ihr Immobilienvermögen (Haus)?
- Wie hoch ist Ihr Kapitalvermögen (Sparbücher, Aktien etc.)?
- Wie hoch ist Ihre Verschuldung (Hypothek, Kredite)?
- Welche fixen Ausgaben haben Sie?
- Wie hoch ist Ihre monatliche Ratenbelastung?

- Was zahlen Sie für Haus und Wohnung (inklusive Nebenkosten)?
- Wie viel verbrauchen Sie und Ihre Familie für den Lebensunterhalt (inklusive Kleidung, Freizeit, Urlaub)?
- Was zahlen Sie jährlich für Versicherungen?

Bitte machen Sie sich auch eine *differenzierte Liste Ihrer Ausgabenkategorien* (»privater Kontenrahmen«) nach den Stichworten: Auto, Bekleidung, Beruf, Ernährung, Ferien, Freizeit, Fortbildung, Geschenke, Gesundheit (Fitness), Haushalt, Hauspersonal, Hypotheken, Informationen (Bücher, Zeitungen, Zeitschriften), Kinder, Konsumkredit, Körperpflege, Miete, Reinigung, Reisen, Reparaturen (Renovierung), Restaurant, Sparen, Spenden, Strom/Gas/Wasser, Taschengeld, Telefon, Transportkosten (Bus, Taxi), Unterhalt, Unterhaltung (Fernsehen), Urlaub, *Verschiedenes,* Versicherungen, Zinsen, . . .

Geben Sie jeder Kategorie eine Ihnen beliebige Zahl und kategorisieren Sie Ihre regelmäßigen Ausgaben nach diesem System. Wie hoch sind Ihre monatlichen Ausgaben für die einzelnen Kategorien?

JETZT meisterhaft handeln!

Den Geldfluss kanalisieren

Geben wir dem Geldfluss, der zu uns kommt (Einkommen), ein Flussbett, so dass er keine andere Möglichkeit hat, als unser Vermögen aufzubauen. Dieses »Drainagesystem« kann sofort in Planung gehen. Es ist *das Grundkonzept eines Energie aufbauenden Systems, das es mit den nächsten Schritten in die Praxis umzusetzen gilt:*

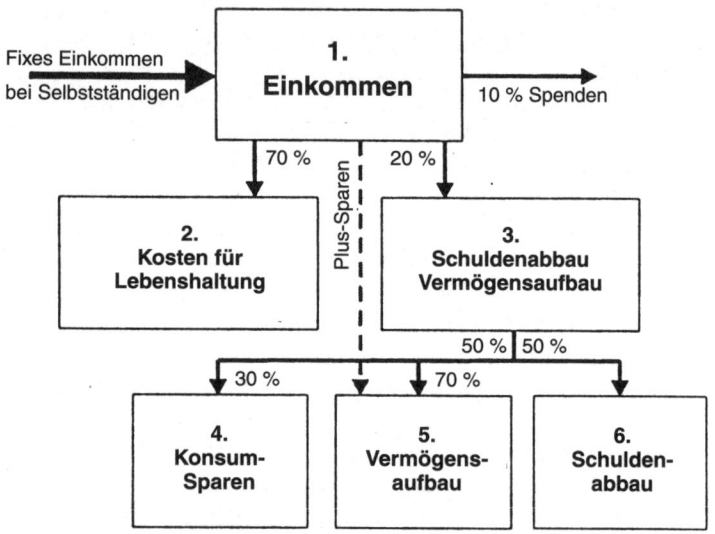

Unser Drainagesystem reguliert den Geldfluss in sechs Becken:

- Das Einkommen wird im 1. Becken »Einkommen« aufgefangen.
- Das Einkommen fließt in zwei Becken: das Ausgabe-Becken Lebenshaltungskosten (2. Becken) und das Becken für den langfristigen Geldfluss, Vermögensaufbau und Schuldenabbau (3. Becken).
- Da wir Konsumschulden künftig ausschließen (mehr dazu einige Absätze weiter), brauchen wir ein Sparbecken (4. Becken), um größere Konsumanschaffungen finanzieren zu können (Auto, Urlaub, Möbel, Unterhaltungsgeräte oder Weiterbildung).
- Der Vermögensaufbau erhält ein eigenes Becken (5. Becken).
- Das 6. Becken dient dem Schuldenabbau.

Geld spenden

Die Maßnahme, sofort zehn Prozent unseres Einkommens zu spenden, ist *wahrlich eine Meisterprüfung, um die Gewohnheiten des Reichtumsaufbaus umgehend und dauerhaft zu installieren.*

Jeder Millionär, der seinen Reichtum selbst erschaffen hat (also nicht geerbt oder im Lotto gewonnen), spendet mindestens zehn Prozent seines Einkommens. Er weiß, dass er seinen Reichtum der Gesellschaft zu verdanken hat, und zeigt seinen Dank in Form von Spenden für wohltätige Zwecke.

Wann sollten wir damit beginnen, *unsere Dankbarkeit in Form von Spenden zu äußern?* Für eine Meisterin ist dies keine Frage. Die Antwort kann nur lauten: SOFORT! *Geld spenden heißt:* Wir leben bereits in Fülle. Wir können es uns leisten, Geld für eine positive Gesellschaftsentwicklung zu spenden. Wir haben bereits Überfluss und gesellschaftlichen Rückfluss geschaffen, sind vermögend und dankbar. Wir handeln wie

---

Meisterübung 8

Diese Maßnahme ist überaus wichtig für das Umpolen des Energie-Systems, für die *Macht neuer Gewohnheiten.* Wenn Sie diese Macht der Gewohnheiten *sofort und nachhaltig* ändern wollen, gibt es keinen besseren Weg, als zehn Prozent Ihres Einkommens *sofort* zu spenden. Machen Sie es sich leichter, indem Sie eine Organisation fest unterstützen und für ein Jahr einen Dauerauftrag über zehn Prozent Ihres Einkommens erteilen. Dann ist der Hebel der Gewohnheit umgelegt, sind die Weichen gestellt.

JETZT meisterhaft handeln!

Wohltäter und Millionäre. *Wir gehören bereits zum »Club der Millionäre«.*

Den Geldfluss regulieren

Nach der Installation dieser Becken (zum Beispiel in Form verschiedener Bankkonten und Kassen wie Haushaltskassen) gilt es nun, den Geldfluss in die verschiedenen Becken zu lenken. (Zugegeben, nachdem jetzt bereits zehn Prozent des Einkommens in Form von Spenden aus dem Einkommensbecken abgeflossen sind, steht die weitere Regulation des Geldflusses unter stärkerem Druck. Dieser Druck erfordert Ihre ganze Intelligenz, um das System funktionsfähig zu machen.)

- Wenn das Einkommen schwankt, wird das reguläre Mindesteinkommen bestimmt. Davon gehen zehn Prozent Spenden als Dauerauftrag ab. Der Rest wird in die Becken 2 und 3 verteilt (in der Regel nach dem Schlüssel 70 Prozent in 2, 20 Prozent in 3). Das Einkommen, das über dem regulären Minimum liegt, geht direkt in das Becken für Vermögensaufbau.
- Das Geld aus dem 3. Becken (Vermögensaufbau/ Schuldenabbau) wird nach der 50/50-Prozent-Regel reguliert: 50 Prozent fließen ab in das 6. Becken (Schuldenabbau) und 50 Prozent fließen in die beiden Becken 4 (Konsumsparen) und 5 (Vermögensaufbau).
- Jetzt müssen wir nur noch den Geldfluss »Sparen« regulieren. 30 Prozent gehen in das Becken Konsumsparen und 70 Prozent in das Becken Vermögensaufbau.

Damit steht *unser Energie aufbauendes und Vermögen bildendes Drainagesystem* zunächst einmal in der Planung, in der Struktur. Jetzt gilt es, dieses System mit Ihren Zahlen zu füllen!

Begleiten wir Peter Geldsorg bei dieser Aufgabe. Zur Erinnerung: Er hat ein Einkommen von 5000 Euro und Ausgaben von 6000 Euro. Seine Kreditbelastung liegt monatlich bei 1000 Euro (der Betrag, mit dem er über die Verhältnisse lebt). Da Peter Geldsorg nicht spart, verschlingen die Lebenshaltungskosten monatlich 5000 Euro.

Mit der Verteilung des Geldflusses im Strukturplan bekommt Peter Geldsorg jetzt arge Probleme (wir haben uns aber auch einen schwierigen Kandidaten ausgesucht!): 1000 Euro verbraucht er also (wie bisher) für die Kreditraten (das sind bereits 20 Prozent des Einkommens). Nach dem Strukturprinzip (50 zu 50 Prozent) gehören demnach auch 1000 Euro in die beiden Sparbecken 4 und 5, die so verteilt werden, dass 300 Euro für Konsum gespart werden (4. Becken) und 700 Euro für den Vermögensaufbau (5. Becken). Das bedeutet natürlich, dass bei Peter Geldsorg bereits zehn Prozent Spenden und 40 Prozent in das 3. Becken abfließen, zusammen also schon 50 Prozent »verbraucht« sind.

Jetzt kann sich Peter Geldsorg leicht ausrechnen, wie viel Geld für die Lebenshaltung übrig bleibt. Er verdient 5000 Euro, nach Abzug der 500 Euro Spenden verbleiben ihm 4500 Euro zur Verteilung. 2000 Euro sind bereits in das 3. Becken (Schuldenabbau/Vermögensaufbau) abgeflossen. Für das Becken Lebenshaltung bleiben ihm also 2500 Euro, genau die anderen 50 Prozent. Nur noch die Hälfte von dem, was ihm vorher zu Verfügung stand, hat er jetzt in seiner Kasse zur Lebenshaltung.

Peter Geldsorg ist über diese Rechnung nicht sehr glücklich, er scheint seinen Lebensstandard dramatisch senken zu müssen. Er sieht dazu bisher kaum Möglichkeiten, fast ist er dem Verzweifeln nahe. Doch er ist um einen bedeutenden Schritt weiter: *Er weiß, mit welchen Zahlen es klappen kann, er hat konkrete Zahlen und Ziele im Kopf!*

Meisterübung 9

Bitte erstellen Sie jetzt Ihren persönlichen Strukturplan für Ihren eigenen Geldfluss, ohne sich dabei die Frage zu stellen, wie das machbar sein soll.

Tipp für Selbstständige: Dieser Strukturplan hilft Ihnen, die Höhe Ihres monatlichen Einkommens zu bestimmen! Das System setzt voraus, sich ein fixes monatliches Einkommen auszuzahlen und sich nicht nach »Bedarf« aus dem Geschäftskonto zu bedienen. Wer dies nicht bereits tut, wird bald feststellen, wie heilsam das System des *privaten Vermögensaufbaus* auch und gerade für Selbstständige ist.

Sollte das 6. Becken »Schuldenabbau« (von dem unsere Rechnung ausgeht) bei Ihnen bereits trockengelegt sein (Herzlichen Glückwunsch!), dann verteilen Sie Ihr Einkommen nach der Regel: 70 Prozent gehen in Becken 2 und 20 Prozent in Becken 3 (zur Erinnerung: die restlichen zehn Prozent gehen als Spende ab).

JETZT meisterhaft handeln!

Noch steht unser System erst auf Papier! Wir haben also einen Plan mit konkreten Zahlen und Zielen, aber wahrscheinlich noch eine bedenkliche Finanzlücke zwischen IST und SOLL (bei Peter Geldsorg sind es 2500 Euro). Wir stellen uns jetzt die Frage, wie dieses System auch faktisch zu installieren ist.

Die Logik des Systems läuft darauf hinaus, auf die Kostenbremse zu treten, die Ausgaben und Lebenshaltungskosten dramatisch zurückzufahren, um das System funktionsfähig zu machen: Dabei setzen wir uns das Ziel, den Lebensstandard nicht zu senken, sondern die Lebensqualität spürbar zu verbessern.

Wir stellen bald fest, dass dies *keine unlösbare Aufgabe* ist, sondern vor allem in unserer Macht liegt und deshalb machbar ist. Niemand zwingt uns dazu, Energie zu verschwenden. Und jedes Stopfen von Energielöchern macht das Leben angenehmer und erhöht die Energie.

Schulden systematisch abbauen

Wir müssen zunächst *das größte Loch der Energie- und Geldverschwendung stopfen:* das Loch der Konsumschulden.

Wir unterscheiden *drei Arten von Krediten:*

1. *Geschäftskredite,* die man für Geschäftsinvestitionen aufnimmt. Für die Gründung eines Unternehmens (Startinvestition) oder bei laufenden Investitionen werden in der Regel Kredite benötigt. Das Geschäft, die Firma oder das Unternehmen errechnen einen Ertrag, von dem der Geschäftskredit zurückgezahlt werden kann.

2. *Vermögenskredite,* die aufgenommen werden, um ein (in der Regel wertsteigerndes) Vermögen zu bilden, zum Beispiel beim Hauskauf. Dem Kredit steht immer ein Vermögen gegenüber, so dass der Kredit jederzeit zurückgezahlt werden kann.

3. *Konsumkredit,* der dafür verwendet wird, ein Konsumgut zu kaufen (zum Beispiel ein Auto), das seinen Wert verliert. Der Kredit wird verbraucht (konsumiert).

Konsumkredite und Konsumschulden sind dumm. Von Seiten des Kreditnehmers spricht (fast) alles gegen sie. Das einzig Verlockende ist, sich sofort Bedürfnisse befriedigen zu können, die man sich nicht leisten kann. Doch diese »schnelle Befriedigung« setzt in der Regel die Abwärtsspirale der zunehmenden Verschuldung in Gang.

Peter Geldsorg stellt sich uns wieder als Beispiel zur Verfügung. Er braucht ein neues Auto. Es muss natürlich nagelneu sein, der letzte Schrei auf dem Markt. Ein Kredit steht also an, da er nichts gespart hat. Geplant ist ein Wagen für 20 000 Euro mit einer monatlichen Ratenrückzahlung von etwa 700 Euro. Der geschäftstüchtige Verkäufer schlägt ihm ein bedeutend besseres Modell mit einer zusätzlichen Ausstattung vor, »die heutzutage ja fast schon Standard ist«. Die Ratenzahlung würde damit auch »kaum spürbar« auf 900 Euro pro Monat steigen. Peter Geldsorg kann der Verlockung nicht widerstehen und willigt ein! Das Auto kostet ihn nach dem Kaufvertrag faktisch 32 000 Euro, da er noch einen unvorteilhaften Kreditvertrag eingegangen ist. (Er kennt sich »natürlich« mit Kreditkonditionen nicht so genau aus. Und immerhin, er hat das Geld sofort und ohne lästige Formalitäten bekommen!)

Konsumkredite sind nicht nur an sich dumm, sondern verführen darüber hinaus noch dazu, »besonders in die Vollen zu langen«. Kreditnehmer sind ein »gefundenes Fressen« für geschickte Verkäufer.

Seine Freundin, Petra Geldlieb, kann sich für diesen Kauf und das Auto gar nicht erwärmen. Sie macht Peter Geldsorg nun folgende Rechnung auf: »Du hättest 10 000 Euro ansparen und dafür einen schönen Gebrauchtwagen in bar kaufen können, zwei Jahre alt, und den Preis durch geschickte Verhandlung senken können. Der Wagen hätte den gleichen Nutzwert gehabt wie deine chice Karosse. Vielleicht wärest du mit einem Gebrauchten etwas langsamer und vorsichtiger gefahren (Protzen wäre damit ja nicht angesagt), hättest auch weniger

Angst, der Lack könnte zerkratzt werden, und geringere Versicherungskosten. Der Nutzwert eines Gebrauchten wäre wahrscheinlich noch höher!

Die 22 000 Euro, die du mit dem Gebrauchten eingespart hättest, hättest du tatsächlich gespart, das wären monatlich 600 Euro. Wenn du das so gesparte Geld zu zwölf Prozent über fünf Jahre angelegt hättest, hättest du schon ein ganz beachtliches Vermögen von 30 000 Euro gehabt. *Statt Zinsen zu zahlen, hättest du Zinsen bekommen!*

Die ›Show‹, mit dem neuesten Modell (wie lange hält der Reiz?) fünf Jahre herumzufahren, hat dich ein kleines Vermögen gekostet, ganz abgesehen von den psychischen Belastungen, die du dir mit dem Kredit eingekauft hast. Dumm gelaufen, kann ich da nur sagen.«

Wir können uns der Meinung von Petra Geldlieb nur anschließen!

Lassen Sie uns das Thema »Konsumschulden« jetzt meisterhaft kurz abhaken:

- Ab sofort: NEIN zu Konsumschulden und anderen Verlockungen!
- Das Schuldenbecken systematisch und endgültig austrocknen. (Ist der Termin der Schuldenfreiheit schon in Sicht?)
- Für größere Konsumausgaben systematisch sparen (4. Becken) und nur aus diesem Becken bezahlen.
- Private Schulden möglichst bald zurückzahlen. Es wird das Ansehen im Verwandten- und Bekanntenkreis deutlich verbessern.

Doch bei aller Entschlossenheit: Den Konsumschuldenberg auf NULL abzubauen ist kein begeisterndes Ziel. NULL zu erreichen kann nur ein Nebeneffekt sein.

Begeisterung baut sich erst auf, wenn wir schon systematisch sparen (5. Becken), noch bevor die Schulden getilgt sind. Deswegen ist die 50/50-Prozent-Regel nicht zu diskutieren: *Sie sparen den gleichen Betrag, wie Sie Kreditraten zurückzahlen.* Sobald das Becken Schuldenabbau trockengelegt ist, verteilt sich dieser komplette Geldfluss nach der Regel 30/70-Prozent in das 4. und 5. Becken: Die abgelösten Kreditraten fließen in die Sparkonten.

NEIN! zur Energie-Verschwendung

Als nächstes schenken wir unseren täglichen Ausgaben Beachtung, um die Lebenshaltungskosten zu senken, den Lebensstandard zu wahren und die Lebensqualität noch zu verbessern.

Haben Sie schon einmal aufgehört zu rauchen? Wenn Sie dies erfolgreich geschafft haben, kennen Sie das Geheimnis. Es lautet: JETZT ODER NIE! Eine Methode wie »Jeden Tag eine Zigarette weniger« mag für die ersten Tage funktionieren, aber nicht auf Dauer. Um erfolgreich das Rauchen einzustellen, muss man von heute auf morgen aufhören, auch wenn es ein paar Tage »Entzugserscheinungen« kostet.

Unsere jetzige Aufgabe, Energie-Verschwendung zu beseitigen, ist *mit der entschlossenen Umstellung auf eine gesunde Ernährung und der Herstellung eines optimalen Stoffwechsels* zu vergleichen:

- Wir essen weniger, dafür gesünder und vollwertiger. Wir nehmen nur noch das zu uns, was unser Körper wirklich braucht.
- Wir befreien uns von überflüssigen Fettdepots, entlasten, entgiften und entschlacken uns, werden fitter, dynamischer, energischer.

- Wir leben die »Leichtigkeit des Seins«, ohne Ballast mit uns herumzuschleppen.
- Wir starten die Umstellung des Stoffwechsels mit einer Fastenkur.

Um im Bild zu bleiben: Haben Sie schon einmal eine Fastenkur durchgeführt? Auch hier haben Sie bereits die Erfahrungen gemacht, wie wirkungsvoll und wohltuend eine solch durchgreifende Verhaltensänderung unter dem Strich ist. Man setzt klare Prioritäten und lässt sich durch nichts ablenken.

Bei Fastenkuren werden Sie die zunächst verblüffende Erfahrung gemacht haben, dass Sie plötzlich nur so übersprühen vor Energie, dass Ihre Stimmung euphorischer wird, Ihre Sinne geöffnet sind, Sie viel bewusster leben. Diese reinigende Wohltat erleben Sie aber nicht nur während der Fastenkur selbst: *Nach der Kur fällt es viel leichter, sich neue und gesündere Ernährungsgewohnheiten anzueignen.*

Diese (oder ähnliche) Erfahrungen sollten uns helfen, *auf die Kostenbremse zu treten, unsere Lebenshaltungskosten radikal auf das Notwendige und Sinnvolle, auf das Gesunde zu reduzieren und dabei die Lebensqualität noch zu verbessern!*

*Das Lebenshaltungssystem wird einer radikalen Fastenkur von einem halben Jahr unterzogen.*In diesem halben Jahr darf das Pendel ruhig ins andere Extrem des rigorosen Energiesparens ausschlagen, um ein neues harmonisches Gleichgewicht einzupendeln.

- Schreiben Sie sich Ihre Ausgaben penibel genau auf. *Aufschreiben ist wie festhalten:* Die Ausgaben zerrinnen nicht mehr durch die Finger, sondern liegen schriftlich auf dem Tisch.
- Die Ausgaben werden *kategorisiert* nach dem »privaten

Kontenrahmen« (siehe Seite 113) und am Monatsende zusammengefasst. Jede Ausgabe erhält zudem einen Buchstaben: A = unverzichtbar, B = wichtig, C = angenehm, aber überflüssig, D = unnütz. Streichen Sie Ausgaben der Kategorie D völlig. Verzichten Sie in der Ausgaben-Fastenkur auf Ausgaben der Kategorie C, schränken Sie sich sogar bei Ausgaben der Kategorie B ein!

- Streichen und *kündigen Sie alles,* was Sie nicht unmittelbar zum Leben brauchen (Tageszeitung, Magazine, Fachzeitungen, alles durchforsten). Nach einem halben Jahr können Sie das, was Sie wirklich vermissen, ja wieder beziehen.

- Geben Sie Ihre Kreditkarten zurück, kaufen Sie *nichts mehr über Kreditkarten.*

- Kaufen Sie keine teuren Geschenke, machen Sie *kreative Geschenke,* die von Herzen kommen (aber preiswert sind). Reduzieren Sie »Anstandsfeste«. Machen Sie nicht das, was von Ihnen erwartet wird, sondern das, was Ihnen entspricht. Lassen Sie sich nicht durch Erwartungen anderer bestimmen, sondern leben Sie stimmig.

- Kaufen Sie keine Bücher, sondern gehen Sie in die Leihbücherei.

- Vermeiden Sie alle Frusteinkäufe. Gehen Sie nie »shoppen«, wenn Sie damit Ihre Stimmung verbessern wollen. Reduzieren Sie Wohlstandsmüll.

- Vergleichen Sie die Preise bei Grundnahrungsmitteln. Kaufen Sie günstiger ein, beim Bauern, auf dem Markt. Reduzieren Sie auch die Häufigkeit der Einkäufe: ein Einkauf pro Woche genügt.

- *Bestellen Sie* per Katalog, über den Computer online. Ersparen Sie sich Zeit und Geld beim Einkauf, lassen Sie die Produkte direkt zu sich ins Haus kommen.

- *Entrümpeln Sie* Ihre »Speicher der Vergangenheit«. Verkaufen Sie, was Sie nicht mehr brauchen (über Flohmärkte und Anzeigenzeitungen).

- Weigern Sie sich prinzipiell, Dinge zu kaufen und zu haben, »weil andere es von Ihnen erwarten« (»In dieser Position fährt man nun mal das und das Auto!«). Sie werden dabei feststellen, das ein authentisches Verhalten nicht nur preiswerter ist. Menschen, die Ihr Leben selbstbewusst leben, genießen eine viel größere Achtung als fremdgesteuerte »Rollenträger«.

- Ersetzen Sie Dinge, die kaputt sind, nicht gleich durch neue, sondern lassen Sie sie reparieren. Bevor Sie etwas Neues kaufen, erkundigen Sie sich, was ein entsprechendes Gerät *gebraucht* kosten würde.

- Achten Sie beim Neukauf immer auf *Qualität*. Qualitätsprodukte sind auf Dauer preiswerter als Produkte, die schnell ihren Geist aufgeben. Kaufen Sie weniger, dafür aber wertvoller.

- Suchen Sie sich Märkte, wo Sie über Preise handeln können. Werden Sie zum Experten, für sich günstige Preise zu verhandeln.

- Nutzen Sie die Gelegenheit, um endlich mit dem *Rauchen aufzuhören*. Stellen Sie den Bier- und Weinkonsum ein halbes Jahr ein (sind Sie schon abhängig?). Machen Sie aus Ihrer Ausgaben-Fastenkur eine echte Gesundheitskur.

- Brauchen Sie wirklich einen *Zweitwagen*? Wie lassen sich die Kosten für das Auto und die Mobilität reduzieren? Mehr Fahrrad fahren? Wo ist weniger Bequemlichkeit gesünder und billiger? Wenn Sie den Zweitwagen nicht verkaufen wollen, dann melden Sie ihn für ein halbes Jahr einfach einmal ab.

- Wenn das Auto »eine Schuhnummer zu groß« ist, verkaufen Sie es, kaufen Sie einen kleineren Gebrauchten.
- Verkaufen Sie Ihr Haus, wenn es zu teuer ist, ziehen Sie in eine billigere Wohnung, wenn die Miete zu hoch ist.
- Werden Sie zu einem Spezialisten und Ideenträger für »Ausgaben-Fasten«. (Schreiben Sie ein Buch darüber, geben Sie Kurse.)

Ergreifen Sie all diese Maßnahmen, um in einem halben Jahr mit einem Minimum an Lebenshaltungskosten auszukommen. Gehen Sie hart an Ihre Grenzen! Wie bescheiden können Sie noch leben? Was ist für Ihr Leben wirklich essenziell? Wie weit können Sie sich frei machen von Konsumerwartungen anderer?

Meisterübung 10

Erstellen Sie bitte jetzt Ihren finanziellen Fastenplan für ein halbes Jahr! Auf was werden Sie verzichten? Was kündigen? Planen Sie einen »Einstiegs-Monat«, in dem Sie die Ausgaben vor allem notieren und festhalten. Reduzieren Sie erst im zweiten Monat. In dritten Monat sollten Sie das System so weit heruntergefahren haben, dass Sie am Essenziellen, am Wesentlichen sind und ein »Fasten-Budget« haben.

JETZT meisterhaft handeln!

Genießen Sie Ihre entwickelte Fähigkeit zur Bescheidenheit und Selbst-Achtung. Sie erleben ein neues Selbstwertgefühl, Sie leben mit sich »hautnah«, authentisch. Es ist ein wundervolles Gefühl, das Leben in den Griff zu bekommen, den finanziellen Druck zu beseitigen, die Wende zu vollziehen. Sie spüren neue

Energie, neuen Tatendrang, eine ungeahnte Lebenskraft. Sie fühlen sich jünger, entlastet, leichter, positiver und optimistischer.

Das Einzige, auf das Sie in dieser »finanziellen Fastenkur« verzichten, sind unnötiger Ballast, Müll, Verschwendung, Fassaden und Attrappen. Selbstentfremdet leben kommt uns einfach teuer zu stehen. So aber verzichten wir auf Maskerade und Selbstentfremdung. Dieser Verzicht auf äußere Statussymbole macht uns lebendiger, authentischer und reicher!

Finanzdienstleistungen professionell durchforsten

Es gibt einen weiteren Bereich, der sich erheblich optimieren lässt: den des Versicherungssystems. Grundsätzlich: *Angst ist teuer, Angst raubt Energie.* Rechnen Sie einmal aus, was Sie Ihre ganzen Versicherungen (Pflichtversicherungen und freiwillige) *jährlich kosten.* Es ist nicht nur eine Frage, ob es heute günstigere Versicherungen gibt, sondern ob Sie aus einem bestimmten Versicherungssystem hinausgewachsen sind.

Machen wir es an einem Beispiel deutlich: Sie können *Geld für eine Lebensversicherung* ausgeben, weil Sie Angst haben, dass Ihre Familie bei einem Unfall nicht abgesichert ist. Vorsicht! Sie machen sich damit unbewusst resonanzfähig für einen Unfall!

Die Angst kann eine »sich selbst erfüllende Prophezeiung« werden. Dann haben Sie Ihren tödlichen Unfall angezogen und »Gott sei Dank!«, Ihre Familie ist durch die Versicherung abgesichert.

Ist das aber wirklich die optimale Lösung? Wäre nicht eine Lösung besser, dass Ihnen einfach nichts passiert, weil es für Sie *unvorstellbar, undenkbar* wird, auf eine Unfallsituation zu treffen. Stellen Sie sich vor, Sie sind für einen Unfall einfach *nicht mehr resonanzfähig.* Ein Unfall kann Ihnen einfach nicht widerfahren! Das wäre doch sicher auch Ihrer Familie lieber! Und was wäre, wenn das Geld für eine damit unnötige Lebensversicherung stattdessen für den systematischen Vermögensaufbau verwendet würde?

Oder das Thema Krankenversicherung: Brauchen Sie wirklich eine Krankenversicherung mit allem Schnick und Schnack? Wäre es nicht sinnvoller, so gesund zu leben, dass ein Arzt- oder Krankenhausbesuch für Sie unvorstellbar wird? Kann die Krankenversicherung nicht dermaßen reduziert werden, dass nur noch das Allernötigste abgedeckt ist – mit dem sicheren Wissen, dass sie sowieso nie in Anspruch genommen werden wird?

Checken Sie erst einmal *Ihr ganzes Versicherungspaket* durch. Wie teuer ist Ihre Angst vor der Zukunft? Wie viel Geld und Energie frisst diese Angst? Und umgekehrt: Wo haben Sie bereits eine solche unbesiegbare innere Sicherheit gewonnen, dass Sie Ihre Zukunftsängste nicht mehr versichern müssen. *Kündigen Sie Versicherungen komplett, wo sich Ihre Ängste bereits in Luft aufgelöst haben.*

Was ist noch notwendig? Was ist möglicherweise auch noch Pflicht (Haftpflichtversicherungen)?

Besprechen Sie den Rest mit einem Finanzprofi, der den Überblick hat und Ihnen zeigen kann, wie Sie preisgünstige Versicherungsverträge abschließen können.

Sparsysteme optimieren

Wir drehen jetzt bereits an den *Feinschräubchen zur Regulierung* des Geldflusses.

- Vermeiden Sie *Dispositionskredite*. Es sind die teuersten. Wenn Ihr Drainagesystem steht und keine Kreditkarten mehr verwendet werden, besteht kein Grund mehr dazu, ein Konto zu überziehen. Sollte das Überziehen eines Girokontos jedoch schon chronisch geworden sein und nicht kurzfristig auszugleichen, dann wandeln Sie den Dispokredit in einen normalen Kredit um, den Sie dann schnellstmöglich auf NULL bringen.

- Überprüfen Sie die *Bankgebühren.* Sogar hier sind Verhandlungen mit der Bank möglich. Den hier vorgeschlagenen Plan zur praktischen Neuorientierung Ihrer Finanzen könnten Sie Ihrem Bankberater vorlegen, um bestimmte Konditionen zu besprechen. Vielleicht macht es Sinn, *Ratenkredite zu verringern* (und die Abzahlung hinauszuzögern), so dass sie zum Beispiel nicht mehr als zehn Prozent des Einkommens betragen. Das kann die Realisierung des Drainagesystems möglicherweise sehr erleichtern.

- Überlegen Sie sich, ob Sie Ihre *Bankgeschäfte über Computer* vereinfachen und übersichtlicher gestalten können (Home-Banking). Organisieren Sie auch Ihre Finanzplanung mit einer Computer-Software. Machen Sie Ihren Computer zum Finanzmanager.

- Legen Sie *ein Konto bei einer Direktbank* an und testen Sie diese Form des Banking für sich.

- Das *Konto »Konsumsparen« (4. Becken)* ist gefüllt, wenn es zwei Monatseinkommen umfasst. Dann läuft der Geldfluss über einen »Überlauf« in das Becken »Vermögensaufbau« (5. Becken). Wenn andererseits Geld für Konsumausgaben entnommen wurde, wird wieder so lange eingezahlt, bis der Überlauf wieder erreicht ist.

- Das Konto ist auch ein »*Spaßkonto*«. Belohnen Sie sich für eisernes Sparen mit einem leichten Zugriff auf ein immer gefülltes »Spaßkonto«.

- Das Geld auf diesem Konto muss nicht besonders angelegt werden, da es in der Regel eine hohe Fluktuation aufweist.

Ein beruhigendes Notpolster zurücklegen

Wir brauchen in dieser Phase des Vermögensaufbaus noch nicht viel über ein wirklich Gewinn bringendes Anlegen von Geld und sein exponentielles Wachstum zu wissen (das erfolgt im 3. Kapitel dieses Teils).

Jetzt interessiert uns genauer *das Ziel des 5. Beckens: Vermögensaufbau.*

- In dieses Becken fließen unmittelbar *alle »Plus-Einnahmen«:* Steuerrückzahlungen, Geldgeschenke, Gewinne aus Glücksspielen (soll keine Anregung dazu sein).

- Bei Angestellten, die *Urlaubs- und Weihnachtsgeld* erhalten, sollten diese Sonderzuwendungen *je zur Hälfte* in die beiden Becken Konsumsparen und Vermögensaufbau gesteckt werden. Gehaltserhöhungen dienen zu 50 Prozent der kurzfristigen Erhöhung des Lebensstandards (gehen in das 2. Becken), zu 50 Prozent dem langfristigen Vermögensaufbau (gehen in das 5. Becken).

- Sobald das 4. Becken zum Konsumsparen voll ist (doppeltes Monatseinkommen), fließt dieses Becken in das 5. Becken zum Vermögensaufbau über. Sobald keine Ratenkredite mehr zu zahlen sind, wird dieser Geldfluss über das Becken für den Vermögensaufbau reguliert.

- *Das Geld wird Zuhause in einem Safe oder einem Banksafe gespart, so dass es immer griffbereit ist und auch begriffen werden kann.* Hier beginnt *begreifbarer Reichtum,* Scheine, mit denen Sie hantieren können. Die Höhe dieses Topfs für Notzeiten ermöglicht Ihnen (und Ihrer Familie), *ein halbes Jahr ohne weitere Einkommen auszukommen.* Bitte bestimmen Sie jetzt, wie hoch dieses Notpolster sein muss! Dies ist der moderne Sparstrumpf unterm Kopfkissen, den man abends vor dem Ins-Bett-Gehen durchzählen kann. Geld ist eben ein gutes Ruhekissen...

- Das erste in diesem Becken gesparte Geld *dient nicht dem potenzierten, Gewinn bringenden Vermögensaufbau*. Der Tresor ist *für Notzeiten* gedacht, wenn es einmal geschehen sollte, dass Sie über ein halbes Jahr kein Einkommen erzielen. Im alltäglichen Leben bedeutet der Tresor *einen Energie-Magneten, der Geld festhält und Wohlstand hervorruft*. Er ist der Geldmagnet zu Hause. Der Schein im Portemonnaie hat sich schon erheblich potenziert!

Einfach REICH SEIN

Wir haben mit diesem Kapitel die entscheidende, alltägliche Wende zum Reichtum vollzogen: die *Macht der Gewohnheit* für unseren Wohlstand genutzt und die *Macht der Kongruenz* zur Entfaltung gebracht. Drei zentrale Kräfte ziehen in die gleiche Richtung und sind in Einklang: Unser Bewusstsein (Geldbewusstsein), unsere unterbewussten Programme (Reichtumsprogramm) und unsere Gefühle im alltäglichen Handeln (Gewohnheit des Vermögensaufbaus).

Wir haben mit der Herstellung von Fülle im Portemonnaie begonnen, haben uns die Gewohnheit von Millionären angeeignet, zehn Prozent unseres Einkommens zu spenden. Wir haben ein funktionierendes System eines Energie aufbauenden und vermögensbildenden Geldfluss-Systems geschaffen, das schlicht und einfach funktioniert. Unser Vermögenstresor zu Hause füllt sich, unser Vermögensaufbau wird begreifbar.

Wir haben zusehends mehr, als wir brauchen. Laotse würde sagen: »Wer weiß, dass er alles hat, was er braucht, ist reich.«

REICH SEIN beginnt nicht bei einer bestimmten Höhe des Vermögens. REICH SEIN *ist vielmehr das Vermögen,* ein vermögensbildendes System zu schaffen, Reichtum zu erzeugen. *Das haben wir jetzt meisterhaft erREICHt!*

Herzlich willkommen im »Club der Vermögenden«, im Club der Schöpfer, im Club der Meisterinnen im Umgang mit Geld!

Mehr verdienen durch die Entfaltung der eigenen Potenziale

Sie sind auf dem besten Weg, ein neuer, selbstbewusster und sich SELBST bewusster Mensch zu werden. Längst haben Sie festgestellt und gespürt, *es geht im meisterhaften Umgang mit Geld um weit mehr als GELD*. Denn der Umgang mit Geld ist nur *der Spiegel des Umgangs mit uns SELBST*: Je mehr wir von unserem SELBST entfremdet sind, desto mehr leben wir in Dissonanz und Mangel (Geldmangel ist dabei nur ein »Symptom«). *Je mehr wir aber an unsere inneren Quellen kommen, desto mehr kommt der innere Reichtum in Fluss und fließt in äußeren Reichtum über.*

Unsere nächste Aufgabe im meisterhaften Umgang mit Geld ist *die aktive Bildung von Reichtum:* innere Werte zu erkennen und zu bergen, ihren Wert auch für andere wertvoll zu machen und so Wert für die gesellschaftliche Entwicklung zu erzeugen.

Millionäre sind ganz anders!
Die meisten haben ein Bild von Millionären, das mit der Realität wenig zu tun hat und auf höchstens zehn Prozent der »falschen« Millionäre (Millionärskinder, Erben, Lottogewinner) zutrifft: Sie sind geldgeil, strotzen nur so von Luxus, leben völlig gelangweilt, sind »arbeitsscheu«, innerlich leer und unglücklich. Doch echten Millionären (die ihren Reichtum selbst erzeugt haben) bedeuten Geld und blendende Luxus-Fassaden überraschend wenig.

Wir wollen ein paar typische Charaktereigenschaften von Millionären näher kennen lernen:

- Sie sind *meistens selbstständig und Unternehmer.* Sie lieben das, was sie tun, haben eine starke Vision für ihren gesellschaftlichen Beitrag. Sie sind keine Zauderer, sondern *Macher, Lokomotiven* für gesellschaftliche Entwicklungen. Vor allem übernehmen sie Verantwortung für die Firma und die Gesellschaft.

- Sie sprühen vor Kraft, da sie sich *der stärksten Kraft bedienen, der Selbstverwirklichung ihrer Träume und Lebensaufgaben.*

- Sie haben *Charisma* und sind *starke Führungspersönlichkeiten.* Oft leiten Sie große Teams und Unternehmen. In ihrer Begeisterungsfähigkeit können Sie auch andere Menschen entflammen.

- Sie wirken ausgesprochen *zufrieden und glücklich,* haben viel Humor (vor allem über sich selbst) und sind sehr aufgeschlossen und großzügig, wenn es darum geht, anderen zu helfen. Sie verstehen sich als Wohltäter und spenden regelmäßig Geld.

- Millionäre sind *sparsam, ohne geizig zu sein.* Sie genehmigen sich ein fixes Einkommen. Sie führen über Ausgaben und Kosten Buch und leben nach einem Budget. Die Familie wird wie ein Unternehmen geführt (oft von der Ehepartnerin) – das Unternehmen wie eine Familie.

- Das äußere Auftreten ist *bescheiden:* Mittelklassewagen von zwei Monatseinkommen, das Haus hat nicht mehr als zwei Jahreseinkommen gekostet. Die Kleidung sieht eher nach Bequemlichkeit und Handeln aus als nach Repräsentation.

- Millionäre sind *Familienmenschen* mit Kindern und Enkeln, liebevolle Partner, die den Reichtum im Einklang mit dem Lebenspartner aufbauen (in Übereinstimmung der Ziele, es gibt so etwas wie eine *Familienvision* für alle).

- Es sind *ganz normale Menschen,* die durch Entschlusskraft und Beharrlichkeit ihr Lebensziel erreicht haben – beziehungsweise auf dem Weg dorthin sind. Sie protzen nicht mit dem Vermögen, das sie verdienen, sondern *sind stolz darauf, was sie vermögen und in Bewegung setzen.*

Sympathisch? Lesen Sie ruhig einmal Biografien von Millionären oder über sie, um sich hier ein realistisches und für Ihre eigene Entfaltung förderliches Bild zu schaffen.

Falle: Womit verdiene ich das meiste Geld?

Unser Thema ist jetzt also *der aktive Aufbau von Reichtum:* Nachdem das Energie-System umgepolt und die Wende vollzogen ist, heißt es jetzt, »Gas zu geben« und mehr Energie zu erzeugen.

Die wichtigste Falle auf diesem Weg lautet: Sie suchen nach einer Tätigkeit, mit der Sie glauben, das meiste Geld verdienen zu können. *Es gibt viele Irrlichter* rechts und links von Ihrem Weg, die diesen Sirenengesang anstimmen: »Sofort 12 000 Euro und mehr im Schlaf zu verdienen!« Immun gegen solche Verlockungen sind wir dann, wenn wir unsere eigene Vision entdeckt haben und ihr unbeirrt folgen.

Eine Geschichte macht diesen Irrweg (in den Sumpf) und den wahren Ort der Schatzsuche auf dramatische Weise deutlich:

Der Araber Ali Hafed hegte den Wunschtraum, Diamanten zu finden und damit reich zu werden. Er las viele Bücher, und ihm waren die berühmten Orte der Welt bekannt, an denen Diamanten gefunden wurden. Er beschloss, Hof und Grund zu verkaufen, um mit diesem Geld die Reise zu den berühmten Diamantenfeldern der Welt zu finanzieren. Auf den verschiedenen Stationen seiner Reise hatte er gerade so viel Erfolg, dass er es sich leisten konnte, weiterzureisen. Nirgendwo fand er den Ort, das »große Geld« zu machen. Er war viele Jahre unterwegs, und ihm wurde immer bewusster, dass sein Wunsch wohl nicht mehr in Erfüllung gehen würde.

Seine Gebete, Allah möge ihm gnädig sein, schlugen in Hass um. Er verfluchte seinen Schöpfer und fühlte sich allein gelassen. Auf dem Weg zurück in seine Heimat wurde er wenige Kilometer vor seinem einstigen Haus gefunden – Selbstmord!

Es ist nicht überliefert, ob ihn die Nachricht vorher noch erreicht hatte, dass der Käufer seines Hofes auf seinem ehemaligen Grund und Boden die heute weltbekannte Diamantenmine von Golconda entdeckt hatte!

Jeder trägt seinen Schatz in seinem Inneren: Jagen Sie also nicht den äußeren Irrlichtern hinterher, um am Ende SELBST-Mord zu begehen (Ihr wahres Selbst zu opfern), sondern suchen Sie Ihre Schätze in sich. *Entfalten Sie Ihre Werte, WERDEN Sie der König und die Königin, die Sie SIND. Leben Sie Ihr SELBST aus!*

Das Leben erfüllt sich dann mit Freude, Zufriedenheit, Leidenschaft und Begeisterung.

Wir beginnen, als Original zu leben und nicht mehr als Fälschung und Kopie anderer. Unsere überfließende, schöpferische Kraft sucht Dinge in Bewegung zu setzen, sich in das Konzert der Evolution klangvoll einzustimmen, Reichtum zu erschaffen und zu mehren.

Das Geldgeheimnis lautet in seiner ganzen Tiefe: Was uns mit großem Spaß, großer Freude und großer Begeisterung erfüllt, das ist, was wir *am besten* können, worin wir Meister, ein einmaliges und unverwechselbares Original werden können. Es ist das, was uns auch für andere Menschen *am wertvollsten* macht (Fälschungen und Kopien sind wertlos) und womit wir Ihnen Reichtum bescheren können. *Der Weg des Reichtums ist der Weg der Freude, der Begeisterung und Leidenschaft.*

Lebenser-folg heißt, als Original dem eigenen Weg, der eigenen Vision zu folg-en.

Die inneren Werte bergen

Lassen Sie uns also *die innere Quelle öffnen* und zum Sprudeln bringen. Graben wir *die inneren Werte und Schätze* aus! Dazu erstellen Sie zunächst *drei Listen:*

1. Eine Liste, was Ihnen am meisten *Freude* bereitet.
2. Eine Liste, was Sie besonders gut können *(Talente)*.
3. Eine Liste, was Ihre herausragenden *Werte* sind.

Meisterübung 11

Bitte erstellen Sie zunächst die erste Liste! Geben Sie dem Blatt den Titel: *Das macht mir im Leben die meiste FREUDE!* Diese Liste enthält eine Fülle von Tätigkeitswörtern (Verben) wie lesen, schreiben, malen, singen, wandern, laufen, schwimmen, lachen, zuhören, den Garten pflegen, neue Menschen kennen lernen, . . .

Füllen Sie das Blatt, und schöpfen Sie aus der Fülle! Filtern Sie aus Ihrer überschäumenden Freude nun *fünf Tätigkeiten,* die Ihnen berauschend viel Freude bereiten. Lassen Sie sich dabei Zeit, gruppieren Sie Ihre Rangfolge neu, bis es wirklich für Sie stimmt, es stimmig ist. Fragen Sie sich dabei nicht nach der »Verwertbarkeit« dieser Freuden. Es geht um Ihre SELBST-Achtung, Ihrer Freude bewusste Beachtung zu schenken.

JETZT meisterhaft handeln!

Meisterübung 12

Verfahren Sie bitte ebenso mit der zweiten Liste! Das Blatt trägt den Titel: *Das kann ich am besten!*

Beschreiben Sie Ihre Fähigkeiten bitte so konkret wie möglich. »Schreiben« konkretisieren Sie vielleicht in »Liebesbriefe schreiben«, oder »Kochen« konkretisieren Sie in »Indisch kochen«. Fähigkeiten zeigen sich in einem gewissen *Spezialistentum*. Gefragt sind bei weitem nicht nur berufliche Fähigkeiten, sondern auch Fähigkeiten, die Sie in Ihrer Freizeitgestaltung zum Ausdruck bringen.

Fragen, die Ihnen hier weiterhelfen können: *Wofür bewundern mich andere Menschen? Wofür bekomme ich besondere Beachtung geschenkt? Wo werde ich um Rat, Hilfe, Unterstützung gebeten?*

Schöpfen Sie auch hier wieder aus der Fülle. Machen Sie Ihren persönlichen Talente-Wettbewerb.

Stellen Sie dann Ihre fünf wertvollsten Fähigkeiten und Talente zusammen, und geben Sie ihnen wieder eine Rangfolge.

JETZT meisterhaft handeln!

Meisterübung 13

Die dritte Liste ist die *Liste Ihrer Werte*. Das Blatt lässt Ihre Schätze sichtbar werden unter dem Titel: *Das sind meine WERTE!*

Wir wollen einige *Werte als Anregung* geben, ohne den geringsten Anspruch auf Vollständigkeit zu erheben: Freiheit, Liebe, Aufregung, Ekstase, Sicherheit, Gesundheit, Leidenschaft, Ehrlichkeit, Integrität, Dinge bewegen, Intelligenz, der/die Beste sein, Spaß, Abenteuer, Glück, Mut, Lernen,

Lehren, Persönlichkeitsentwicklung, Kreativität, Einfallsreichtum, Macht, Familienbindung, Respekt, Unterstützung, Herausforderung, Schönheit, Humor, Unabhängigkeit, Selbstständigkeit, Vertrauen, Erfüllung, Selbstdarstellung, Kommunikation, Gefühlsbindung, Anerkennung, Ruhm, Erfolg, Bildung, ...

Was ist die Schatzkammer *Ihrer* Werte? Was sind die fünf wichtigsten?

JETZT meisterhaft handeln!

Meisterübung 14

Erstellen Sie im Anschluss daran eine kleine Tabelle nach diesem Muster (hier mit beispielhaftem Inhalt):

Werte	Freude	Talente
Liebe	schreiben	lebendig schreiben
persönliche Entwicklung	Seminare geben	verständlich erklären
Selbstständigkeit	beraten	neue Ideen haben
Erfolg und Erfüllung	Konzepte entwickeln	Menschen begeistern
Heilen	computern	Gruppen führen

JETZT meisterhaft handeln!

Überschlafen Sie Ihre Listen und die zusammenfassende Tabelle ein oder zwei Nächte! Nehmen Sie Korrekturen vor, auch wenn sie noch so minimal zu sein scheinen. *Die Tabelle sollte am Ende wirklich stimmig sein.*

Vernetzen Sie nun diese 15 Begriffe miteinander! Verbinden Sie jeden einzelnen Wert mit so vielen Freuden, wie sie damit verbinden können, verbinden Sie dann jede Freude mit passenden Talenten.

Meisterübung 15

Bringen Sie nun Ihre Schätze in ein *Lebensmotto,* in dem *jeder Wert* seine Berücksichtigung findet. Beginnen Sie Ihr Motto mit:

> ### *Ich bin mir bewusst,*
> ### *dass der Sinn meines Lebens ist, . . .*

Ein solches Lebensmotto könnte lauten: »ICH BIN mir bewusst, dass es der SINN meines Lebens IST, mich voll und ganz anzunehmen und zu lieben und mich in der SELBST-Identifikation zu entfalten. ICH BIN ein Botschafter der Liebe, der andere Menschen erfolgreich dabei unterstützt, den erfüllenden Weg zu sich SELBST zu finden. Das ist ein überaus wertvoller und heilsamer Dienst, der es mir in meiner Selbstständigkeit erlaubt, dankbar Reichtum in allen Bereichen anzunehmen.«

JETZT meisterhaft handeln!

Von den Gaben zur Auf-gabe und Hin-gabe

Das Lebensmotto bündelt die GABEN zu einem Lichtpunkt, macht aus den verschiedenen rohen Diamanten ein geschliffenes Schmuckstück. *Lassen Sie Ihr Lebensmotto (im wahrsten Sinne des Wortes) nicht mehr aus den Augen.* Lesen Sie es tagtäglich, selbst wenn Sie es schon auswendig kennen.

Von den GABEN entwickeln wir jetzt die Auf-Gaben. Diese bauen auf den Gaben auf. Ihre Talente (Gaben = Geschenke) stellen Sie vor die Aufgabe, sie wachsen und gedeihen zu lassen! Ihre Gaben sind Ihr Lebensquell. Mit der SELBST definierten Lebensaufgabe (keiner stellt uns eine Lebensaufgabe, wir stellen sie uns ganz bewusst nur SELBST) *bahnt sich mit Macht Ihr Lebensstrom den Weg aus der inneren Quelle nach außen in die Welt.*

Bei *der Formulierung Ihrer Lebensaufgabe* lassen Sie sich jetzt vor allem von Ihren *Freuden* leiten. Dabei sollten alle Ihre Freuden eine Berücksichtigung finden. Denn der Weg Ihrer erfüllten Lebensaufgabe ist der Weg der Freude.

Meisterübung 16

Beginnen Sie die Formulierung Ihrer Lebensaufgabe bitte mit dem Satz:

Meine Lebensaufgabe –
meine Mission, meine Kraft und
meine Chance – ist . . .

Eine solche Lebensaufgabe könnte lauten: »Meine Lebensaufgabe – meine Mission, meine Kraft und meine Chance – IST, Katalysator für andere Menschen zu SEIN, um durch Bücher, Seminare, Beratung und SO-SEIN Erfolgswissen und heilsames Bewusstsein zu vermitteln, in allen Lebensbereichen an sich SELBST zu erinnern und schöpferisch als SELBST im Leben zu wirken.«

JETZT meisterhaft handeln!

Fühlen Sie *bei der Formulierung Ihrer Lebensaufgabe* die Quelle Ihrer Kraft in Begeisterung fließen? Das Aufschreiben Ihrer Lebensaufgabe ist sozusagen Ihre »*Geburtsurkunde*«.

Lassen Sie sich von nun an von diesem Lebensstrom leiten. Widmen Sie sich hingebungsvoll Ihrer Lebensaufgabe. Hingeben heißt, ganz in ihr aufzugehen. Diese Aufgabe als Person zu SEIN, sie zu verkörpern. Hingeben ist tatsächlich immer auch ein »Aufgeben« (ähnlich wie loslassen). *Was müssen Sie aufgeben, um sich ihrer Lebensaufgabe hingeben zu können?* Ihre »Arbeit«, Ihren Beruf? Ihre Bequemlichkeit? Ihr Warten auf bessere Zeiten? Ihre Erwartungen? Ihre Unentschlossenheit? Menschen, mit denen Sie zusammenleben? *Wie nah oder wie entfernt sind Sie Ihrer Lebensaufgabe oder Ihrer Berufung?* Ist es ein kleiner Schritt, sich ihr hinzugeben – oder müssen Sie vieles aufgeben, um Ihr wahres Leben zu beginnen?

Eine mutige Ent-Scheidung am Scheideweg

Viele Menschen scheuen sich, ihre Lebensaufgabe bewusst zu formulieren, weil sie instinktiv wissen, *dass dies einen großen Einschnitt im Leben bedeutet und dass sie meistens ihr vergangenes Leben aufgeben müssen.*

Wie geht es Ihnen? Sind Sie selbstständig und bereits auf dem Weg, sich Ihrer Lebensaufgabe hinzugeben? Dann starten Sie den Turbo! Sind Sie in einer Firma angestellt, die Ihnen ermöglicht, Ihre eigene Lebensvision und die Vision der Firma in Einklang zu bringen? Dann starten Sie jetzt Ihre Karriere durch! Ungeachtet Ihrer Position, bringen Sie die Firma voran, als seien Sie der Chef, als würde Ihnen die Firma selbst gehören! Sehen Sie keine Entwicklungsmöglichkeit in Ihrer gegenwärtigen Tätigkeit (auch zum Beispiel als Hausfrau)? Dann bereiten Sie Ihre berufliche Selbstständigkeit und finanzielle Freiheit vor!

Welche Bedeutung haben bei Ihnen *die Werte »Sicherheit« und »Selbstständigkeit«?* Gehört einer der Werte zu Ihren TOP FIVE? Tendieren Sie zu mehr Sicherheit oder mehr Selbstständigkeit? Je bedeutsamer Ihnen der Wert Selbstständigkeit ist, desto mehr Chancen haben Sie, *Ihr Einkommen auch selbst zu bestimmen und damit aktiv Ihren Reichtum zu bilden.* Denken Sie daran: Die meisten Millionäre sind Selbstständige!

Selbstständigkeit birgt Risiken. Das ist schon sprichwörtlich. Doch gerade der Mut zum Risiko lässt Reichtum wachsen. Mut ist das Lebenselixier des Reichtums. Ar-mut dagegen ist bar des Mutes. Doch ein Leben in Armut ist *noch viel risikoreicher,* denn es ist meistens ein ungelebtes Leben in Unzufriedenheit, ständigen Sorgen, Krankheit und Abhängigkeit. *Wem kann Armut ein solches Risiko wert sein?*

Entscheiden Sie sich jetzt unwiderruflich, Ihren Weg kompromisslos und unbeirrbar zu gehen, über sich hinauszuwachsen, Ihre Chancen zu nutzen und Ihren persönlichen Beitrag zur Entwicklung der Gesellschaft, zur Evolution zu leisten.

Ich entscheide mich unwiderruflich, meinen eigenen Weg zu gehen, mich meiner Lebensaufgabe kompromisslos hinzugeben, einen bedeutenden Beitrag für andere Menschen, die Menschheit zu leisten. Dadurch führe ich SELBST ein sinnvolles und wertvolles Leben mit unerschöpflicher Kraft, Begeisterung und Lebensfreude.

Datum und Unterschrift

Geld gewinnen

In der französischen Sprache verdient man kein Geld, sondern *gewinnt* es (»gagner d´argent«). Das ist für uns ein schönes Bild, unsere Gaben und Auf-gaben jetzt in *aktive Bildung von Reichtum* »umzumünzen«.

Die Frage ist: Wie werden wir *für andere Menschen* »*Gewinn bringend*«?

Meisterübung 17

Nehmen Sie ein neues Blatt mit dem Titel »*Möglichkeiten, um mit meinen Talenten und Fähigkeiten anderen ein Gewinn zu sein*«.

Ausgehend von dem Lebensmotto, der Lebensaufgabe und den fünf wichtigsten Talenten und Fähigkeiten, formulieren Sie jetzt bitte, *wie Sie für andere Menschen oder Firmen Gewinn bringend sein können*. Wie können Sie *für andere wertvoll* sein? Das können einige wenige Menschen (Kunden) sein, für die Sie als Experte (zum Beispiel Berater) sehr wertvoll sind, oder das können sehr viele Menschen (Kunden) sein, für die Sie etwas Wertvolles herstellen (eine Sendung im Fernsehen oder ein Buch).

Suchen Sie nicht nach einem Beruf, der zu Ihnen passt, sondern *nach der nützlichen, wertvollen, Gewinn bringenden Tätigkeit* für andere Menschen. Was für ein Etikett Sie dieser Tätigkeit dann geben, ist zweitrangig. Meistens müssen Sie gar nicht so weit suchen. Oft finden Menschen ihre Gewinn bringende Tätigkeit in der *Professionalisierung ihres Hobbys*. Die Frage könnte also lauten: *Wer hat einen Gewinn davon, dass ich mein Hobby zur Berufung mache?* Vielleicht machen Sie sich auch eine Spalte auf das Blatt. Auf

---

der linken Seite steht: »Was kann ich für andere tun?«, auf der rechten Seite: »Wer kann das brauchen?«.

Lassen Sie auch jetzt wieder Ihre Ideen kreativ sprudeln. Das Blatt können Sie auch in den nächsten Tagen noch weiter aus-füllen, um wieder aus der Fülle schöpfen zu können. Verbirgt sich hinter Ihren Ideen schon *eine »geniale Geschäftsidee«, eine »Millionenidee«*, die für andere überaus wertvoll ist?

JETZT meisterhaft handeln!

Als Gewinner starten

Beim Start zum aktiven Aufbau von Reichtum stehen Gewinner und Verlierer schon fest. Es ist die Frage, als was man an den Start geht: als Verlierer oder als Gewinner? Im Rennen ist das Rennen schon gelaufen.

Verlierer leben nicht ihre eigenen Träume, sondern helfen anderen, deren Träume zu verwirklichen. Verlierer arbeiten gar »im Schweiße ihres Angesichts«, um am Ende mit einer unwürdigen Rente eher dahinzuvegetieren, anstatt zu tun, was ihnen Freude bereitet, sich dafür königlich bezahlen zu lassen und als mehrfacher Millionär in den »Ruhestand« zu gehen.

Verlierer haben ihren Weg, ihr Selbstbewusstsein, ihren Mut, ihre Träume, ihre Lebenskraft, ihre Hoffnung verloren. Sie sind im Leben irgendwie vom Weg abgekommen und stehen verloren und spurlos in der Weltgeschichte herum. Sie sind mehr ein Phantom als ein Lebewesen.

Gewinner haben ihr SELBST gewonnen, leben im Einklang mit sich SELBST, sind selbstbewusst und leben in hoher Selbstachtung. Gewinner sind Gewinn bringend, ein Gewinn für alle. Sie sind erst dann zufrieden, wenn eine Lösung gefunden ist, die alle zum Gewinner macht. Alles andere wird nicht als Lösung akzeptiert! Gewinner wollen von Gewinnern umgeben sein, nicht aber von Verlierern. Deswegen machen Sie niemanden zum Verlierer, sondern alle zum Gewinner.

Als Gewinner gewinnen wir immer. Wir gewinnen Freiheit. Wir gewinnen Unabhängigkeit. Wir gewinnen Vertrauen. Wir gewinnen Freunde und Helfer. Wir gewinnen Einsicht. Wir gewinnen Übersicht und Zuversicht. Wir gewinnen Spiele. Wir gewinnen Geld. Wir gewinnen Macht und Reichtum. Wir gewinnen Meisterschaft.

Mit welchem Bewusstsein gehen wir an den Start? Gehen wir an den Start mit der Identifikation einer uns von anderen zugewiesenen Rolle (es ist immer eine Verliererrolle!)? Oder geben wir an den Start in der Identifikation mit uns SELBST (in SELBST-Identifikation)?

Wie dem auch sei: *Wir haben die Wahl.* Solange wir jedoch noch die Wahl haben, stehen wir *vor* dem Scheideweg. Menschen, die sich einmal *für ihren eigenen, originellen Weg entschieden haben,* haben keine Wahl und auch keine Qual mehr.

*Auch wenn im Rennen schon alles gelaufen ist: Das Rennen bleibt immer noch **unser** Rennen, und wir können uns immer wieder zu einem neuen Start aufrufen.* Doch am Start selbst stehen Gewinner und Verlierer fest. Der eine läuft vorwärts, der andere rückwärts.

Von Natur aus eine Gewinnerin

Machen wir uns bewusst: *Gewinner (Gewinnerin) sein ist eigentlich unser natürlicher Zustand.* Was uns davon abgebracht und weggezogen hat, ist die »Erziehung«: Sie hat uns zu Verlierern *ver*-zogen. Und umgekehrt gilt: *Wir müssen den Ge-*

winner in uns wieder wecken, ihm das Zepter wieder in die Hand geben!

Machen Sie sich noch einmal bewusst, wie Ihr Leben begann, versetzen Sie sich einmal in den Augenblick, als Sie noch nicht gezeugt waren! Im Augenblick Ihrer Zeugung gingen 300 Millionen Samenzellen an den Start. Jede wollte die Erste sein. Nur eine konnte das Ei befruchten. 299 999 999 haben verloren. SIE HABEN GEWONNEN, sonst wären Sie nicht da, wo Sie sind.

Sie sind von Natur aus Gewinner! Sie haben schon als Gewinner begonnen. Sie werden nie wieder im Leben gegen eine solche Übermacht an Konkurrenz antreten. Und trotzdem haben Sie gegen 300 Millionen andere gewonnen. Sie sind von Natur aus ein Gewinner! Und das sollten Sie sich bewusst machen und sich dessen bewusst bleiben.

Und machen Sie sich auch das bewusst: Sie können in diesem Leben nur gewinnen, Sie gewinnen ständig, ganz gleich, um was es geht.

Zuerst gewinnen Sie immer einen Eindruck von einer (neuen) Situation. Das ist *Ihr erster Gewinn.* Ganz gleich, um was es geht, Sie gewinnen einen Eindruck.

In einem zweiten Schritt *gewinnen Sie die Erkenntnis Ihrer Macht,* etwas zu unternehmen und ändern zu können. Und schon haben Sie wieder gewonnen!

Wenn es falsch war, was Sie dann getan haben, *gewinnen Sie gleich dreimal:* erstens die Einsicht, dass beim ersten Versuch etwas verkehrt gelaufen ist, zweitens die Erkenntnis, wie es anders zu machen ist, und drittens die Chance, es beim nächsten Mal besser zu machen.

War es gleich richtig, was Sie getan haben, dann *gewinnen Sie den gewünschten Endzustand.* Dann sind Sie am Ziel.

Dann haben Sie das erreicht, was Sie wollten. *Schon haben Sie wieder gewonnen!*

Und letztlich *gewinnen Sie so Freude und Dankbarkeit.* Und wenn Sie sich an das Gewinnen gewöhnen, kommen Sie in die Leichtigkeit des Seins.

Um in diesen leichten, glückseligen Zustand des ständigen Gewinnens zu kommen, müssen Sie sich *angewöhnen, zuerst in der Fantasie zu gewinnen.* Machen Sie das bitte nie mehr anders. Gewöhnen Sie sich an, bei allem was Ihnen wichtig ist, in der Fantasie zu gewinnen, in Ihrer VOR-Stellung: *Stellen Sie sich in jedem einzelnen Fall vor zu gewinnen.* Damit schaffen Sie nämlich die FORM für die Realität, es ist wie die Gussform, die das Leben dann mit Realitäten ausfüllt. Der erste Schritt dazu ist: *Ich gewöhne mir an, in der Fantasie zu gewinnen – und ich gewinne in jedem einzelnen Fall!*

Um dieses natürliche Gewinnerprogramm in Ihnen zu reaktivieren, wiederholen Sie bitte diese Meditation so häufig Sie es wünschen:

Ich bin von meinem wahren Wesen her ein Gewinner. Schon beim Start, bei meiner Zeugung habe ich mich gegen 300 Millionen Konkurrenten durchgesetzt. Also bin ich ganz offensichtlich etwas ganz Besonderes. Ich bin einmalig! Und ich mache mir diese Einmaligkeit bewusst und stehe zu meiner Einmaligkeit. Ich bin von Natur aus ein Gewinner.

Und jetzt richte ich meine Aufmerksamkeit einmal auf eine Situation in meinem Leben, in meiner nahen Zukunft, wo ich wieder einmal gewinnen werde. Und gewinne einmal in meiner Fantasie. Ich stelle mir vor, wie ich durch die Situation hindurch gehe und wie die Situation sich so entwickelt, wie ich es gerne hätte.

Ich gewinne in meiner Fantasie. Und spüre einmal bewusst, wie sich das anfühlt, sorge dafür, dass es sich für mich ganz natürlich anfühlt zu gewinnen. Dass ich es mir wert bin. Und ich beende das Gewinnen mit einem starken Gefühl der Freude und Dankbarkeit. Ich habe wieder einmal gewonnen. Ich bin ein Gewinner! Und ich entscheide mich dafür, ab jetzt in jedem einzelnen Fall zu gewinnen.

Und wenn ich will, nehme ich noch eine andere Situation in mein Bewusstsein und gewinne auch da. Und spüre, wie gut es sich anfühlt zu gewinnen. Wie natürlich es sich anfühlt, in jedem Fall zu gewinnen. Und ich weiß, das ist der erste Schritt meines Erfolges, der heute beginnt. Von nun an gewinne ich immer zuerst in der Fantasie und gebe dem Leben damit eine klare Form, wie die Realität in Erscheinung treten soll, und erlebe, wie es geschieht. Und in diesem Bewusstsein gehe ich von nun an durch mein Leben. In diesem Bewusstsein erfülle ich meine Aufgabe. Und worauf ich mein Bewusstsein richte, daraus mache ich einen Erfolg. Ich bin ein Gewinner. Und ich gewinne in jedem einzelnen Fall. Und ich gewinne so viel, wie ich es mir wert bin.

Verfahren Sie mit dieser Meditation bitte so, wie es schon in Meisterübung 3 (Seite 91) beschrieben ist. Die von Kurt Tepperwein besprochene Meditation finden Sie auf der Kassette »Das Geldgeheimnis«, Kassette A, erste Seite (siehe Seite 317).

Eine gewinnende Persönlichkeit SEIN

Je mehr Sie für andere Menschen als unverwechselbares, einmaliges Original ein wertvoller Gewinn sind, desto mehr Geld wird für Sie und den Aufbau Ihres persönlichen Reichtums zurückfließen.

Eine Gewinn bringende Persönlichkeit ist eine sympathische Persönlichkeit, die beliebt ist, die man mag, deren Nähe und Rat man sucht, die man auch als Vorbild bewundern kann.

Ein griesgrämiger, unsympathischer Mensch dagegen, der andere Menschen nicht mag, sich in sich zurückzieht und Menschen meidet, wird kaum einen großen Lebenserfolg erreichen können. Denn wer sich isoliert, aus dem Fluss gesellschaftlicher Entwicklung ausschert, der schafft sich ein Energie abbauendes System und kann keinen Reichtum für andere und sich erzeugen.

Der Schlüssel für eine Gewinn bringende Persönlichkeit ist es, ganz einfach sympathisch zu sein. Seien Sie die Persönlichkeit, der man mit Freuden hilft, noch erfolgreicher zu werden, mit der man gern zusammen ist, *in deren Energie man sich wohl fühlt.* Kennen Sie solche Menschen, in deren Nähe Sie sich wohl fühlen, die Sie beruhigen, inspirieren oder zum Lachen bringen? Menschen, die alleine durch ihr Dasein, SO-SEIN, ein Geschenk, ein Gewinn sind?

Meisterübung 18

Werden Sie selbst eine solche Persönlichkeit. Es ist ganz leicht!

Gehen Sie jetzt einmal in diese Energie, in diese Ausstrahlung, dass Sie einfach für jeden anderen ein Geschenk sind. Werden Sie einmal so richtig INTENSIV sympathisch.

JETZT meisterhaft handeln!

Sie können daran erkennen: Es liegt in Ihrer Hand! *Sie sind ein Energiefeld.* Und Sie bestimmen, in welcher Schwingung dieses

Energiefeld ist. Sie bestimmen die Frequenz. Und diese Schwingung teilt sich jedem anderen mit.

Wenn Sie jemandem begegnen – noch bevor Sie »Guten Morgen!« gesagt haben, hat der andere Mensch schon Ihre Energiefrequenz empfangen – *und mag Sie oder lehnt Sie ab,* weil Sie ihm sympathisch sind oder nicht. Sie hatten noch gar keine Chance, irgendetwas zu tun, und es ist schon fast alles geschehen.

Deswegen ist es so wichtig, dass Sie sich bewusst sind: *Ihre Ausstrahlung ist eine Ursache, die den anderen gegen Sie einstellt oder für Sie.* Das heißt, ob Sie wollen oder nicht, Sie haben noch keinen Ton gesagt, da haben Sie schon den entscheidenden Eindruck beim anderen hinterlassen – mit Ihrer Ausstrahlung. Und deswegen ist es *so wichtig,* dass Sie sich das bewusst machen und mehr noch: dass Sie Ihre Ausstrahlung auf andere Menschen ganz bewusst steuern können.

Das Geheimnis, wie wir sofort sympathisch sind, lautet: *Indem wir andere ganz ehrlich sympathisch finden!* Es braucht noch zwei weitere Schritte: Entdecken Sie am anderen *irgendetwas Bemerkenswertes, Lobenswertes.* Das finden Sie bei jedem Menschen. Und es genügt nicht, einen anderen zu mögen. *Man muss es ihm auch sagen!*

Wir sind bei ganz entscheidenden Schritten für die aktive Bildung von Reichtum! *Gegenseitige Sympathie ist eine entscheidende Voraussetzung für den gegenseitig bereichernden Energieaustausch zwischen Menschen.* Und so werden Sie ganz natürlich sympathisch: *indem Sie Ihr Bewusstsein auf die positiven Seiten des anderen richten, ihn mögen und es ihm sagen.* Fangen Sie heute an! Fangen Sie an, Ihren »Sympathisantenkreis« ständig zu erweitern, und hören Sie nie wieder auf, *Freundinnen und Freunde fürs Leben zu gewinnen.*

Reichtum aktiv bilden

Schließen wir auch dieses Kapitel mit einer »Bilanz«: Aktiv Reichtum bilden heißt also, in das Drainagesystem der Vermögensbildung *mehr Geld hineinfließen zu lassen* als bisher, das Einkommen zu erhöhen.

»Mehr arbeiten!« mit einer Arbeit, die einem keinen wirklichen Spaß macht, ist dabei sicher auf Dauer der falsche Weg. Wir werden auf diesem Weg kaum das Dreifache (zum Beispiel) von dem verdienen können, was wir bisher verdient haben. Arbeit ist vom Namen her schon etwas, das keinen Spaß macht. Wie soll man dabei etwas Wertvolles leisten können?

Der langfristig einzig sinnvolle und erfüllende Weg des aktiven Vermögensaufbaus ist, *sich in seiner »Arbeit« SELBST zu verwirklichen*. Das nennen wir statt »Arbeit« besser *»eine schöpferische Tätigkeit ausfüllen«*. Dabei kann man mit Spaß und Freude das Beste aus sich herausholen, für andere Wertvolles schaffen, an der Entfaltung des gesellschaftlichen Reichtums Anteil nehmen und den privaten Reichtum aktiv aufbauen.

Dieser Weg der SELBST-Verwirklichung ist für die meisten Menschen der Weg in die »SELBST-Ständigkeit«. Dies muss nicht unbedingt eine berufliche eigene Existenz sein. Man kann auch als Angestellter in einer Firma, die die Zeichen der Zeit erkannt hat, »selbstständig« sein. Es ist nicht die Frage der Form des Arbeitsvertrages, sondern der faktischen Möglichkeit, sich selbst zu verwirklichen. *»Der meisterhafte Umgang mit Geld«* ist für den Weg in die berufliche Selbstständigkeit immer das *»Propädeutikum«, die Vorschule.*

Wer noch nicht gelernt hat, ein Energie aufbauendes System zu schaffen, für den kann der Schritt in die Selbstständigkeit eine überaus schmerzhafte *Beschleunigung der Abwärtsspirale* bedeuten: Die meisten Existenzgründungen scheitern hoch verschuldet.

Durch den meisterhaften Umgang mit Geld mit seinen inneren Werten in Berührung zu kommen, sie in Erscheinung treten zu lassen und sich so selbst zu verwirklichen ist *der gesunde und heilsame Weg in die Existenzgründung und die berufliche Selbstständigkeit. Das Energie aufbauende System erfährt durch die achtsam und bedachtsam vorbereitete berufliche Selbstverwirklichung einen enormen Auftrieb.*

Geld intelligent anlegen,
ein Vermögen aufbauen

Thema dieses Kapitels ist *der langfristige Vermögensaufbau über die Bildung von passivem Reichtum.*

»Passiver Reichtum« bedeutet, dass wir unser Geld für uns »arbeiten lassen«. Dies ist eine überaus wichtige Lektion für den meisterhaften Umgang mit Geld. Es ist *neben der aktiven Bildung von Reichtum das zweite Standbein,* auf dem Fülle und Wohlstand stehen. Auch hier geht es wieder um *Macht-Wissen: Wissen, wie man es macht.* Dieses Macht-Wissen bedeutet vor allem, das Kapital-System optimal für uns zu nutzen, wie es die Reichen der letzten 200 Jahre als ihr »Geheimwissen« für sich genutzt haben. *Passiver Vermögensaufbau ist die hohe Schule, das Geldgeheimnis praktisch zu nutzen.*

Bei der Bildung von passivem Reichtum kann ein guter Anlageberater nützlich sein. Viel wichtiger ist es jedoch, dass *wir selbst das System verstehen, dass wir über eine klare Finanzplanung und -strategie verfügen.* Auf der Basis von Finanzkompetenz kann ein Anlageberater von uns einen präzisen Auftrag bekommen.

Das ist das Ziel dieses Kapitels: Grundwissen zu vermitteln, um einen langfristigen Finanzplan und eine sinnvolle Finanzstrategie erstellen zu können.

Das Vermögens-Ziel heißt: Wir bauen ein solches Vermögen auf, um fürstlich von der Rendite leben zu können (je früher, desto eher sind wir im »Arbeitsruhestand«).

Finanzielle Unabhängigkeit und Freiheit zu erreichen heißt auch, sich von der staatlichen Altersversorgung unabhängig zu machen. Diese mag vielleicht ein »Taschengeld« für die Zeit nach der aktiven Einkommensbildung sein. Doch wir sollten in erster Linie von dem Vermögen leben können, dass wir selbst aktiv und passiv aufgebaut haben.

Das gilt insbesondere *für beruflich Selbstständige* (und solche, die es werden wollen), welche die Altersvorsorge häufig auf Kosten aktueller Geschäftsinvestitionen kaum korrigierbar vernachlässigen.

Nachdem der Tresor für den finanziellen Schutz mit sechs Monatseinkommen gefüllt ist, gilt es nun, das zu sparende Geld intelligent anzulegen (sich schon darauf vorzubereiten, um nach dem Auffüllen des Tresors sofort die richtigen Entscheidungen treffen zu können).

Millionen verqualmt

Wer hat Rechnen und Mathe in der Schule gemocht und damit wirklich im Leben etwas anfangen können? Wenn dieses Fach in unseren Schulen doch wenigstens *lebensnah gelehrt und interessant gestaltet* würde! Warum könnte nicht ein Thema des Matheunterrichts bei der Zinsrechnung sein: »Wie werde ich Millionär?«

Wie viel Spaß würde es Jugendlichen machen, sich über Zins und Zinseszinsen reich zu rechnen? Wenigstens schon einmal auf Papier! Wenn man sich nicht auf Papier reich rechnen kann, wie soll man dann im Leben reich werden können? Das Errechnen von Reichtum auf Papier nimmt das Leben gerne als Auftrag entgegen.

Lassen Sie Jugendliche zum Beispiel einmal ausrechnen, wie teuer sie das Rauchen kommt!

Was würde passieren, wenn ein Jugendlicher ab 18 Jahren die 2,5 Euro für eine Schachtel Zigaretten täglich sparen statt verqualmen würde? Er hätte mit 65 Jahren insgesamt 47 Jahre geraucht, und damit etwa 17 155 Schachteln Zigaretten (47 Jahre mal 365 Tage, wir vernachlässigen dabei die Schaltjahre). Das hätte ihn (bei gleich bleibendem Preis von 2,5 Euro pro Schachtel, wir vernachlässigen dabei die Inflation) für diese 47 Jahre schlappe 42 888 Euro gekostet.

Hätte er die 2,5 Euro jedoch nicht nur in ein Sparschwein gesteckt, sondern (mit 13 Prozent) angelegt, *hätte er mit 65 ein Vermögen von 2,5 Millionen Euro erspart!* (Frage: Warum können wir in diesem Rechenbeispiel die Inflationsrate vernachlässigen? – Sie hebt sich auf, bitte nachdenken!) Die Zinsen von acht Prozent im Jahr für die 2,5 Millionen Euro machen 200 000 Euro pro Jahr und *16 667 Euro pro Monat* aus. Das wäre wahrlich schon eine königliche private Rente!

Jetzt drehen wir den Spieß einfach um. Unser Raucher verqualmt, wie wir jetzt wissen, ja nicht nur 42 888 Euro, sondern tatsächlich das Vermögen, das er sich stattdessen hätte ersparen können. Wie viel kostet ihn dann faktisch eine Schachtel Zigaretten?

2,5 Millionen Euro dividiert durch 17 155 Schachteln Zigaretten machen *145 Euro* aus! *Jede Schachtel Zigaretten kostet den Raucher (bei unseren Annahmen) knapp 150 Euro Vermögen, also das 60-fache des tatsächlichen Preises.* Diese Rechnung lässt nur eine Schlussfolgerung zu: Rauchen ist wahrlich teuer! Der Gesundheitsminister sollte nicht nur »Rauchen schadet der Gesundheit« auf jede Packung drucken, der Finanzminister ebenso »Raucher verqualmen ein Vermögen«.

Sollte *nicht jeder Jugendliche* in der Schule diese Rechnung kennen und selbst durchführen können? Sollte es nicht Bestandteil des Matheunterrichtes sein, die wichtige Bedeutung der Zeit und des Zinseszinses für den Aufbau von Vermögen begreifbar zu machen?

Zahlen, die für sich sprechen

Wie wichtig es ist, *gerade Jugendlichen das frühzeitige und intelligente Sparen schmackhaft zu machen,* zeigt ein anderes Rechenbeispiel, auch eine hochinteressante und verblüffende Aufgabe für die Zins- und Zinseszinsberechnung:

Zwei Zwillinge, Petra und Peter, konnten ab ihrem 23. Geburtstag 200 Mark im Monat sparen. *Petra* kannte die Geheimnisse der Zeit und des Zinseszinses und *legte ihr Geld sofort an,* 2400 Mark im Jahr und das sieben Jahre lang bis zu ihrem 30. Geburtstag. Dann ließ sie ihr Geld einfach in Ruhe liegen und friedlich wachsen.

Peter war von der Sparleistung seiner Schwester beeindruckt und begann mit seinem 30. Lebensjahr ebenfalls monatlich 200 Mark zu sparen, jährlich 2400 Mark, und das nicht nur sieben Jahre wie Petra, sondern ganze 30 Jahre bis zu seinem 60. Geburtstag.

Zum 60. Geburtstag verglichen sie ihr Vermögen. Petra hatte faktisch 16 800 Mark gespart (sieben mal 2400 Mark) und zu durchschnittlich zehn Prozent p.a. (pro Jahr) in Aktien angelegt. Peter dagegen hatte insgesamt 72 000 Mark festverzinslich für fünf Prozent p.a. angelegt. Er präsentierte stolz *sein Vermögen von 167 426 Mark.* Doch dann fiel er fast vom Glauben ab: Seine Zwillingsschwester *Petra wies ein Vermögen von 437 040 Mark* aus!

Ihre Sparsumme beträgt nur 23,3 Prozent von seiner (16 800 von 72 000), doch ihr Vermögen das 2,6-fache! Mehr noch: Das eingezahlte Geld von Petra hat sich im Laufe der Zeit *um das 26-fache* (von 16 800 auf 437 040), Peters Geld lediglich

Die Zwillinge	Alter	Petra	Peter
Peter und Petra	23	2400	
haben monatlich	24	2400	
200 Mark zu	25	2400	
unterschiedlichen	26	2400	
Zeiten, in unter-	27	2400	
schiedlicher Länge,	28	2400	
zu unterschiedlichen	29	2400	
Zins-Konditionen	30		2400
gespart.	31		2400
	32		2400
	33		2400
	34		2400
	35		2400
	36		2400
	37		2400
	38		2400
	39		2400
	40		2400
	41		2400
	42		2400
	43		2400
	44		2400
	45		2400
	46		2400
	47		2400
	48		2400
	49		2400
	50		2400
	51		2400
	52		2400
	53		2400
	54		2400
	55		2400
	56		2400
	57		2400
	58		2400
	59		2400
	60		2400
Investierte Summe:		**16 800**	**72 000**
Anlage mit 5 % p.a.		88 677	167 426
Anlage mit 10 % p.a.		437 040	434 264
Anlage mit 15 % p.a.		2 022 396	1 199 896

um das 2,3-fache vermehrt (von 72 000 auf 167 426). Petra war gleich doppelt intelligent: Sie hat früh begonnen zu sparen und ihr Geld gut angelegt.

»Das kann doch nicht mit rechten Dingen zugehen!«, denkt Peter. Und denkt das erste Mal in seinem Leben über den Effekt von Zeit und Zinseszins nach. Wie sinnvoll wäre es für Peter gewesen, wenn er diese Rechnung bereits in der Schule kennen gelernt hätte!

Sarah lernt zu sparen

Doch Sparen kann man auch Kindern nahe bringen, die noch nicht in dem Alter sind, dass sie Zinsen und Zinseszinsen berechnen können.

Sarah ist ein zwölfjähriges Mädchen und hatte nur gelernt, dass Geld dazu da ist, es auszugeben. Sie bekam am Wochenende ihre zehn Euro Taschengeld und rannte los, um am nächsten Kiosk wieder ein Stofftier zu kaufen – sie hatte schon 436, aber DAS hatte sie noch nicht. Und da war ihr Taschengeld schon wieder ausgegeben.

Und irgendwann versuchte der Vater, ihr den Begriff vom Sparen nahe zu bringen, doch sie hat ihn nur verständnislos angesehen: »Nächsten Samstag bekomme ich ja wieder neues! Weshalb sollte ich sparen?«

Eines Tages hatte der Vater eine Idee und sagte zu Sarah: »Du kannst dein Taschengeld ausgeben wie bisher – es ist dein Geld. Ich rede dir da nicht rein. Es ist deine Entscheidung. Aber wenn du von dem Geld etwas sparen willst, lege ich sofort das Zehnfache dazu und lege dein Geld so an, dass es sich noch mal verzehnfacht. Das heißt, aus deinen zehn Euro, die du am Wochenende bekommst, werden sofort schon mal 110, weil du 100 von mir dazubekommst. Und diese 110 lege ich so an, dass sie nach ein paar Jahren 1100 sind. Das heißt, wenn du die zehn Euro jetzt ausgibst, hast du eigentlich 1100 Euro ausgegeben.«

Das hat Sarah doch sehr beeindruckt! Der Vater setzte sein Versprechen auch gleich in die Tat um. Sie besorgte sich eine Geldkassette und steckte ihr Taschengeld hinein. Der Vater legte das Zehnfache dazu. Und da wurde Sarah plötzlicher ihr neuer Reichtum begreifbar: In der Kassette waren aus den zehn Euro gerade 110 Euro geworden. Sie lief los, holte aus ihrem Portemonnaie auch den Rest ihres Geldes und sagte: »Mach das auch noch!« Der Vater hat auch diesen Betrag wieder verzehnfacht und in die Kassette gelegt.

So hat Sarah in ganz kurzer Zeit 2000 Euro gespart. Das heißt, sie hat 200 Euro gespart und der Vater den Rest dazugetan. Diese Summe lässt sich schon anlegen, so dass es in einigen Jahren 20 000 Euro sein werden. (Bei einer Anlage von zwölf Prozent verzehnfacht sich eine Einmalanlage in knapp 20 Jahren.)

Jetzt hat Sarah eine Vorstellung von Sparen. Sie weiß: »Wenn ich einen Euro ausgebe, gebe ich gar nicht einen Euro aus, das sind eigentlich 100 Mark, die ich ausgebe!« Und jetzt überlegt sie sich, ob dieses Stofftier wirklich so viel wert ist. »Das kostet ja...«, und dann rechnet sie schon aus. »Wenn das sieben Euro kostet, sind das 700 Euro! Nö, das ist es mir nicht wert! Dann lieber rein in die Sparbüchse!«

Reichtum beginnt im Kopf

Lassen Sie uns noch eine Weile mit Zahlen einfach spielen, um mit großen Zahlen schon auf Papier umgehen zu lernen und eine innere Dimension für größere Zahlenbeträge zu bekommen.

Natürlich verschwenden nicht nur Raucher ein Vermögen.

Kann nicht jeder pro Tag fünf Euro oder auch nur einen Euro sparen? Lassen Sie uns einmal sehen, was aus täglich gesparten »Peanuts« bei einer Anlage von 13 Prozent im Lauf der Zeit für ein Vermögenszuwachs zu errechnen und zu erreichen ist. (Für alle ungeduldigen Leser: Auf das WENN und ABER kommen wir noch zu sprechen, hier geht es einfach um den ersten Schritt, Reichtum in Zahlen begreifbar zu machen.)

Anlagezeit in Jahren	täglich 1 Euro angelegt	täglich 5 Euro angelegt
5	2672	13 364
10	7597	37 985
15	16 670	83 350
20	33 386	166 930
25	64 185	320 925
30	120 930	604 650
40	418 102	2 090 510
47	987 921	4 939 606
52	1 822 853	9 114 267
60	4 851 216	24 256 080
65	8 940 724	44 736 200
70	16 475 377	82 376 885

Selbst wenn man vom 13. bis 60. Lebensjahr (47 Jahre Anlagezeit) nur einen Euro täglich spart und anlegt, ist man schon Euro-Millionär, fünf Jahre später mit 65 (normaler Beginn der Rente) fast doppelter Euro-Millionär.

Drehen wir nun den Spieß um und fragen uns, bei welchen Sparbeträgen wir *wie schnell zum Millionär werden* können (bei einer Anlage von zwölf Prozent). Wir vergleichen dabei das Modell einer monatlichen Spareinlage und das Modell einer Einmalanlage, die wir dann ruhen und wachsen lassen. Diese Überlegungen führen zu folgender Tabelle:

Was muss ich und wie lange mit zwölf Prozent anlegen, um Millionär zu werden?

Anlagedauer in Jahren	monatliche Spareinlage	Einmalanlage
70	3,37	358,71
60	10,47	1114,00
50	32,60	3460,00
40	102,01	10746,00
30	324,23	33377,00
20	1085,73	103666,00
15	2098,92	182696,00
10	4458,85	321973,00
7	7756,69	452349,00
5	12316,88	567426,00

Ein Blick auf die Tabelle macht klar: Wenn wir in 20 Jahren Euro-Millionär sein wollen, reicht also eine monatliche Sparsumme von 1085,73 Euro (oder eine Einmalanlage von 103 666 Euro). Um in sieben Jahren Millionär zu sein, müssen wir monatlich schon 7756,69 Euro (oder eine Einmalanlage von 452 349 Euro) aufbringen.

Die entscheidenden Faktoren Zinsen und Renditen!

Wir sind bei unserem »Reichrechnen« in den Tabellen stets von Zinsen und Renditen in der Größe von zwölf oder 13 Prozent ausgegangen. Das ist natürlich ein ganz wesentlicher Faktor! Viele Menschen sind glücklich, wenn sie bereits Sparzinsen von fünf Prozent realisieren können, die meisten sparen mit noch geringeren Zinssätzen.

Wie dramatisch sich unterschiedliche Zinssätze auf den Aufbau des Vermögens auswirken, möge die nächste Tabelle deutlich machen. Wir gehen von monatlichen Zahlungen von 100 Euro aus und beobachten, was im Laufe der Zeit aus dem Geld *bei unterschiedlichen Sparzinsen (drei, fünf, 13 und 15 Prozent) wird:*

Monatliche Einzahlungen über 100 Euro				
in Jahren	zu 3 % Zinsen	zu 5 % Zinsen	zu 13 % Zinsen	zu 15 % Zinsen
5	6465	6801	8389	8857
7	9334	10 034	13 587	14 713
10	13 974	15 532	24 398	27 522
15	22 697	26 738	54 951	66 851
20	32 830	41 122	113 262	149 724
25	44 601	59 587	224 547	324 353
30	58 274	83 287	436 932	692 328
40	92 606	152 761	1 615 830	3 101 605
47	123 550	226 716	4 007 127	8 820 521
52	149 983	297 817	7 655 907	18 595 295
60	201 443	455 839	21 549 333	61 299 407
65	240 464	591 923	41 134 835	129 177 824
70	285 792	766 603	78 513 353	272 209 958

Lassen Sie uns diese Tabelle gemeinsam interpretieren. Vergleichen wir den Zinseszins-Effekt *nur zwischen drei und 13 Prozent Zinsen in der Tabelle.* Bei 15 Jahren Sparzeit haben wir mit 13 Prozent Zinsen bereits 2,4 mal so viel wie mit drei Prozent Zinsen. Bei 25 Jahren ist es das Fünffache, bei 40 Jahren das 17-fache und bei 60 Jahren gar über das 100-fache!

Vergegenwärtigen wir uns noch einmal: In der Tabelle geht es nur darum aufzuzeigen, wie dramatisch mit der Zeit die Unterschiede bei angespartem Vermögen werden, wenn wir unterschiedliche Zinsen und Zinseszinsen zugrunde legen.

Es ist *ein bedeutsamer Unterschied* (wie wir im Ansatz schon bei den Zwillingen Petra und Peter gesehen haben), wie hoch der Zinssatz ist, mit dem wir unser Geld anlegen. Da geht es bei größeren Beträgen und längerer Laufzeit *schon um Stellen hinter dem Komma!*

Einer der ältesten und erfolgreichsten amerikanischen Fonds ist der Pioneer-Fonds, der in seinen 70 Jahren Bestehen im Durchschnitt eine Rendite von 13,2 Prozent erbracht hat. Wer in der Vergangenheit in diesen Fonds investiert hat, der hat die Vermögenszuwächse aus der Tabelle unter 13 Prozent und mehr realisieren können. Andere Fonds waren noch erfolgreicher, zum Beispiel der Templeton Growth Fund mit durchschnittlich 15 Prozent in den letzten 35 Jahren und der Pioneer-II-Fonds mit durchschnittlich 17 Prozent in den letzten 15 Jahren.

Inflation frisst Vermögen

Um unser »Reichrechnen« lebensnaher zu gestalten, müssen wir jetzt unbedingt die jährliche Preissteigerung, den Kaufkraftverlust einbeziehen: die Inflation.

Bei manchen unserer Vergleichs-Berechnungen haben wir die Inflation vernachlässigen können, da sie alle Vergleichswerte gleichermaßen getroffen hätte.

Etwas anderes ist es, wenn wir ausrechnen, wie viel Geld wir gut angelegt sparen müssen, um zum Beispiel in 20 Jahren

Millionär zu sein: *In 20 Jahren wird die Million durch die Inflation allerdings nur noch halb so viel wert sein wie heute!*

Wenn 1965 ein Brief 20 Pfennige gekostet hat und 1990 eine Mark, dann ist das eine Preissteigerung von 500 Prozent in 25 Jahren, das bedeutet eine Preissteigerung von 20 Prozent pro Jahr. Ein Mercedes 200D hat 1965 8600 Mark gekostet, 1990 aber schon 43 000 Mark. Das ist eine Preissteigerung von ebenfalls 20 Prozent pro Jahr. Offiziell liegt die Inflationsrate bei etwa drei Prozent, doch es ist realistischerweise von fünf Prozent pro Jahr auszugehen.

Als »Kaufwert-Korrektur« zu unseren bisherigen Tabellen gehört hier auch *eine Darstellung des Kaufkraftverlustes durch die Inflation.* Auch diese Tabelle (Seite 166) sehen wir uns gemeinsam noch etwas genauer an!

100 Euro haben einen unterschiedlichen Kaufkraftverlust, je nachdem, wie hoch die Inflationsrate durchschnittlich ist. Bei vier Prozent ist die Halbierung des Wertes nach 17 Jahren erreicht, bei fünf Prozent Inflation nach etwas über 13 Jahren, bei sechs Prozent Inflation schon nach elf Jahren und bei sieben Prozent Inflation sind 100 Euro schon nach zehn Jahren nur noch 48,40 Euro wert! 100 Euro sind nach 20 Jahren bei einer Inflation von sieben Prozent nur noch 23,42 Euro wert.

Macht die Inflation unser »Reichrechnen« am Ende doch zu Schall und Rauch?! *Ganz im Gegenteil! Es macht deutlich, wie wichtig ein intelligentes Anlegen für den passiven Aufbau von Reichtum ist!*

Mit anderen Worten: Wer Geld nicht intelligent anlegt, der spart sich arm, dem frisst die Inflation das Vermögen. Auch hier wollen wir wieder konkrete Zahlen sprechen lassen:

Fall 1: Angenommen, wir sparen 1000 Euro und legen sie zu recht bescheidenen fünf Prozent an. Das macht einen Gewinn

**Kaufkraftverlust von 100 Euro nach Jahren
bei unterschiedlichen Inflationsraten**

Jahre	bei 3 %	bei 4 %	bei 5 %	bei 6 %	bei 7 %
1	97,00	96,00	95,00	94,00	93,00
2	94,09	92,16	90,25	88,36	86,49
3	91,27	88,47	85.47	83,06	80,44
4	88,53	84,93	81,45	78,08	74,81
5	85,87	81,53	77,38	73,40	69,57
6	83,29	78,27	73,51	69,00	64,70
7	80,79	75,14	69,83	64,86	60,17
8	78,37	72,13	66,34	60,97	55,96
9	76,02	69,24	63,02	57,31	52,04
10	73,74	66,27	59,87	53,87	48,40
11	71,53	63,81	56,88	50,64	45,01
12	69,38	61,26	54,04	47,60	41,86
13	67,30	58,81	51,34	44,74	38,39
14	65,28	56,46	48,77	42,06	36,20
15	63,32	54,20	46,33	39,54	33,67
16	61,42	52,03	44,01	37,17	31,31
17	59,58	49,95	41,81	34,94	29,12
18	57,97	47,95	39,72	32,84	27,06
19	56,06	46,03	37,73	30,87	25,18
20	54,38	44,19	35,84	29,02	23,42

von 50 Euro, und unser Vermögen hat sich nach einem Jahr auf 1050 Euro erhöht! Und dann hält das Finanzamt die Hände auf: Nehmen wir einen Steuersatz von 30 Prozent auf einen Gewinn von 50 Euro, dann macht das eine Steuer von 15 Euro.

Unser Vermögen liegt also nur noch bei 1035 Euro. Jetzt gilt es den Kaufkraftverlust abzurechnen, das sind fünf Prozent von

1035 Euro = 51,75 Euro, und *unser Erspartes hat nur noch eine Kaufkraft von 983,25 Euro.* Unsere anfänglichen 1000 Euro sind also um 16,75 Euro zusammengeschrumpft!

Fall 2: Wir bekommen für die 1000 Euro keine fünf Prozent, sondern lediglich 3,5 Prozent Sparbuch-Zinsen. Unser jährlicher Zuwachs beträgt also 35 Euro. An das Finanzamt zahlen wir 30 Prozent von 35 Euro, das sind 10,50 Euro, verbleibt ein Erspartes von 1024,50 Euro. Davon rechnen wir wieder fünf Prozent Inflationsrate ab (51,23 Euro). *Unser Erspartes hat eine Kaufkraft von 973,28 Euro,* ein Verlust von inzwischen schon 26,72 Euro!

Auf diese Weise können wir kein Vermögen aufbauen. So sparen wir uns bei Zinsen und Renditen in der Nähe der Inflationsrate auf Dauer arm! Also: *Gerade unter Einbeziehung der Inflationsrate ist ein intelligentes Anlegen umso wichtiger! Da kommen wir an Aktien als Vermögensanlage kaum vorbei!* Betrachten wir dazu die durchschnittliche Jahresrendite von Anleihen, Geldmarkt und Aktien in einem Zeitraum von 40 Jahren:

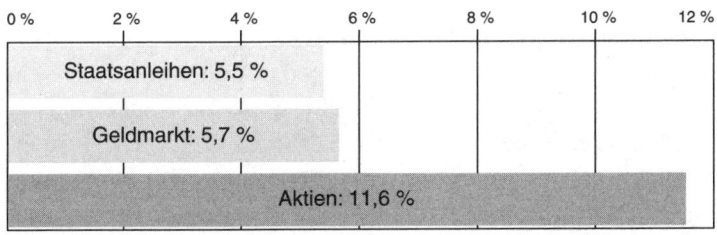

Durchschnittliche Jahresrendite über 40 Jahre (1951-1990): *Staatsanleihen* haben im Jahresdurchschnitt 5,5 % Rendite gebracht, Bargeldsparen auf dem *Geldmarkt 5,7 %, Aktien* dagegen 11,6 %! (Quelle: Merril Lynch)

167

Dabei ist mit Aktien bei einem intelligenten Anlegen weit mehr als der Durchschnitt zu erreichen. Aktien werfen ganz einfach die bedeutend höheren Renditen ab und sind aus einer intelligenten Anlagestrategie nicht wegzudenken.

Ein weiteres Argument spricht für Aktien: *Die Inflation arbeitet für die Wertsteigerung der Aktien!* Denn da, wo Geld entwertet wird (auf dem Geldmarkt), *steigen natürlich andererseits die Sachwerte.* Was »Inflation« für das Geld heißt, hat bei Sachwerten den Begriff *»Wertsteigerung«,* denn der Wert steigt mit der Inflation. Das gilt für Immobilien genauso wie für Firmen, deren Teilhaber man durch Aktien wird.

Es wird jetzt also Zeit, sich über Aktien als Anlagestrategie grundlegende Gedanken zu machen. Vorsichtige Schätzungen gehen davon aus, dass in Mitteleuropa etwas über fünf Prozent der Menschen ihr Vermögen ernsthaft und langfristig in Aktien anlegen (und nicht nur mit kleinen Werten spielen). Über 80 Prozent der privaten Aktienanleger machen jedoch dilettantische Fehler, die dem Aktienmarkt den Nimbus des »hohen Risikos« verliehen haben.

Das Kapital-System für sich nutzen

Geld ist – wie wir aus dem ersten Teil des Buches wissen – ein genialer Evolutionsfaktor, und Geld ist *mit der Evolution zum Kapital* zu einer enormen Wirtschaftskraft geworden. Es ist eine der größten Errungenschaften der letzten 200 Jahre, Geld als Kapital in ein Unternehmen zu investieren, um fähigen Menschen die Wirtschaftskraft zu geben, große Unternehmen im Dienste der Menschheit aufzubauen. Wir alle profitieren von diesem Kapital-System:

- *Als arbeitende und angestellte Menschen,* die in solchen Unternehmen Arbeit und Einkommen finden.

- *Als Unternehmer* und Firmengründer, die selbst Kapital für betriebliche Investition erhalten und so ihre unternehmerische Vision realisieren und für Menschen Arbeitsplätze schaffen können.
- *Als Konsumenten,* die solche Industrieprodukte als »Massenartikel« zu geringen Preisen kaufen können. (Was wären wir ärmer, gäbe es keine Autos, keine Kühlschränke und Waschmaschinen, kein Telefon, keine Fernsehapparate, keine Computer ...)
- *Als Bürger eines Gemeinwesens,* das durch Steuern der Unternehmen eine hohe Infrastruktur genießen kann, seien es Straßen, Ausbildungsstätten oder Krankenhäuser.

Wir leben in diesem System wie der Fisch im Wasser. Und doch nutzt nur ein geringer Prozentteil der Menschen auch die Möglichkeit, Geld intelligent anzulegen und *Kapital als Produktivfaktor* für sich arbeiten zu lassen, das heißt, einen Teil seines Vermögens in Aktien anzulegen. *Aktien sind die Grundlage des Kapital-Systems.*

In frühen Jahren waren Firmen noch Familienunternehmen. Der Familie gehörte das Unternehmen. Wenn jedoch ein Unternehmen so gut auf dem Markt platziert war, dass es gewaltig expandieren konnte, brauchte es häufig Kapital für Investitionen, das die Familie selbst nicht mehr aufbringen konnte. Die Firma wandelte sich in eine Aktiengesellschaft um, die Miteigentümer (Investoren) suchte, die dem Unternehmen das notwendige Expansionskapital zur Verfügung stellten.

Für diese Investitionen erhalten die Aktionäre *mit der jährlichen Gewinnermittlung einen Anteil, die Dividende.* (Diese Darstellung liest sich jetzt vielleicht übertrieben einfach. Doch schon hier fängt der Fehler bei vielen Anlegern an, indem sie bei der Entscheidung für die richtige Aktienanlage einfach die Dividende vergessen!) *Die Dividende ist der erste Gewinn aus einer Aktie, dem Zertifikat, einen Unternehmensanteil zu besitzen.*

Über die Aktie werden wir also verbriefte Miteigentümer und Mitinvestoren an einem Unternehmen. Wir erwerben die Aktie jedoch selten direkt vom Unternehmen, sondern vom Aktienmarkt, der Börse. Hier werden Aktien zu aktuellen Tagespreisen gehandelt. *Und hierin liegt die zweite (Handels-) Gewinn-Chance mit einer Aktie:*

Der Preis einer Aktie kann erheblich schwanken. Eine Aktie kann *überbewertet* (der Preis liegt über ihrem Wert) oder *unterbewertet* sein (der Preis liegt unter ihrem Wert). Kaufen wir eine unterbewertete Aktie günstig, so wird sie in ihrem Kurs unweigerlich steigen und sich bei diesem Kursanstieg vielleicht sogar über ihren Wert hinaus entwickeln; können wir sie dann verkaufen, haben wir einen Handelsgewinn gemacht. (Wir haben mit der Aktie gehandelt: gekauft, als sie billig war, und verkauft, als sie teuer wurde.)

So weit die zweite Gewinnmöglichkeit aus einer Aktie. Die Preisschwankung ist ein im Wesentlichen *psychologischer Faktor,* wie Menschen die Entwicklung eines Unternehmens einschätzen.

Nehmen wir nur als Beispiel die bekannt gewordene Softwarefirma Microsoft von Bill Gates (dem inzwischen wohl reichsten Mann der Welt):

Eine Microsoft-Aktie, die 1985 1,93 Dollar kostete, hatte nach zehn Jahren einen Börsenwert von 90,50 Dollar. Hätten wir 1985 für 10 000 Mark Microsoft-Aktien gekauft, hätten wir sie 1995 für 468 000 Mark verkaufen können. Unser Vermögen wäre in nur zehn Jahren um das 46,8-fache angestiegen! (Davon haben auch die Mitarbeiter von Microsoft profitiert, die selbst Vorzugsaktien erwerben konnten.)

Wo kein Risiko, da keine Rendite

Sicher, auf dem Aktienmarkt gibt es keine Garantie. Wenn man sein Vermögen über Aktien in eine Firma steckt, die pleite macht, hat man sein Vermögen in der Regel verloren. Wenn man Aktien kauft, die überbewertet sind und nach dem Kauf fallen, und man dann (aus Panik) verkauft, hat man auch Verluste gemacht. Aber sowohl in dem einen wie dem anderen Fall hätten wir unser Geld dumm angelegt, dilettantische Fehler gemacht, und *das gilt es ja zu vermeiden!*

Unsere Zwillinge Petra und Peter können uns wieder helfen, unsere Einstellung zu »Risiko« in einem neuen Licht zu sehen.

Peter und Petra haben zu ihrem 30. Geburtstag jeder 10 000 Mark geschenkt bekommen. Peter legt das Geld für 30 Jahre mit einem Zinssatz von sieben Prozent an.

Petra dagegen teilt ihr Geld in vier Teile (je 2500 Mark) und investiert in vier verschiedene Aktien.

An ihrem 60. Geburtstag vergleichen beide auch ihre Anlagestrategien. Peter hat in den 30 Jahren sein Geld um das 7,6-fache erhöht und besitzt 76 000 Mark.

Nun, ja. Inflation und Kaufkraftentwertung, Steuern. Nicht gerade ein Grund zur Begeisterung!

Petra muss zugeben, bei drei Anteilen hätte sie sich völlig verspekuliert und das Geld *komplett verloren.* »Aber wenigstens einen Anteil von 2500 Mark habe ich mit 16 Prozent durchgebracht!« Peter ist natürlich neugierig, was für einen Wert ihre Aktien heute haben. »214 000 Mark, und das steuerfrei!«, antwortet Petra kurz und trocken. Von 10 000 Mark aus gesehen und einem Verlust von 75 Prozent des Anfangskapitals ist ihr Vermögen trotzdem um das 21,4-fache gestiegen. Peter erfährt an seinem 60. Geburtstag eine zweite Erleuchtung!

Selbst bei einem so unwahrscheinlichen Fall, drei Viertel des eingesetzten Kapitals zu verlieren, zeigt uns das Beispiel von Petra, dass hohe Renditen solche möglichen Verluste mehr als wettmachen können.

Kein Risiko einzugehen ist für den passiven Vermögensaufbau in Wahrheit viel riskanter! »*Wer nicht wagt, der nicht gewinnt!*« *ist als Regel so einfach wie wahr.* Wer nicht handelt, der kann auch keine Fehler machen. Wer jedoch keine Fehler macht, der hat nichts gelernt, und an dem geht das Leben vorbei.

Dabei sollten wir eines nicht vergessen: Banken, denen wir das Geld zu normalen Sparkonditionen zur Verfügung stellen, »investieren« unser Geld natürlich auch mit dem gleichen oder gar noch größerem Marktrisiko! Nur: Das, was die Bank durch ihre Investition gewinnt, ist unser Verlust, und umgekehrt: unser Gewinn ist ihr »Verlust«.

Unser Ziel: Langfristiger Vermögensaufbau

Die Börse lebt von Kursschwankungen. Der größte Fehler, den ein dilettantisches Verhalten an der Börse birgt, ist ein kurzfristiges Kaufen und Verkaufen aus einer Gefühlslage der Angst oder Gier heraus.

Uns geht es um einen *langfristigen passiven Vermögensaufbau* von mindestens zehn, besser 20 und mehr Jahren. Also sind die aktuellen Kursschwankungen völlig uninteressant. Langfristig gesehen, setzen sich die Topfirmen der Welt immer durch. *Nachdem wir uns für eine Anlagestrategie entschieden haben, lassen wir unser Kapital langfristig und unbeeindruckt von den täglichen Kursschwankungen völlig emotionslos wachsen, blühen und gedeihen.*

Wir wollen über eine intelligente Anlagestrategie unser erstes »Fernziel« der finanziellen Unabhängigkeit erreichen, von Vermögenszinsen leben zu können!

Das Ziel heißt nicht, dann kein aktives Einkommen mehr zu haben, sondern bedeutet ausschließlich, unsere Lebenshaltungskosten über Zinsgewinne abdecken zu können. *Stellen wir uns dazu folgende Fragen:*

- Wie viel Geld brauche ich nach heutiger Kaufkraft, um finanzielle Unabhängigkeit zu erreichen, das heißt für meinen Lebensunterhalt nicht mehr arbeiten zu müssen (zum Beispiel *2500 Euro*)?

- Wann hätte ich dieses Ziel gerne erreicht (zum Beispiel *in zehn Jahren*)?

- Wie hoch muss mein Vermögenskapital sein, um daraus monatlich 2500 Euro Zinsen zu erhalten, ohne das Kapital selbst angreifen zu müssen? Hier: *375 000 Euro* [Zur Berechnung: 2500 Euro monatliche Zinsen machen 30 000 Euro jährliche Zinsen (mal zwölf). Das sind acht Prozent des gesuchten Kapitals, also ist das Kapital 375 000 Euro (mal 100 dividiert durch 8)]. Habe ich in zehn Jahren durch intelligente Anlage ein Vermögen von 375 000 Euro erspart, kann ich pro Monat bereits mindestens 2500 Euro entnehmen, ohne das Kapital zu verbrauchen.

- Wie viel muss ich denn jetzt monatlich sparen, um bei einer 13-prozentigen Anlage auf diese Kapitalsumme in zehn Jahren zu kommen? Es sind *1537 Euro* monatliche Anlagerate. (Zur Berechnung: Laut Tabelle »Monatliche Einzahlungen von 100 Euro« [Seite 163] wachsen 100 Euro bei 13 Prozent auf 24 400 Euro an. Mein Vermögen, das ich erzielen will, ist um 15,37 mal höher [375 000 dividiert durch 24 400], also muss ich auch monatlich das 15,37-fache von 100 Euro sparen = 1537 Euro.)

Das sieht doch schon alles ganz freundlich aus! Doch halt, stopp! *Was ist mit der Inflationsrate?* Unser Vermögen und unsere monatlichen Zinsen werden in zehn Jahren ja einen erheblichen Kaufkraftverlust erlitten haben! Gehen wir von einer jährlichen Inflationsrate von fünf Prozent aus, wird unser Vermögen laut Tabelle »Kaufkraftverlust« (siehe Seite 166) von 375 000 Euro nach heutigem Wert nur noch 224 513 Euro betragen, und die monatlichen Zinsen von 2500 Euro haben dann nur noch einen Kaufkraftwert von 1497 Euro. [Die Berechnung erfolgt wie oben, die Tabelle gibt den Kaufkraftverlust von 100 Euro an, und das wird im Verhältnis umgerechnet.]

Das »Problem« ist jedoch spielend leicht zu lösen, wenn wir uns darüber im Klaren sind, dass *ja auch die Sparrate der Inflation unterliegt,* also die 1537 Euro in zehn Jahren ja auch kontinuierlich auf 920,20 Euro gesunken sind. Wenn wir die Sparrate über zehn Jahre konstant halten, zahlen wir monatlich durch die Inflation ja immer weniger an Kaufkraft ein, obwohl unser Einkommen doch zunimmt und wir eigentlich mit den Jahren mehr sparen könnten! Diese Schere machen wir uns zunutze!

Wir drehen den Spieß einfach um: *Wir erreichen unsere Zieldaten in voller heutiger Kaufkrafthöhe, wenn wir unsere berechnete monatliche Anlagenrate jährlich um die tatsächliche Inflationsrate erhöhen! Das ist alles. So einfach ist das.*

Wir sparen *im ersten Jahr* also monatlich 1537 Euro, im zweiten Jahr erhöhen wir die Rate um zum Beispiel fünf Prozent und kommen so auf die Sparrate von 1614 Euro. [Zur Berechnung: 1537 plus 1537 mal 5 dividiert durch 100]. Dieses einfache Verfahren hat den großen Vorteil, dass wir *unsere Sparrate der tatsächlichen aktuellen Inflation anpassen können*. Steigt die Inflation in einem Jahr einmal um sieben Prozent, können wir auch die Sparrate um sieben Prozent erhöhen. So ist es eigentlich gleichgültig, wie hoch unser Vermögen in zehn Jahren ist. Unsere monatlichen Zinsen werden auf jeden Fall eine Kaufkraft nach heutigem Maßstab von 2500 Euro haben. *Nichts anderes zu erreichen war das Ziel!*

Wir haben uns in unserer Beispielrechnung bewusst einen sehr kurzen Zeitraum (zehn Jahre) vorgenommen, um zu zeigen, was machbar ist. Monatlich 1537 Euro in der Startphase zurückzulegen ist nun nicht jedermanns Sache!

Wir übernehmen in der nächsten Tabelle die Grunddaten (2500 Euro faktische Kaufkraft soll an Zinsrente realisiert werden, das Geld wird für 13 Prozent angelegt, und acht Prozent werden jährlich dem Vermögen entnommen) *und variieren nur den Zeitraum des Sparens*. Wenn Sie die vorherige Berechnung nachvollzogen haben, könnten Sie nun die komplette Tabelle auch selbst berechnen.

bei 2500 Euro monatlicher Zinsrente	7 Jahre	10 Jahre	15 Jahre	20 Jahre
fiktives Anlagevermögen	375 000	375 000	375 000	375 000
monatliche Start-Sparsumme	2760	1537	682	331

Um diese Tabelle zur Sicherheit noch einmal »von hinten« zu interpretieren: Wenn uns 20 Jahre ausreichen, um von einer monatlichen Zinsrente über eine Kaufkraft von heute 2500 Euro verfügen zu können (bei acht Prozent Entnahmezinsen vom Vermögen), müssen wir heute mit einer Anlagenrate von 331 Euro bei 13 Prozent Rendite beginnen und diese Anlagenrate jährlich um die durchschnittliche Inflationsrate erhöhen. Das »fiktive Anlagevermögen« brauchen wir nur, um die monatliche Sparsumme berechnen zu können. Es sagt nichts darüber aus, wie hoch das Vermögen *nominell* sein wird, es wird *reell* jedoch dem heutigen Kaufkraftwert von etwa 375 000 Euro entsprechen!

Möglicherweise haben Sie bereits einen Teil Ihres passiven Einkommens über gesetzliche Rente, Betriebsrente, Lebensversicherung oder Mieteinnahmen abgedeckt, so dass auch ein geringerer Teil an Vermögenszinsen ausreicht.

Wir berechnen die Tabelle auch für 1000 Euro:

bei 1000 Euro monatlicher Zinsrente	7 Jahre	10 Jahre	15 Jahre	20 Jahre
fiktives Anlagevermögen	150 000	150 000	150 000	150 000
monatliche Start-Sparsumme	1104	615	273	132

Dabei erkennen Sie beim Vergleich beider Tabellen einmal für 2500 Euro und einmal für 1000 Euro, dass auch die Tabellenwerte sich um den Faktor 2,5 verändert haben. So ist es für Sie ein leichtes, die Tabelle nach Ihren Bedürfnissen umzurechnen. Sie möchten einen Zinsgewinn von 4000 Euro erzielen? Dann multiplizieren Sie die Werte in der 1000-Euro-Tabelle einfach mit 4!

Noch einmal: Die Rechnung ignoriert zunächst die Inflation. Im zweiten Schritt wird die Anlagenrate jährlich um die Inflationsrate erhöht, um die faktische Inflation einfach auszugleichen, schon stimmt die Rechnung wieder!

Genug der Rechnerei für die 10. Klasse! Haben Sie unsere Rechenbeispiele nachvollziehen können? Haben Sie Kinder, welche die Prozent- und Zinsrechnung beherrschen und diese Rechnungen prüfen können? (Vielleicht können Sie Ihre Mathematik-Kenntnisse mit Ihren Kindern wieder auffrischen!) *Wer meisterhaft mit Geld umgehen will, sollte auch mit Zahlen meisterhaft jonglieren können.*

Meisterübung 19

Bitte *tragen Sie jetzt die Werte für Ihre finanzielle Freiheit in dem unten vorgelegten FINANZPLAN ein* (möglicherweise unter Berücksichtigung staatlicher und betrieblicher Renten, Lebensversicherung, Mieteinnahmen und andere Formen Ihrer bereits in die Wege geleiteten Altersvorsorge)!

FINANZPLAN für meine finanzielle Unabhängigkeit

In wie vielen Jahren möchte ich finanziell unabhängig sein?

Über welche passiven Einkommen werde ich bis dahin monatlich bereits verfügen (Rente, Versicherungen, Mieteinnahmen, . . .)?

Welches passive Einkommen möchte ich zusätzlich über Vermögenszinsen (Zinsrente) monatlich erhalten?

Wie viel muss ich monatlich sparen, um ein solches Vermögen in dem Zeitraum realisieren zu können?

Wie viel spare ich bereits heute monatlich (zum Beispiel in den Tresor für meine finanzielle Sicherheit)?

Wie hoch ist der Differenzbetrag? Was muss ich zusätzlich sparen, um das Anlageziel zu erreichen?

Wie kann ich diesen zusätzlichen Sparbetrag durch Erhöhung meines aktiven Einkommens erreichen?

Wann starte ich diesen Finanzplan (zum Beispiel nachdem der Tresor für finanzielle Sicherheit gefüllt ist)?

Welche Voraussetzungen muss ich noch schaffen, um den Finanzplan praktisch umsetzen zu können?

JETZT meisterhaft handeln!

Wie können wir die hier dargestellten Ergebnisse verbessern?

1. Indem das jährliche Anwachsen unserer Sparrate über der Inflationsrate liegt (wir galoppieren der Inflation davon).
2. Durch eine bessere Anlagestrategie als 13 Prozent (Aktienfonds ermöglichen noch höhere Gewinne).
3. Durch höhere Zinsentnahmen aus dem Vermögen als acht Prozent (ohne, dass das Vermögen dabei verbraucht wird).

Nachdem der Finanzplan erstellt ist, kommen wir jetzt zur entscheidenden Frage: *Wie lassen sich überhaupt 13 Prozent und mehr Rendite für Spareinlagen erzielen?*

Unser nächstes Thema ist also eine intelligente Anlagestrategie!

Sicherheits-Strategie: Vermögensaufbau in Aktienfonds

Wir brauchen keine Börsenprofis zu sein, um über den Besitz von Aktien überdurchschnittlich hohe Renditen erzielen zu können.

Es gibt schon sein über 70 Jahren Aktienfonds-Gesellschaften, die *für Anleger professionell (durch Fondsmanager) Geld anlegen.* Diese Gesellschaften haben einige interessante Prinzipien, die beim Aktienbesitz eine gewisse Sicherheit und relativ hohe Renditen ermöglichen: Fondsgesellschaften besitzen immer mindestens von 20, manchmal von über 100 Firmen Aktien. So ist das Risiko gestreut. Ein Fonds kann sich den einen oder anderen »Verlierer« leisten, der durch überdurchschnittlich gute Aktien wieder wettgemacht wird (wir erinnern uns an Petra). Risiko und Chancen sind in einem Fonds gut gestreut. *Fonds vermeiden also den ersten Grundfehler im Aktienhandel: alles auf eine Karte zu setzen.*

Fonds haben noch einen großen Vorteil: Sie können *monatlich feste Anlageraten* vereinbaren! Ein Fonds entnimmt Ihrem Konto für den Vermögensaufbau zum Beispiel monatlich 100 Euro oder 500 Euro. So brauchen Sie sich nicht Monat für Monat neue Gedanken zu machen, welche Aktien Sie nun erwerben wollen. Sie haben einen monatlichen Sparplan und lassen die Rate von der Fondsgesellschaft einfach abbuchen. *Fonds vermeiden so den zweiten Grundfehler, sich mit einem einmaligen (hohen) Anlagekapital Aktien ungünstig einzukaufen.* (Die Aktie schein gut zu stehen, ein hoher Betrag wird investiert, zwei Tage später sinkt der Kurs bedeutend. Aus Panik, Vermögen zu verlieren, verkauft man die Aktien sofort und hat bereits Verlust gemacht.)

Es liegt im Sinn unserer Anlagestrategie, einem einmal gewählten Aktienfonds mindestens für einen Marktzyklus (fünf Jahre) treu zu bleiben, möglicherweise so lange, bis das Anlageziel erreicht ist. *Fonds vermeiden den dritten Grundfehler im Aktienhandel, aufgrund von Gefühlen (Angst oder Gier) ständig zu kaufen und zu verkaufen.* Fonds machen eine disziplinierte und langfristige Anlagestrategie leicht.

Fonds sind das *»Gegengift« zu der Gefahr des Spekulierens* mit Aktien. Viele, vor allem jüngere Menschen, die Geld in Aktien anlegen, haben nur das diffuse Ziel, »schnell reich« zu werden und mit Aktien riesige Spekulationsgewinne zu machen. Genau diese Einstellung verleiht der Börse den Nimbus der »unsicheren Geldanlage«.

Spekulanten sind im Grunde Spieler, die ihr Geld genauso gut im Spielkasino verspielen könnten. Der Amerikaner Jesse Lauriston Livermore gilt als einer der größten Spekulanten überhaupt. Er lebte am Anfang dieses Jahrhunderts. Milliarden Dollar gingen durch seine Hände. Doch er starb völlig verarmt.

Im Aktienmarkt kann es keine Garantien geben, genauso wenig kann Ihnen ein Händler Preise auf seine Produkte über einen längeren Zeitraum garantieren. All das hat etwas mit Angebot und Nachfrage zu tun, Regulationsprinzipien, nach denen unser Wirtschaftssystem einfach funktioniert. *Doch ein Fonds, der in den letzten Jahren kontinuierlich 15 Prozent Rendite erwirtschaftet hat, wird dies wahrscheinlich auch in Zukunft tun.* Die besten deutschen Aktienfonds haben in den letzten 20 Jahren im Durchschnitt über zwölf Prozent gelegen, manche Fonds haben in den letzten Jahren über 30 Prozent Rendite erwirtschaftet.

Bei einer Fondsanlage kann es auch sehr interessant sein, aus welchen Wirtschaftsgebieten die Firmenaktien kommen. Manche Wirtschaftsräume haben eine hohe Wachstumsrate, und hier steigen die Aktien der Wirtschaftsträger natürlich auch überproportional.

Der indirekte Aktienbesitz über einen Aktienfonds bietet natürlich auch *alle Vorteile des direkten Aktienbesitzes:* Es gibt keine »Vertragslaufzeit«, und wir können unser Geld jederzeit aus dem Fonds wieder entnehmen. Wie bei Aktien sind Fondsgewinne nach einem Jahr steuerfrei.

Diese Bequemlichkeit und relative Sicherheit ist nicht kostenfrei. Bei Fonds zahlt man eine Eintrittsgebühr und eine jährliche Verwaltungsgebühr. Wechseln eines Fonds (»switchen«) verursacht zusätzliche Kosten! Es ist besser, sich Zeit für die Auswahl des richtigen Fonds zu nehmen, als ständig die Fonds zu wechseln.

Fassen wir unsere Anlagestrategie zur Erreichung des Ziels finanzieller Unabhängigkeit zusammen:

- Durch *eine präzise Zielbestimmung* (FINANZPLAN zur finanziellen Sicherheit) wissen wir genau, was wir wollen, kennen unser Vermögensziel, die Laufzeit und die monatlich notwendige Sparrate. Dies ist *die beste Voraussetzung,* um den Aktienmarkt intelligent für einen Gewinn bringenden Vermögensaufbau zu nutzen.

- *Aktienfonds-Gesellschaften* kommen uns bei der Zielerreichung auf ideale Weise entgegen. Die monatlichen Sparbeträge kontinuierlich in einen einzigen Fonds zu investieren, diesen Fonds möglichst so lange zu halten, bis das Ziel erreicht ist, ist *die angemessene und ideale Anlagestrategie für das Ziel der finanziellen Unabhängigkeit.*

Vermögensaufbau mit Kindergeld

Sobald Sie sich für einen Fonds entschieden haben und Ihre Aktienanlage für Ihre finanzielle Unabhängigkeit in die Wege geleitet haben, sollten Sie sich Gedanken darüber machen, ob dies nicht auch *eine Methode ist, die Zukunft Ihrer Kinder (zum Beispiel Ausbildung) zu sichern.*

Lassen wir auch hier noch einmal Zahlen sprechen. Angenommen, sie nehmen für den Vermögensaufbau Ihrer Kinder lediglich das Kindergeld und legen es in Aktienfonds an. Was könnte dabei herauskommen?

Wir legen also ein Kindergeld von 125 Euro monatlich an:

Spardauer	3 % Zinsen	5,5 % Zinsen	13 % Zinsen
0–18 Jahre	35 743 Euro	46 054 Euro	106 235 Euro
0–25 Jahre	55 751 Euro	80 499 Euro	278 866 Euro

Bei einer Aktienfonds-Anlage von 13 Prozent könnte das Kind *nach der Ausbildung (25 Jahre, maximale Laufzeit des Kindergeldes) bereits in Rente gehen!* Es könnte aus dem Vermögen monatlich über 2000 Euro Zinserträge entnehmen, ohne das Grundkapital aufzubrauchen. Wenn wir dieses Gedankenspiel weiterverfolgen: Was ist, wenn in das bis zum 25. Lebensjahr angesparte Vermögen weiterhin »reinvestiert« wird, das heißt keine Zinsen entnommen werden. Das Grundkapital bleibt unangerührt (keine Entnahmen und weiteren Einzahlungen) und wächst in Ruhe weiter.

Die nächste Übersicht zeigt, wie erstaunlich dieses Vermögen bis zum Rentenalter weiter wachsen würde:

bis zum	35. Lebensjahr	=	946 630 Euro
bis zum	45. Lebensjahr	=	3 213 398 Euro
bis zum	55. Lebensjahr	=	10 908 094 Euro
bis zum	65. Lebensjahr	=	37 028 260 Euro
bis zum	70. Lebensjahr	=	68 222 169 Euro

Ein doch erheblicher Vermögensaufbau auf Staatskosten. Wäre das nicht eine hervorragende persönliche »Rentenreform« für die eigenen Kinder? Selbst wenn wir einen erheblichen Kaufkraftverlust annehmen sollten. Selbst ein »inflationsbereinigtes« Vermögen von »nur noch« 15 Millionen Euro würde *monatlich bei acht Prozent Zinsen (p.a.) noch 100 000 Euro* einbringen.

Loslassen, die Dritte

Wir haben in diesem Kapitel zwei einfache und wirkungsvolle Methoden kennen gelernt, Geld in die Zirkulation zurückzugeben, Geld sinnvoll zu säen und es dann reichhaltig zu ernten. *Der meisterhafte Umgang mit Geld zeigt sich in dieser Lektion, Geld in vollem Vertrauen an das Reichtumssystem loslassen zu können.*

Das Reichtumssystem der Natur hat einen unglaublichen Überfluss hervorgebracht. Aus einem Weizensamen wird schon nach einem Jahr eine Ähre mit 50 Samen. *Ein einziges Samenkorn hat sich in einem Jahr verfünfzigfacht!* Das ist eine natürliche Reichtumsrendite von 5000 Prozent im Jahr! Bei diesem Reichtumspotenzial kann sich die Natur auch »große Verluste« spielend leisten. Von diesen 50 Samen brauchen ja nur zehn Prozent auf fruchtbaren Boden zu fallen und wieder auszureifen, um im zweiten Jahr fünf Ähren mit 250 Samen hervorzubringen. Den Rest spendet die Natur großzügig als Nahrung für Vögel oder Nager, oft mehr als 90 Prozent Ihres Einkommens!

Wie gering erscheinen da Reichtumsraten von 15 Prozent im Jahr in unserem Kapital-System! *Aber dieses Kapital-System arbeitet nach einer ähnlichen Wachstumslogik wie das natürliche Reichtumssystem.*

Wenn die Menschheit einmal verstanden hat, dass die Natur ihren Reichtum *einem kooperativen System* und nicht Konkurrenz und »Macht des Stärkeren« zu verdanken hat, dann wird auch *ein kooperatives Kapital-System noch wesentlich größere Reichtumsrenditen für die Menschheit abwerfen.*

Der Satz »Geld säen und ernten« ist mehr als ein metaphorischer Vergleich. Es kommt darauf an, sein Saatgut (gespartes Geld) auf einen ertragreichen Boden (hohe Zins- und Rendite-Erträge) zu säen (loslassen!). Wenn wir einen großen Ertrag haben wollen, dürfen wir die Keimlinge natürlich nicht gleich ausrupfen und zu Salat verarbeiten. Das Saatgut braucht Zeit zur ertragreichen Ausreifung (Geld langfristig anlegen).

Geld anlegen und loslassen zu können ist Ausdruck des Vertrauens sowohl in das natürliche Reichtumssystem als auch das Kapital-System, das Geld wie Saatgut wachsen und gedeihen lässt. Der meisterhafte Umgang mit Geld nutzt das Kapital-System als Reichtumssystem wie eine zweite Natur.

Eine bereichernde
Erfolgspersönlichkeit SEIN

Wir sind mit diesem Kapitel am *Kern des Macht-Geheimnisses* angelangt. *Wie erringen wir MACHT über unser Leben? Wie MACHEN wir Erfolg?* Es geht um die *erfolgreiche Umsetzung* unserer Träume, Wünsche, Ziele und Pläne. Die Frage zu Beginn unserer Überlegungen lautet: *Wie schaffe ich mühelos den Erfolg nicht nur im finanziellen Bereich, sondern in allen Bereichen des Lebens? Wie **führe** ich mein Leben erfolgreich?*

Lassen Sie uns zur Einstimmung auf dieses Kapitel eine kleine und aufschlussreiche Geschichte erzählen:

In einer Kleinstadt hatte sich der Schulrat in der Grundschule angesagt, blieb unterwegs aber mit seinem Auto liegen, da etwas am Motor streikte. Während der Schulrat noch ziemlich ratlos vor seinem Auto stand, kam ein Schuljunge vorbei, sah den hilflosen Mann und fragte, ob er helfen könne. In seiner Not meinte der Schulrat: »Verstehst du denn etwas von Autos?« Der Junge redete nicht lange, ließ sich Werkzeug geben, hantierte eine Weile unter der geöffneten Motorhaube und bat, den Wagen einmal zu starten – und er lief wieder! Der Schulrat bedankte sich bei dem Jungen, wollte dann aber doch wissen, warum er zu dieser Zeit nicht in der Schule sei. »Nun,« meinte der Junge, »heute kommt in unsere Schule der Schulrat zu Besuch, und weil ich der Dümmste in der Klasse bin, hat mich der Lehrer nach Hause geschickt.«

Wir wissen nicht, was aus dem Jungen geworden ist, was man aber mit Sicherheit sagen kann: *Er hat seinen Weg gemacht! Er wusste, was er wollte, und machte sich auch an un-*

erwartete und unbekannte Aufgaben und Herausforderungen heran. Er hat einfach Erfolgsintelligenz bewiesen.

Erfolgsintelligenz besteht aus einem visionären, einem analytischen, einem kreativen und einem praktischen Aspekt.

Die visionäre Dimension steht für den Lebenserfolg, die analytische Dimension wird gebraucht, um ein Problem, eine Störung, einen Engpass, eine Wachstumskrise erst einmal zu erkennen, zu definieren und sich mit ihr auseinander zu setzen. Der kreative Teil der Erfolgsintelligenz nimmt intuitiv eine Lösung wahr, der praktische Teil setzt die Lösung in erfolgreiches Handeln um.

Susi lernt, dass Erfolg ist, was erfolgt

Beginnen wir beim ersten Schritt: *Was ist ERFOLG?* Die meisten Menschen haben eine eher diffuse Vorstellung davon, was Erfolg sei. »Erfolg« scheint ein Thema für Olympiasieger zu sein, für Geschäftsführer von Unternehmen, für Wahlkampfstrategen in der Politik.

Doch Erfolg ist ein Hauptthema für jeden Menschen, der etwas selbstbestimmt und selbstverantwortlich tut. Dann dazu gehört, sich ein Ziel zu setzen, ein Konzept und einen Plan zur Erreichung des Ziels aufzuschreiben und zu handeln, bis sich der Erfolg einstellt.

Lassen Sie uns diese *Handlungsfolge,* die zu einem *Erfolg* gehört, einmal genau *verfolgen,* um zu lernen, *ganz einfach und meisterlich erfolgreich zu sein.*

Da wir ein Beispiel aus einem eher von Jungen geprägtem Sport untersuchen, *spielt unsere Heldin ein Mädchen, Susi* (Frauenfußball erfreut sich ja auch wachsender Beliebtheit).

Susi steht also im Trikot mit Fußballschuhen und einem Ball unter dem Arm im Hof, um Fußball zu spielen.

Stellen wir uns gleich die Frage: Könnte das bereits eine erfolgreiche Handlung sein?

Nun: Susi ist nicht vom Himmel in den Hof gefallen. Die Tatsache, dass sie im Trikot mit Fußballschuhen und einem Ball unter dem Arm in Hof steht, ist *eine reiche FOLGE von bereits vorangegangenen Handlungen,* also schon recht folgenreich (lies: erfolgreich).

Zunächst war da ihre Vision, Fußballkarriere zu machen (die visionäre Dimension der Erfolgsintelligenz). Und da Susi keine Träumerin ist, *hatte ihr Wunsch FOLGEN:* Sie zog sich Trikot und Fußballschuhe an, packte sich den Ball unter den Arm und ging zum Ort des Geschehens: in den Hof. Eine – wie gesagt – bereits reiche Folge von Handlungen. Susi ist also schon jetzt erfolgreich in der Umsetzung ihres Traums, eine Fußballkarriere zu machen!

Olaf dagegen träumt auch vom Fußballspielen und der großen Karriere als Bundesligaprofi. Doch *sein Traum hat keine Folgen.* Sein Wunsch, Fußball zu spielen, ist nicht nur folgenarm (lies: erfolgarm), sondern gänzlich ohne Folgen, 100-prozentig folgenlos (lies: erfolglos).

Wir könnten schon definieren: *Erfolglos* ist ein Traum, ein Wunsch, *der ohne Folgen bleibt.* Ein erfolgloser Mensch ist ein Mensch, der seinen Träumen keine Handlungen folgen lässt.

Ein erfolgloser Mensch ist also ein Träumer – und das möglicherweise sehr erfolgreich! Ein Träumer kann so erfolgreich träumen, dass er im Leben kein Bein auf den Boden bekommt und damit das echte Leben für den Träumer zu einem Alptraum wird. Doch: Als TRÄUMER ist er absolut erfolgreich: ein Traum folgt dem anderen.

Zurück zu Susi, die sich um solche Definitionen von Erfolglosigkeit keine Gedanken macht und inzwischen auf dem Hof ziellos »herumpölt«. Sie schießt den Ball nur an die Wand, stoppt den zurückprallenden Ball und schießt ihn an die Wand zurück – mal mit rechts, mal mit links, je nachdem, wie der Ball kommt. Rechts stoppen, links schießen, links stoppen, rechts schießen. Das alles nur aus Freude am Spiel. Es macht ihr riesig Spaß.

Es erhebt sich für uns die bedeutsame Frage: *Ist Susi weiterhin erfolgreich, obwohl sie nur ziellos »herumpölt«?* Doch auch diese Spaß-Sequenz besteht aus handlungsreichen Folgen! Ein aufmerksamer Beobachter stellt mühelos fest, dass die Geschicklichkeit von Susi, den Ball zu stoppen und für den nächsten Schuss aufzulegen, deutlich zunimmt. Trotz der Ziellosigkeit ihrer Handlung (»Pölen« macht ihr einfach nur Spaß) lernt sie freudig dazu: erfolgreich, würde ihr jeder bescheinigen. Auch diese reiche Folge von spaßigen Handlungen hat also das Prädikat »erfolgreich« verdient.

Und nun kommt das Verhängnis! Susi – vom Erfolg übermütig geworden – will jetzt mehr als Spaß und *setzt sich zum Ziel, mit dem Ball eine Mülltonne zu treffen.* Und: Peng! Die Katastrophe ist kaum zu vermeiden: *daneben.* Die Mülltonne steht ungetroffen und unbeeindruckt da. Sollte die Fußballkarriere von Susi damit jäh beendet sein, sollte sie jetzt zur Versagerin werden, da sie ihr Ziel nicht getroffen hat, sollte »Misserfolg« nun der Begleiter ihres Lebens heißen?

Die »Susikritiker« sehen sich bestätigt: »Wir haben es schon immer gesagt: Gib auf, als Mädchen wirst du NIE ein Fußballprofi!«

Gewiss: *Peter* hat in der gleichen Situation beim ersten Fehlschuss den Ball unter den Arm genommen und dem ersten Besten seine Fußballausrüstung verkauft, denn er hat erkannt, dass er zum Fußballspielen wohl doch kein Talent hat. Dafür hat er sich eine Tennisausrüstung gekauft. Als der Ball dann beim ersten Schlag nicht übers Netz ging, hat er auch hier schnell seine Talentlosigkeit festgestellt und es mit einem neuen Hobby versucht.

Peter ist *der Typ »Alles mal versuchen«,* um beim ersten Problem die Flinte *folgenreich* ins Korn zu werfen. Ja, auch Peter ist erfolgreich: ein erfolgreicher »Alles-mal-Versucher«. Sein Leben ist eine reine Versuchsstrecke: Nichts bleibt unversucht und nichts geht über einen Versuch hinaus. Er ist *im Leben ein erfolgreicher Versucher: Ein Versuch folgt dem anderen.* Er lebt nicht, sondern »versucht zu leben«, probiert es einmal aus, wie es sein könnte zu leben.

Oder nehmen wir *Paul:* Nach seinem Fehlschuss grübelt er stundenlang darüber nach, ob es am Wetter liege, der nur mittelmäßigen Ausbildung, die ihm seine Eltern ermöglicht haben, der Wirtschaftskrise (»Da geht einfach alles daneben!«), dem eigenwilligen Verhalten des Balls, der es heute besonders schlecht mit ihm meint. Nachdem Paul alle Ausflüchte durch ist, erkennt er, dass die Welt es schlecht mit ihm meint, und er beschließt, *so etwas Gefahrvolles wie Träumen von Fußballkarrieren und selbstverantwortliches Handeln ganz einzustellen.*

Damit ist natürlich auch Paul *erfolgreich!* Er macht die »Umwelt« so erfolgreich für seine Zielverfehlung verantwortlich, dass er folgenreich resigniert, sich zurückzieht und über die Schlechtigkeit der Welt sinniert.

Seine Resignation hat zur Folge, dass er ein erfolgreicher KRITIKER und MIESMACHER wird. Denn wenn die Umwelt es schlecht mit Paul meint, so soll es den anderen auch nicht besser gehen. Die Schlechtigkeit der Welt gilt es erfolgreich zu enttarnen.

Oder *Franz:* Er ist der Typ, der bei der kleinsten Zielverfehlung unkontrollierbar aggressiv wird: Der Ball wird mit immer mehr Anstrengung und Wut in Richtung Mülltonne getreten, doch mit jedem Schuss wird das Ziel mehr verfehlt, nimmt die Aggression zu, wird aus dem Spiel ein regelrechter Tobsuchtsanfall. Aber auch das durchaus *folgenreich:* kaputte Fußballschuhe, geplatzter Ball, eine Fensterscheibe zersprungen, und zu »guter Letzt« bekommt Franz vom Hausmeister ein Hofverbot wegen Lärmbelästigung und Vandalismus erteilt. Die Selbstzerstörung bei Franz nach Fehlleistungen ist auch außerordentlich folgenreich: Seine unkontrollierbare Aggression wälzt er auf andere Menschen ab. Er entwickelt sich zu einem erfolgreichen »Unsympathen«, um den jeder einen großen Bogen macht (augenzwinkernder Hinweis: Geld auch).

Doch Susi ist da ein ganz anderer Typ. Sie versagt sich nicht wie Peter, Paul und Franz nach dem ersten »Misserfolg« die Karriere, sie versagt sich nicht den Spaß am Fußball, sie versagt sich nicht den vollen Erfolg und sie versagt sich nicht, ihr Ziel zu erreichen.

Susi ist keine Versagerin, die an diesem springenden Punkt versagt: *Sie »bleibt am Ball« und analysiert die Situation nach dem Fehlschuss, um den Grund für ihre scheinbare Fehlleistung zu erkennen (analytische Erfolgsintelligenz):*

Eins ist klar: *Der Ball hat keinen Eigenwillen.* Er hat keine Abneigung gegenüber Susi, so dass er absichtlich das Ziel verfehlt hat. Er hat auch nicht böswillig neben die Tonne getroffen.

Dem Ball ist auch die Großwetterlage egal, die Weltwirtschaftskrise, die Ausbildung von Susi, und (Oh Graus!) *dem Ball ist sogar völlig gleichgültig, welches Ziel sich Susi bei dem Schuss gesetzt hat.* Mehr noch: *Der Ball hatte überhaupt kei-*

nen blassen Schimmer, dass er die Mülltonne treffen sollte!* Er ist nur brav und 100 Prozent erfolgreich dem Impuls gefolgt, den ihm der Fuß von Susi (in Fußballschuhen gekleidet) versetzt hat. *Er hat erfolgreich seinen Auftrag erledigt,* ist präzise dahin geflogen, wohin er den Fußtritt bekommen hat. Der »Misserfolg« in den Augen der Susikritiker ist aus der Sicht des Balles ein voller ERFOLG!

Um es noch deutlicher zu machen: Der Ball folgt erfolgreich dem, was Susi *tut* (dem Schuss), und *nicht, was Susi denkt* (die Mülltonne treffen). Wir erkennen: Erfolg folgt dem TUN, dem HANDELN, dem MACHEN.

Die Erkenntnis, dass der Schuss kein Misserfolg war (wie Susikritiker ihr einreden wollen), sondern aus der Perspektive ihres TUNS ein voller Erfolg, *gibt Susi nun die volle Macht (Vollmacht), ihr TUN zu verändern:*

Das Problem ist also: Resultat (Schuss neben die Tonne) und Ziel oder Absicht (Tonne treffen) stimmen nicht überein. Der Ball hat die (aus der Perspektive des Ziels) »falsche Richtung« eingenommen, weil er (aus der Perspektive des Ziels) *einen »falschen Impuls«* bekommen hat. Also muss offensichtlich der Schussimpuls geändert werden!

Diese Erkenntnis löst bei Susi *die kreative Erfolgsintelligenz* aus:

»Wenn ich also den Impuls ändere, müsste sich auch die Richtung des Balls ändern. Die Tonne wurde anvisiert, der Ball hat die Tonne um 15 Grad rechts verfehlt, also ziele ich jetzt 15 Grad links an der Tonne vorbei, dann müsste doch . . .« Ein Gedanke – eine Tat (praktische Erfolgsintelligenz) – PENG! *Die Tonne ist erfolgreich getroffen!* Susi hat ihr Ziel erfolgreich erreicht und ist um eine wichtige Erfahrung reicher!

Ohne den Fehlschuss und ohne die Analyse der »Fehlleistung« hätte Susi nie ihr Ziel erreichen können. Warum soll ein zwingender Zwischenschritt die Verurteilung »Misserfolg« bekommen, wenn er ein notwendiger Schritt auf dem Weg zum vollen Erfolg (Resultat = Absicht) ist? So gesehen war auch *der Fehlschuss* nicht nur für den Ball, sondern auch für das Erreichen des Ziels *ein Erfolg!* Der »Fehlschuss« hatte zur Folge, dass Susi die Situation analysierte, die Schussbahn als Folge ihrer Tat erkannte, eine Hypothese für eine alternative Tat aufstellte, nach der Hypothese handelte und damit das Ziel erreichte. *Sehr folgenreich, sehr erfolgreich!*

Fassen wir die Erkenntnisse von Susi bei der erfolgreichen Ballführung zusammen und verallgemeinern sie:

1. Erfolg ist ein Prozess (Weg) von folgenreichen Handlungen. Erfolg ist eine Folge von Folgen.

2. Jedes Ergebnis und Resultat im Leben ist die erfolgte Wirkung einer verursachenden *Handlung.* Tun, Machen, Handeln, Erschaffen und Schöpfen sind das Lebenselixier des Erfolgs. Folgenloses Träumen ist das Lebenselixier der Erfolglosigkeit.

3. Setze dir Ziele, um Ergebnisse zu erreichen und dein Leben zu bereichern. Selbst gesetzte Ziele initiieren selbstverantwortliches Handeln.

4. Stehen Absicht (Ziel) und Resultat nicht in Übereinstimmung, *muss das Handeln überprüft und korrigiert werden.* Diese Korrekturen sind beharrlich und zielstrebig so lange durchzuführen, bis das Ziel endgültig erreicht ist. *Dann ist Voll-Macht erreicht!* (Erlaube dir auch Zielkorrekturen!)

5. Es gibt keinen »Misserfolg«. Entweder ist die Fehlleistung ein Zwischenschritt zum endgültigen Erfolg oder der Abbruch der Erfolgsfolge, um sich zu versagen, das Ziel zu er-

reichen. »*Misserfolg*« *ist nur eine Prüfung am Scheideweg:* Meinst du es ernst? Dann mach weiter! Ist es dir nicht so wichtig? Dann versage dir das Erreichen des Ziels!

6. Träume deine Träume, aber lass auch folgenreiche Taten folgen!

7. Beginne nichts, was nicht wert ist, unbeirrt bis zum Ende geführt zu werden! Am Beginn jeder Erfolgsfolge steht der unwiderrufliche Entschluss, das Ziel unter allen Umständen zu erreichen.

8. Bringe jeden einzelnen Schritt auf dem Weg erfolgreich zu Ende! Der Lebenserfolg ist nichts weiter als eine FOLGE von Erfolgen. *Lebe so, dass dein Lebenserfolg unvermeidlich wird.*

9. *Übernimm für alles die volle Verantwortung (keine Ausreden mehr!) und damit die Macht, es zu verändern.*

Der Höhepunkt in unserer erfolgreichen Erkenntnisfolge folgt aber erst noch: *Jeder ist in seinem Leben 100 Prozent erfolgreich!*

Denn Maßstab für den Erfolg ist nicht das Denken, sondern das Handeln. Und das heißt: Jeder lebt folgenreich das Leben, das er in der Vergangenheit verursacht hat. *Stimmen die Resultate etwa nicht mit den Träumen, Plänen und Zielen überein? Nun, dann ändere dein Handeln! Du hast die Vollmacht dazu. Dem Leben ist es egal, was du träumst, es reagiert nur erfolgreich auf dein Tun.*

Jeder ist 100 Prozent erfolgreich!

Da diese These so wichtig ist und so wenig verstanden wird, wollen wir sie etwas näher beleuchten. Diese Wahrheit zu verstehen ermöglicht es dem OPFER, sich am SCHOPF zu fassen und SCHÖPFER zu werden! Die tiefere Wahrheit dieser These ist nämlich, dass es gar keine wirklichen Opfer gibt, sondern nur Schöpfer. Ein Opfer hat nur die ersten drei Buchstaben vergessen, lebt nicht vollständig, sondern reduziert. *Jeder lebt das Leben, das er sich selbst erschaffen hat.*

Das Leben hat überhaupt keine andere Wahl, als das in Erscheinung treten zu lassen, was bestellt worden ist. So wie Susis Ball genau dahin fliegt, wohin sie ihn schießt. Er hat gar keine andere Wahl, keinen eigenen Willen.

Nehmen wir an, wir wollen per Katalog ein Kleidungsstück bestellen. Versehentlich schreiben wir auf den Bestellschein aber eine falsche Bestellnummer. Was wird die Post uns »100 Prozent erfolgreich« bringen? Was wir bestellen *wollten* oder was wir (versehentlich) *tatsächlich bestellt haben?* Woher sollte die Firma auch wissen, was wir »eigentlich« haben wollten?

So ist es auch im Leben. Wir geben nur ständig die »falschen« Bestellungen ab! Wir geben die Bestellungen an das Leben meistens schlampig auf, fragen nicht präzise genug, was wir überhaupt haben wollen *und wie unsere Bestellung genau aussehen muss, um auch 100-prozentig das zu bekommen, was wir wollen.* Und viele wundern sich, dass sie nichts Vernünftiges mit der Post erhalten. Dabei steht auf ihren Bestellungen meistens nur, was sie *nicht* haben wollen (»Keine Ehe führen wie meine Eltern!«). Wie soll bei einer solch diffusen Bestellung etwas Gescheites herauskommen?

Das ist der springende Punkt, um *sich selbst am Schopf des Schöpfers zu packen:* Es gilt einfach, eine neue, präzise Bestellung aufzugeben – und diesmal die richtige!

- *1. Schritt:* Wir fragen uns, *was in unserem Leben nicht stimmt.* Wo lebe ich nicht stimmig, was passt mir nicht, was ist zu groß, was ist zu klein, was beengend (wo haben wir eine falsche Bestellung aufgegeben)?

- *2. Schritt:* Wir fragen uns, was die falsche Bestellung verursacht hat. Welche Gedanken, Glaubenssätze, Gewohnheiten und Handlungsweisen führen dazu, eine solche falsche Bestellung entgegennehmen zu müssen?

- *3. Schritt:* Wir fragen uns jetzt präzise, *was wir eigentlich genau haben wollen. Wir probieren unsere Zukunft bereits imaginär an, wählen die Zukunft, die uns am besten passt.*

- *4. Schritt:* Wir fragen uns endlich, welche Gedanken, Glaubenssätze, Handlungen und neue Gewohnheiten wir als Bestellung brauchen, rüsten uns damit aus und geben diese Bestellung am besten schriftlich auf.

Das ist das ganze Geheimnis, um sich als »Opfer« (eine wohlgemerkt optische Selbsttäuschung) am Schopf zu packen und der bewusste Schöpfer der eigenen Lebensverhältnisse, des eigenen Lebens auch wirklich zu SEIN.

Wenn wir sowieso 100-prozentig erfolgreich sind, dann sollten wir aber auch unsere Ziele und Absichten einerseits und unsere Ergebnisse und Resultate andererseits in Übereinstimmung bringen. Es liegt nur in unserer Hand! Das ist ein Spiel, das viel mehr Freude macht.

Erfolgsintelligenz in der Schule des Lebens

Der Intelligenzquotient (IQ) wird von Psychologen gemessen, aber er zählt wenig für den wirklichen Lebenserfolg.

Erfolgsintelligenz zu entwickeln *müsste ein Hauptfach in der Schule sein,* doch normalerweise werden Fähigkeiten gefordert und gefördert, die später im Leben eine eher untergeordnete Bedeutung haben und zum Lebenserfolg nur unwesentlich beitragen können. Wesentliche Fähigkeiten dagegen werden nicht gefördert, meisten nicht einmal erkannt oder sogar für den Schulbetrieb als störend empfunden. Wer denkt da nicht an *Albert Einstein,* der wegen »geistiger Trägheit« von der Schule verwiesen wurde.

ERFOLG ist leider kein Hauptfach in der heutigen Schule.

Und umgekehrt: In der Schule der Zukunft ist ERFOLG als Fach oder Projekt oder »grüner Leitfaden« durch die Schulkarriere überhaupt nicht wegzudenken. *Eine Schule sollte doch lehren, wie wir die Schullaufbahn und das Leben erfolgreich und kooperativ meistern!*

Eines der größten Probleme in der heutigen Schule ist *der Druck durch Fremdbestimmung, der auf die Lernenden ausgeübt wird.* Jeder ist letztlich »Einzelkämpfer« und kämpft sich so durch das System, mehr durch Anpassung als Originalität (denn das stört den Unterricht und Lehrplan!). Das System honoriert keine großen und kleinen Albert Einsteins. Der »heimliche Lehrplan« der traditionellen Schulen ist es, auf Druck zu reagieren statt selbst zu agieren, Fakten, Fakten, Fakten zu erinnern, bloß keine Fehler zu machen (!), vorgegebene Aufgaben zu lösen (die »richtige« Lösung kennt der Lehrer schon längst), uns an Erwartungen anzupassen, unsere Rolle als Nichtsnutz brav zu spielen. *Wir lernen in der Schule, die Rolle des Opfers anzunehmen und (lebenslang?!) zu spielen.* Unsere Schulausbildung zum Gestalter des Lebens hieße vor allem: *das Lernen zu lernen.*

Um eine die Welt bereichernde Persönlichkeit zu werden, müssen wir das Lernen für unseren Lebenserfolg »in der Schule des Lebens« selbst in die Hand nehmen. Zu diesem Lernplan gehören die vier Ebenen des Erfolgsprozesses gemäß den vier Dimensionen der Erfolgsintelligenz:

- Wie setze ich mir herausfordernde Ziele?
- Wie löse ich mich von hinderlichen Problemen?
- Wie lasse ich mir kreative Lösungen einfallen?
- Wie entwickle ich zupackende Handlungsfähigkeit?

Die Zukunft als Vision in Besitz nehmen

Sein Leben selbst zu gestalten beginnt da, wo wir unsere Lebensaufgabe, unser Lebenswerk visualisieren, uns bildlich vorstellen können. Jedes Haus, das gebaut wird, nimmt erst die Form eines vorstellbaren Bildes an, einer Skizze, eines Plans oder eines kleinen Modells. Das Modell umfasst das ganze Haus, vielleicht sogar auch den Garten, Zufahrten, eine Anbindung an die Nachbarschaft. So sollten wir auch nach der Formulierung unserer Lebensaufgabe und der Initiierung eines auch finanziellen Reichtumssystems *unsere Zukunft ganzheitlich visualisieren können.*

Schöpfung geschieht durch eine Vision. Eine Vision gibt dem Leben Sinn und Kraft, eine Richtung. Visionen setzen uns nicht unter Druck, sondern sind eine Anziehungskraft, ein Sog. Sie ermöglichen es vor allem, alle Energien auf dieses Ziel hin zu bündeln und so eine machtvolle Kongruenz zu erschaffen.

Visionen sind allerdings kein vom Verstand diktierter Zielkatalog. Die Quelle der Vision ist nicht der Verstand. Visionen werden eigentlich auch nicht erschaffen. Sie sind schon da. Jedes Leben hat eine Vision von sich, ist der beste und vollkommene Entwurf seiner selbst. *Jeder trägt ein Bild seiner ganzen Vollkommenheit in sich, so wie das Leben als Ideal gemeint ist.* Jeder Mensch hat seine eigene Vision in seiner ganzen Originalität und Einmaligkeit. Und jede Vision enthält eine Vorstellung, einen wichtigen Beitrag für die Menschen zu leisten. Visionen sind so großartig, dass sie in einem Leben kaum realisierbar sind (was sollte danach kommen?). Große Visionen brauchen auch nicht von einem Menschen in seinem zeitlichen Leben umgesetzt werden. Andere können sie als ihre eigene Vision fortführen.

Unsere Vision wahrzunehmen ist eher ein Akt des Empfangens, des Gewahrwerdens, des Sich-Erinnerns: warum wir überhaupt dieses Leben gewählt haben, warum wir jetzt auf dieser Erde, in dieser Zeit, in diesem Land, mit diesen Mitmenschen zusammen sind. Mit dem Gewahrwerden unserer Lebensvision nehmen wir (vielleicht erstmalig) vollen Kontakt mit unserem *wahren SELBST* auf.

Quelle unserer Vision ist unsere Seele. Sie ist der Hort unserer Lebensaufgabe (eine Gabe ist ein Geschenk). Lassen wir unser Leben von unserer Vision leiten, entsteht die mächtigste Lebenskraft, die nur vorstellbar ist: *die Einheit zwischen seelischen (göttlichen), geistigen (menschlichen) und körperlichen (natürlichen) Kräften.*

Unsere Vision zu empfangen kann keine Zielsetzung für zum Beispiel ein Wochenende sein. *Wir werden vielmehr ruhig, öffnen uns und hören in uns und vernehmen die Vision, wie sie immer schon da war und darauf gewartet hat, von uns empfangen zu werden.* Wenn wir in einer liebevollen Stimmung und Schwingung sind, ist die beste Zeit, unsere Vision wahrnehmen zu können.

Lassen wir einfach die Fragen auf uns wirken als Einladung für unsere Lebensvision: *Wie bin ich, wenn ich vollkommen bin? Wie bin ich als idealer Mensch? Wie bin ich, wenn ich von Liebe erfüllt bin?* Die Antwort auf diese Fragen kommt mit Sicherheit. Wir müssen unsere Sinne nur auf »Empfang« stellen.

Aber nicht nur einzelne Menschen haben Visionen. Auch ein

Paar hat eine eigene Vision, eine Familie, eine Gemeinschaft, ein Unternehmen. *Die Vision ist die Seele jeder lebenden Einheit.*

Meisterübung 20

Bitte laden Sie Ihre Lebensvision jetzt ein, sich Ihnen bemerkbar zu machen. Nehmen Sie sich Zeit, suchen Sie einen ungestörten Ort auf, lassen Sie liebevolle Musik spielen, schaffen Sie eine Atmosphäre, in der Sie sich rundherum wohl fühlen. Und dann stellen Sie sich die Fragen (am besten laut): Wie bin ich, wenn ich vollkommen bin? Wie bin ich als idealer Mensch? Wie bin ich, wenn ich von Liebe erfüllt bin?

Alleine die Fragen versetzen uns in einen glücklichen Zustand. Es ist die Antwort der Seele darauf, dass wir ihr Achtsamkeit schenken. Wenn wir im Kontakt mit unserer Seele sind, SIND wir glücklich.

JETZT meisterhaft handeln!

Zwischen Vision und Alltag, zwischen Himmel und Erde steht eine Leiter mit vielen Sprossen, die den Namen ZIELE tragen. *Ziele sind die Erfolgsleiter von der Erde in den Himmel.* Wir gehen eine Sprosse nach der anderen, wir erreichen ein Ziel nach dem anderen.

Viele Menschen kommen sehr weit auf der Erfolgsleiter, um oben angekommen festzustellen, dass die Leiter »am falschen Haus« steht, sie gar nicht dahin gekommen sind, wohin sie eigentlich wollten. *Deshalb ist es so wichtig, die Zielerfolgsleiter an das Haus VISION zu stellen.* Ziele sind nur dann erfüllend, wenn sie von der Lebensvision geführt werden. Und wenn wir unsere Ziele an unseren Visionen orientieren, werden wir nicht nur Erfolg, sondern auch Glück und Erfüllung erfahren.

Meisterübung 21

Bitte schreiben Sie jetzt für jeden Lebensbereich *Ihr Hauptziel* mit einem gewissen zeitlichen Horizont (erreichbar in fünf oder sieben oder zehn Jahren) auf. Nehmen Sie sich dazu bitte fünf Blatt Papier mit der Überschrift, dem Thema der fünf Lebensbereiche:

1. Beruf und Berufung
2. Gesundheit und Vitalität
3. Liebe und Partnerschaft
4. Wohnen und Lebenswelt
5. Persönlichkeitsentwicklung und Lebenssinn

Formulieren Sie bitte final (wie es ist, wenn das Ziel erreicht ist) und positiv. Also zum Beispiel für den Punkt 2 nicht: Ich werde nicht mehr krank sein, sondern: *Ich bin vollkommen gesund und voller Lebensenergie.*
Im Anschluss daran schreiben Sie unter jedes Ziel fünf Aufgaben, und bedenken Sie dabei:

- Ich achte auf die Bedürfnisse meines Körpers: Ich ernähre mich gesund, bewege mich viel und achte auf Entspannung (Schlaf, Urlaub und Zeiten der Ruhe).
- Ich achte auf die Bedürfnisse meines Geistes: Ich bin offen für Neues, lerne dazu, lese anregende Bücher oder besuche weiterführende Seminare.
- Ich achte auf die Bedürfnisse meiner Seele: Ich bin in Kontakt mit meiner Seele und lebe liebevoll und glücklich. Ich lasse alles los, was mein Glück belastet.

- Ich achte auf meine eigene Harmonie: Ich nehme die Signale meines Lebens wahr, wenn etwas nicht stimmt, und stelle wieder Harmonie und Gleichgewicht her. Ich lebe im ständigen Fließen. Ich lebe gelassen und stimmig. Ich tue, was zu tun ist.
- Ich achte auf die Harmonie mit meiner Umwelt: Ich bin ein Geschenk für meine Mitmenschen. Ich lebe kompromisslos ehrlich und trenne mich liebevoll von Lebensverhältnissen, die nicht mehr zu mir passen. Ich lebe wahrhaftig und echt.

JETZT meisterhaft handeln!

Dieser Katalog von 25 Aufgaben ist die »Matrix« unseres Lebens, das, was *das Wesentliche in unserem Leben* ausmacht. Doch es sind noch keine »operationalisierbaren Ziele«, Ziele, die man direkt in die Praxis umsetzen kann.

Meisterübung 22

Dies ist der nächste Schritt: Schreiben Sie alles an Zielen auf, die sich aus dem »Aufgabenkatalog« ergeben – in einer Form, dass sie kontrolliert umsetzbar sind, zum Beispiel: Ich lege ab nächstem Monat das Kindergeld in einem Fonds an und informiere mich, welche Fondsgesellschaft ich dazu wähle. Ich zweige noch diesen Monat 500 Euro als Garantieschein in meinem Portemonnaie ab. Ich gehe jeden Tag ab 14.00 Uhr eine halbe Stunde an der frischen Luft zügig spazieren und atme bewusst tief ein.

Dies sollte ein Pool an Zielen sein (vielleicht 50), aus dem Sie schöpfen können.

Bitte formulieren Sie dann die *zehn wichtigsten Ziele auf einem Blatt Papier,* die Ihr Leben in den nächsten zwölf Monaten entscheidend beeinflussen und verändern werden, zum Beispiel: Mein Energie aufbauendes Drainagesystem ist erfolgreich installiert. Bestimmen Sie dabei auch die Reihenfolge der Wichtigkeit.

Diese Formulierungen diktiert uns noch der Verstand. Danach nehmen wir uns 14 Tage Zeit, um diese Ziele täglich zu lesen und möglicherweise in der Formulierung zu korrigieren, falls wir spüren, dass die Formulierung doch nicht so stimmig ist. Wenn wir das Gefühl haben: »So stimmt es jetzt!«, dann hat auch die Seele ihren Beitrag zur Zielformulierung geleistet, und *Ihre Ziele sind ein energiereiches Kooperationswerk von Seele und Verstand.* Und dann heißt es wieder: Loslassen, um Ihre Bestellung in Erscheinung treten zu lassen.

JETZT meisterhaft handeln!

Es ist sehr sinnvoll, diese »wichtigsten Jahresziele« mit den Menschen zu besprechen, die davon auch betroffen sein können, vor allem Lebenspartner. Legen Sie diese Ziele aber erst dann vor, wenn sie für Sie stimmig sind. Ihr Partner sollte Ihre Ziele auch nicht »korrigieren«, sondern lieber eine eigene Zielliste erstellen.

Dann kann es im nächsten Schritt sehr sinnvoll sein, die Listen miteinander zu vergleichen, sie abzustimmen und eine Liste gemeinsamer Träume und Ziele zu erstellen.

Sich von Problemen lösen!

Die meisten Menschen denken: Das Leben wäre ja so leicht, wenn es nicht durch einen Haufen von Problemen belastet wäre: Geldsorgen, Partnerprobleme, Unzufriedenheit im Beruf, Krankheiten und körperliche Erschöpfung, Sorgen mit Kindern, Nachbarn, eine innere Leere und Unausgeglichenheit, ... und was wir an Problemen noch aufführen könnten. Lassen Sie uns gemeinsam ein solches Problem lösen!

1. Schritt: *Werden Sie sich bewusst, welches Problem Sie zur Zeit am meisten belastet.* Bitte formulieren Sie dieses Problem so treffend wie möglich! *Bei Geldsorgen* formulieren Sie zum Beispiel: Ich habe ständig zu wenig Geld. Meine Geldsorgen belasten mich. Geld nimmt in meinem Leben eine zu große Bedeutung ein, weil es mir an allen Ecken und Enden fehlt.

Fällt es Ihnen auf, dass es gar nicht so leicht ist, ein Problem präzise zu benennen? Wir stecken mit »Haut und Haaren« so in einem Problem, sind so mit ihm verbunden, dass wir es *gar nicht richtig in den Griff bekommen und damit auch nicht auf den Begriff* bringen können.

Wir können es nur diffus benennen, verschwommen, ungenau, als ein »unangenehmes Gefühl«. Und Probleme haben oft etwas mit Ängsten zu tun. Was passiert, wenn ich das Problem jetzt nicht lösen kann?

Wir sind sozusagen ein Teil des Problems, gehen in ihm völlig auf. Der erste Schritt sollte uns unsere undistanzierte Verstrickung im Problem bewusst machen. Ein schöner Spruch lautet: »*Wenn du nicht ein Teil der Lösung bist, bist du ein Teil des Problems.*« Im zweiten Schritt geht es darum, *ein Teil der Lösung* zu werden.

2. Schritt: *Wir setzen uns mit dem Problem auseinander!* So, wie die Weisheit der Sprache es meint: Wir distanzieren uns von unserem Problem, gehen auf Distanz. So werden wir unser eigener »Problemberater«, indem wir aus unserer Haut schlüpfen. *Wie würde jemand aus einer anderen Perspektive mein Problem wahrnehmen?* (Wahrnehmen heißt wahrnehmen und nicht beurteilen.) Versuchen Sie also Ihr Problem *aus der Sicht eines andern* zu beschreiben (nicht zu beurteilen): Du machst eine wirklich gute Arbeit, aber du verkaufst dich unter deinem Wert. Oder: Du machst eine Arbeit, die dir keinen Spaß macht, und bringst nur durchschnittliche Leistungen. Deswegen ist dein Einkommen auch nur durchschnittlich. Oder: Du kannst nicht sparen, verschwendest dein Geld und investierst nicht in dich selbst.

Das Problem wird greifbarer, ohne dass wir schon eine Lösung gefunden hätten. Aber durch die Distanz löst sich die Angst, und wir können rationaler mit dem Problem umgehen. Schon *Albert Einstein* hat darauf hingewiesen, dass *ein Problem nie auf der Ebene zu lösen ist, auf der es in Erscheinung tritt.*

Machen wir uns das an einer Krankheit deutlich. Oft liegt die Ursache von Krankheiten auf der emotionalen Ebene (der kranke Mensch fühlt sich ungeliebt), ein körperliches Symptom tritt in Erscheinung. Die Medizin operiert (im wahrsten Sinne des Wortes) auf dieser körperlichen Ebene, »doktert« an Symptomen herum, kann das Problem auf körperlicher Ebene aber gar nicht lösen.

Genauso wenig lassen sich »Geldsorgen« *durch* »mehr Geld« *lösen.* Wir bleiben damit auf der gleichen Ebene! Wir lösen keine Ursache, sondern beheben nur kurzfristig ein Symptom. *In einem gewissen Sinne löst Geld keine Geldprobleme,* sondern verschiebt sie nur und macht sie am Ende nur noch größer (zum Beispiel bei einem Konsumkredit, der ständig erhöht wird). Geld, das nicht selbst erzeugt, sondern gewonnen oder geerbt wurde, kann die Lebenssituation der Lottogewinner oder Millionenerben in nur wenigen Jahren dramatisch verschlechtern, weil sie nicht gelernt haben, Geld zu wahren und zu vermehren. (Historisch gesehen, ist Geld jedoch ein genialer Problemlöser ersten Ranges, wie wir dargestellt haben.)

Wir sollten uns die wichtigsten Ebenen mit ihren typischen Problembereichen bewusst machen: die soziale Ebene (zum Beispiel Geldsorgen), die körperliche Ebene (ein Krankheitssymptom), die emotionale Ebene (zum Beispiel Angst), die mentale Ebene (Vorurteile, negative Denkmuster und Glaubenssätze) und die spirituelle Ebene (Sinnlosigkeit des Lebens). Letztendlich haben *alle* Probleme eine spirituelle Ursache und sind erst auf spiritueller Ebene endgültig zu lösen.

3. Schritt: Wir machen uns bewusst, *auf welcher Ebene unser Problem in Erscheinung tritt. Haben wir die Ebene gefunden, suchen wir die Ursache auf einer höheren Ebene.* Geldprobleme zum Beispiel erkennen wir als *ein Problem auf der sozialen Ebene:* der Austausch mit der Gesellschaft ist in Disharmonie.

Wo könnte nun die Ursache für diese Disharmonie auf sozialer Ebene liegen? Auf *körperlicher Ebene* könnte ich unter solchen Stressbelastungen leiden, dass ich keine gute Leistung mehr erbringe. Auf *emotionaler Ebene* könnte ich Angst vor Menschen haben, mich isolieren und für andere Menschen keinen geldwerten Nutzen bringen. Auf *mentaler Ebene* könnte ich die Einstellung und den Glaubenssatz haben: Geld ist schlecht, wer viel Geld hat, ist ein Ausbeuter. Auf *spiritueller*

Ebene könnte ich meine Berufung und Lebensaufgabe noch nicht gefunden haben und so in der Welt noch »verloren« sein.

Auf welcher Ebene auch immer wir die Ursache hinter dem Problem finden, der Problemdruck löst sich und kann in eine positive und konstruktive Lösungsenergie umgewandelt werden. *Damit erhält das anfängliche Problem eine ganz neue Bedeutung.* Statt ein Hindernis zu sein, das uns im Wege steht, wird es zu einem *Sprungbrett für unsere weitere Entwicklung.*

4. Schritt: *Wir lösen das Problem, indem wir uns von ihm lösen.* Wir erkennen die positive Bedeutung des PRO-blems, seine Rolle als Helfer, Aufgabe und Chance. Wir nehmen es dankbar an und lösen uns als Botschaft von ihm. Geldsorgen könnten so eine ständige Erinnerung sein: Du lebst nicht dein Leben! Wache auf, mach was aus dir! Fördere deine Talente! Leiste deinen Beitrag, deine Lebensaufgabe! Nur dafür wirst du gut belohnt!

Probleme sind nur *eine Sprache des Lebens,* die uns darauf aufmerksam machen, dass es weitergeht.

Sie sind Störungen unserer Selbstzufriedenheit, Wachstumskrisen, Geburtswehen oder Herausforderungen. Manche sehen die Evolution, das Wachstum als ein unaufhörliches Lösen von Problemen. *Denn wenn ein großes Problem einmal gelöst ist, dann sind wir in unserer Entwicklung auch einen großen Schritt weiter.* In Wahrheit stellt uns das Leben immer genau vor die Probleme, die wir brauchen, um uns in Richtung unserer Lebensvision zu entwickeln. *Es sind die Lektionen in der Schule des Lebens.*

Lösungen ein-fallen lassen

Noch haben wir für unser Problem keine Lösung, sondern es nur als Helfer für unser Weiterkommen (dankbar) losgelassen. Dies war vor allem die Arbeit unseres Verstandes, der die Ebene der Ursache unseres Problems analysiert hat. *Wir haben uns von Druck befreit,* uns steht Lösungsenergie zur Verfügung. *Jetzt kommt der kreative Part der Problemlösung.* Und wir erkennen sehr schnell: Kreativität entfaltet sich nur frei von Druck. *Solange der Problemdruck noch existiert, ist die kreative Lösung blockiert.*

Eine amerikanische Studie zeigte, dass bei allen großen wissenschaftlichen Entdeckungen und Errungenschaften die intuitive Lösung eine überraschend große Bedeutung hatte: *Über 80 Prozent der Lösungen wurden nicht auf analytischem, sondern auf intuitivem Weg gefunden.* Die Wissenschaftler haben die Lösung nicht durch Nachdenken gefunden, sondern *durch einen genialen Einfall:* Nachdem die Forscher sich eine bestimmte Zeit mit dem Problem »auseinander gesetzt« hatten, mussten sie sich von ihm lösen, es sozusagen als »unerledigt beiseite legen«, um plötzlich »über Nacht« (oft im wahrsten Sinne des Wortes) und häufig unerwartet einen Einfall für die Lösung zu finden.

Wie lassen wir uns eine Lösung »ein-fallen«? Dazu sind zwei Schritte notwendig (wir setzen unsere vier Problemlösungsschritte fort):

5. Schritt: *Nachdem wir die Ebene für die Ursache unseres Problems erkannt haben, stellen wir uns möglichst präzise eine »Problemlösungsfrage«.* Solche Fragen könnten sein: Wie baue ich meinen Stress ab, um wieder mühelos leistungsfähiger zu sein? Was habe ich Menschen zu bieten und wie gehe ich auf

Menschen zu? Wie werde ich liebenswerter? Wie erhöhe ich meine Attraktivität, meine Anziehungskraft als Mensch und Partner? Was ist meine Einmaligkeit und wie kann ich welchen Menschen damit nutzen?

So wie das Leben nur auf konkrete Bestellungen reagiert, reagiert unsere Intuition, unsere Kreativität auch nur auf eine konkrete »Aufgabenstellung«. Wir stellen ihr eine präzise Frage und warten, was sie sich dazu einfallen lässt. *Wir lassen einfach unseren »Einfallsreichtum« (auch ein Instrument des Reichtums!) für uns arbeiten.*

6. Schritt: Damit uns etwas ein-fallen kann, müssen wir natürlich auch *offen* sein. Uns für einen Ein-fall zu öffnen heißt vor allem, *achtsam zu sein, was uns zu-fällt,* und den kritischen und zweifelnden Verstand für diese Zeit zu beurlauben. *Jede Frage an unseren Einfallsreichtum wird in Fülle beantwortet!* Wir sollten jetzt besonders achtsam sein in Bezug auf »Zufälle«, denn sie sind das, was uns zu-fällt.

Unsere Frage könnte zum Beispiel lauten: »Wie baue ich meinen Stress ab, um mühelos leistungsfähiger zu werden?«

»Zufälle«, die jetzt passieren könnten: Sie nehmen eine Zeitung in die Hand, die Sie bisher noch nie interessiert hat, und Sie finden einen Artikel, der Ihre Frage beantwortet. Sie haben mit niemandem darüber gesprochen und bekommen plötzlich ein Buch zum Thema Stressmanagement geschenkt. Sie nehmen ein Gespräch am Nebentisch war, und jemand erzählt, dass in der nächsten Woche ein Seminar über Stressabbau bei der örtlichen Volkshochschule stattfindet. Sie bekommen plötzlich Lust, statt mit dem Auto mit dem Fahrrad zur Arbeit zu fahren, und stellen schon nach kurzer Zeit fest: Ihr Stress ist wie weggeflogen – Sie sind viel energiegeladener. Sie bekommen eine neue Stelle angeboten, die ihnen viel mehr Spaß macht – das Problem hat sich wie von selbst gelöst.

Es gibt keine Zufälle. Das, was uns als Zufall erscheint, haben wir selbst *hervor-gerufen.* Wir haben danach gerufen. »Ach, so ein Zufall! Genau das habe ich jetzt gebraucht!« Wie oft ist Ihnen das schon widerfahren?

Macht es da nicht Sinn, Zufällen nicht nur zufällig über den Weg zu laufen, sondern ganz bewusst nach ihnen zu rufen? *Ja, gerade in unserer Frage an unseren Einfallsreichtum rufen wir nach Zufällen.* Wir müssen sie nur erkennen und nutzen.

Der Verstand ist damit natürlich nicht so glücklich, weil er lieber den Helden spielen würde. Zufälle hervorrufen! Nein, das ist nicht sein Ding. Da macht er lieber dicht. Und genau: Wenn der Verstand das Kommando übernimmt, sind wir für Einfälle verschlossen, nehmen sie nicht wahr, dann ziehen Zufälle an uns vorbei, ohne dass wir zupacken. *Doch die Wahrheit ist: Im selbst hervorgerufenen Zu-fall liegt der intuitive Ein-fall, liegt die kreative Lösung.*

Entschlossen und entschieden handeln!

Wie oft wussten wir schon, was zu tun ist, und haben *den entscheidenden letzten Schritt* zum vollen Erfolg doch nicht getan: zu handeln! *Was hält uns davon ab, zu tun, was zu tun ist?*

Häufig sind es *1.-Klasse-Ängste.* Wir könnten uns blamieren und dumm dastehen, abgelehnt oder ausgelacht werden, einen Fehler machen, nicht mehr geliebt oder ignoriert werden. Ja, diese Ängste könnten aus unserer ersten Schulklasse kommen, als wir noch rot im Gesicht anliefen, wenn unser Name genannt wurde. Wie solche Kindheitserfahrungen prägen! Wie kindlich wir uns in entscheidenden Situationen des Handelns doch verhalten können.

»Moment, wieso kindlich? Es gibt eine Menge Vernunft-gründe, weshalb unsere Ängste völlig berechtigt sind«, hören wir schon unseren Verstand dazwischenfahren! Unser Verstand ist oft ein guter Partner unserer Ängste. Er weiß sie zu »rationalisieren« (Ratio ist sein Job!) und den Kindheitsängsten ein erwachsen klingendes Alibi zu verleihen.

Wo wir *Ängste* haben, da sind wir *eng*. Etwas verstopft, und Handlungsenergie kann nicht frei fließen. Wir sollten in dieser Situation nicht auf den Verstand hören, dass es schon ganz in Ordnung sei, nicht zu handeln. *Wir sollten vielmehr allen Mut zusammennehmen, um kraftvoll zu handeln,* wie ein kräftiger Wasserstrahl die Rohrverengung gleich mit wegspült. *Mut zum Handeln löst diese Verengung. Und oh Wunder, das Rohr ist wieder frei!*

Unsere Kindheitsängste können sich lösen, und *unser ICH kann im mutigen Handeln erwachsen werden.* Handeln ist eine SELST-Therapie.

Doch der Verstand spielt uns beim entschlossenen Handeln auch in anderer Hinsicht einen Streich.

»Bist du dir ganz sicher?«, fragt er teuflisch, »mir kommen da meine Zweifel!« Zweifeln ist neben der Rationalisierung von Ängsten die zweite Lieblingsbeschäftigung des Verstandes: »Man könnte es so sehen – oder auch so. Das spricht dafür – das spricht dagegen. Was wäre, wenn…«, sind seine Standardformeln, die wir nur zu gut kennen. Wir können ihm 100 Gründe nennen, weshalb jetzt ein entschlossenes Handeln wichtig ist, ER liefert uns *100 und einen Grund,* weshalb es besser ist zu warten, denn die Umstände könnten ja noch viel günstiger sein.

Der Verstand kann uns keine Entscheidung abnehmen! Er ist zu sehr darauf getrimmt, für jeden Fall auch eine Alternati-

ve zu konstruieren. Das ist ja eben sein Zwei-fel: Er hat mindestens Zwei-Fälle.

Bei jedem Schritt, den wir tun, reklamiert er: Halt, stopp!
Hier gibt es nicht nur einen Weg, sondern auch einen anderen.
Wenn wir dem Verstand folgten, kämen wir auf unserem Weg
keinen Schritt weiter, denn wir stünden *ständig* vor Scheide-
wegen. Und wir hören ihn schon wieder: »Das spricht für den
einen Weg – und das für den anderen.« Und wenn wir genau
zuhören, dann nehmen wir auch seinen Nachsatz noch war:
»Ich habe keine Ahnung, was richtig ist, entscheiden musst du
dich schon selbst!« *Gut, dann entscheiden wir uns auch selbst!*
Ein unwiderruflicher Entschluss macht Schluss mit solchen
Zweifeln. Eine klare Entscheidung macht Schluss mit Scheide-
wegen. Wir handeln entschlossen und entschieden »aus dem
Bauch« heraus.

Und oh Wunder! Es ist meistens die richtige Entscheidung.
»Handeln aus dem Bauch« (mag es ein stimmiges Gefühl oder
die Intuition sein) ist der Weg zum Erfolg. Selbst wenn wir dabei einen Fehlschuss setzen, dann wird er eben korrigiert, zehn-
mal besser als Nichts-tun.

Wenn wir außerordentlichen Erfolg haben wollen, müssen
wir an dem entscheidenden Punkt des Handelns den Verstand
verlieren (ihn hinter uns lassen, den Pfeil loslassen).

Meisterübung 23

Haben Sie die Problemlösungsfrage an Ihre Intuition für
kreative Einfälle und Zufälle schon gestellt?

JETZT meisterhaft handeln!

Energisches Handeln bereichert die Welt

Handeln, Handeln und Handeln! Wir handeln zum Ersten, wenn wir etwas tun, machen, erschaffen, schöpfen. Wir handeln zum Zweiten, wenn wir Produkte und Leistungen austauschen, wir am Handel teilnehmen. Wir handeln zum Dritten, wenn wir Werte und Preise von Produkten und Leistungen verhandeln, aber auch unseren eigenen Wert und Preis auf dem Markt.

Kann eine Sprache noch deutlicher werden, wenn es darum geht, wie Reichtum (ReichTUN) geschaffen wird?!

1. Handeln als Machen. Wir tragen zum Reichtum der Gesellschaft bei, indem wir für andere etwas tun, etwas machen, etwas herstellen, etwas leisten. *Wir nutzen unsere Potenziale und Talente, um anderen zu nutzen.* Wir bereichern ihr Leben durch unsere Leistung.

Lebens-Erfolg bedeutet in diesem Sinne: seine Talente, Potenziale, Lebensaufgaben und Visionen erkennen (handeln!), ihren Nutzen für andere Menschen erkennen (handeln!) und daraus für andere nützliche Produkte und wertvolle Leistungen entwickeln (handeln!).

Dies können wir realisieren in einer Firma, deren Firmenvision sich mit unserer persönlichen überschneidet. Es ist leichter möglich, wenn wir beruflich selbstständig sind (handeln!) oder uns zumindest die Möglichkeit einer nebenberuflichen Tätigkeit geschaffen haben (handeln!).

Wer nichts für andere tut und sein Handeln nicht auf das Interesse anderer ausrichtet, der stellt sich ins Abseits der gesellschaftlichen Reichtumsentwicklung und kann in seinem gesellschaftlichen Einkommen auch nur mit einem Almosen rechnen.

2. Handeln als Tauschen. Wir müssen unsere Leistungen und Produkte auf den (Arbeits-)Markt bringen, um als Tausch Einkommen zu erhalten: Hier zeigt sich, wie andere unsere Leistungen einschätzen, welchen Wert sie für andere haben. Bin ich auf dem Markt (auch als Arbeitskraft) einzigartig und gefragt oder durchschnittlich und austauschbar?

Der Markt ist *ein wichtiges Regulativ* für uns. Gleichgültig, wie hoch unser eigenes Selbstwertgefühl ist: *Der Markt zeigt uns, was für einen Wert wir wirklich für andere haben.* Und darauf kommt es an. Denn er ist die Quelle unseres (aktiven) Einkommens.

Die meisten Menschen verdienen finanziell tatsächlich nur das, was sie verdienen. Denn es kommt *auf die faktische Leistung* für die Gesellschaft an, *den Fremdwert in den Augen anderer,* und nicht auf Ausbildung, Diplome oder Selbstüberschätzung.

Ein Mensch, der arbeitslos ist, ist als Mensch sicher wertvoll. Aber er steht außerhalb des Prozesses, Werte für die Gemeinschaft zu schaffen, und trägt nichts mehr zur Steigerung des gesellschaftlichen Reichtums bei. Seine Arbeitslosigkeit ist Nutzlosigkeit. Er schafft keinen Nutzen mehr.

Der Markt zwingt uns, über zentrale Fragen unseres Wertes für die Schaffung gesellschaftlichen Reichtums nachzudenken – und das gilt auch für »Arbeitslose« (handeln!): Wie verbessere ich meine Leistung für die Gesellschaft? Wie finde ich die Menschen, die meine Leistungen am dringendsten brauchen? Wie erhöhe ich meine Attraktivität, Originalität, Einzigartigkeit? Wie entwickle ich eine feste und partnerschaftliche Beziehung zu meinen Kunden, Auftraggebern oder Arbeitgebern, so dass ich »unersetzlich« bin? Wie qualifiziere ich mich weiter? Wir multipliziere ich meine Fähigkeiten durch kooperative

Teams: Partner, Mitarbeiter oder Arbeitskollegen? Wie mache ich mir auf dem Markt einen NAMEN?

Der Markt als » Umschlagplatz für Reichtum« fordert unser ständiges Handeln heraus. Er fordert uns, das Beste aus uns herauszuholen, um das Beste für die Gesellschaft zu leisten. Denn die Evolution des gesellschaftlichen Reichtums verlangt das Beste von uns! Das Reichtumssystem der Gesellschaft *honoriert* unsere Einzigartigkeit als Mensch und die Einzigartigkeit unseres Nutzens für andere.

3. Handeln als Verhandeln. Wir haben schon bei der Diskussion um Aktien erkannt: Im Markt gibt es immer zwei Werte, die wir klar auseinander halten müssen, *den Wert und den Preis.*

Aktien können über oder unter ihrem Wert im Kurs (Tagespreis) gehandelt werden, sie sind überbewertet oder unterbewertet. *»Wert«* ist eine weitgehend objektive Eigenschaft, *»Preis«* dagegen eine subjektive, psychologische Eigenschaft. *Verhandeln heißt, einen Preis unabhängig vom Wert aushandeln.* Der Käufer will möglichst wenig bezahlen, der Verkäufer nicht zu Eigenkosten verkaufen, sondern selbstverständlich einen möglichst hohen Gewinn machen.

Unser Einkommen auf dem Markt spiegelt letztlich nicht das wider, was wir wert sind oder unsere Leistung wert ist, sondern für welchen Preis wir unsere Leistung verkaufen. Auch das kann über- oder unterbewertet sein. Dies gilt nicht nur bei Selbstständigen, die ihre Leistungen direkt dem Markt anbieten und sozusagen täglich in der Preisverhandlung stehen. Dies gilt auch für Angestellte, die in einem Arbeitsvertrag ihren Preis (Stundenlohn oder Monatsgehalt) »verhandelt« und sich damit einverstanden erklärt haben.

Einen guten Preis für unsere Leistung als Einkommen zu erzielen ist überaus bedeutend für den Aufbau unseres privaten Reichtums. Wir können uns nach den letzten Kapiteln leicht ausrechnen, was es bedeuten würde, monatlich zum Beispiel 1000 Euro unter dem Wert unserer Leistung bezahlt zu werden.

Wir haben immer gute Karten, wenn unsere Leistungen so einzigartig und originell sind, dass wir keine »Konkurrenz« haben. *Es gilt also, durch Einmaligkeit »konkurrenzlos« zu werden.* Am besten ist, wir stellen für andere so wertvolle Leistung zur Verfügung, dass der Marktpartner sagt: *»Das will ich – koste es, was es wolle!«*

Um einen guten Preis für die eigene Leistung zu erzielen, gilt es, die Leistung auch *gut zu verkaufen.* Das ist so wichtig wie die Leistung selbst. *Der Nutzer meiner Leistung wird durch den Verkauf davon überzeugt, dass er ein wirklich wertvolles Produkt erworben hat, und wird damit auch wertvoll und wertschaffend umgehen!* Durch einen guten Verkauf unserer Leistung wird der Wert dem Kunden viel besser signalisiert.

So kann es kommen, dass ein Forscher, der in einem Labor ein Heilmittel gegen Krebs entwickelt, von unserer Gesellschaft wesentlich schlechter bezahlt wird als ein Callgirl für wohlhabende Männer, die davon lebt, sich selbst und ihren Körper teuer zu verkaufen. Es gehört nicht zur Ausbildung des Forschers, sich auch noch gut zu verkaufen, auch wenn seine Leistung für die Gesellschaft überaus wertvoll ist.

Unsere Fragen sind also: Wie schaffe ich eine konkurrenzlose Leistung (handeln!)? Wie verkaufe ich meine Leistung, so dass ich auch einen guten Preis dafür erziele (handeln!)?

Ein Wort noch zu *»Freundschaftspreisen«.* Ist es nicht auch kurios in unserer Gesellschaft, dass man Freunde schlechter bezahlt als Fremde? »Mach mir einen Freundschaftspreis« heißt ja im Grunde: »Ich will dich schlechter bezahlen, als deine Leistung wert ist.« Ist ein »Freundschaftspreis« so gesehen nicht eine Provokation? *Einen guten Preis für unsere Leistung zu erhalten heißt auch, uns auf »Freundschaftspreise« nicht einzulassen.*

Das Geheimnis erfolgreicher Führung

Das Macht-Geheimnis ist auch ein Führungsgeheimnis: Wer die Macht über sein Leben errungen hat, der führt sein Leben zielklar und erfolgreich. Der hat sein Leben »im Griff«. Wer die Autorität über eine größere gesellschaftliche Gruppe von Menschen und anerkannte Macht erworben hat, der führt nicht nur sich selbst, sondern auch Menschen (als Unternehmer, als Politiker, als Meinungsmacher, als »Trendsetter«).

Das Geheimnis der Führung besteht darin, sich auch führen lassen zu können. Wer sich nicht hingebungsvoll führen lassen kann, der kann auch nicht erfolgreich führen.

- Wir haben in den Gesetzen des Erfolges gesehen, dass der Verstand eine wichtige Rolle spielt, um sich *mit einem Problem auseinander zu setzen und sich von ihm zu lösen.* Hier ist klare Gedankenführung unerlässlich.

- Wir haben gesehen, dass die Sprossen der Leiter von der Erde in den Himmel *klare Zielformulierungen* sind. Auch hierbei hilft uns ein brillanter Verstand.

- Bei der *Entdeckung unserer Lebensvision* ist der Verstand hilflos. Uns mit unserer Lebensvision vertraut zu machen bedeutet, Kontakt mit unserer Seele aufzunehmen, die Vision intuitiv zu empfangen. *Unser Leben als Hingabe an unsere Vision zu führen heißt, sich von der Seele führen zu lassen.*

- Auch da, wo *unsere Kreativität für Lösungen und Innova-*

tionen gefragt ist, lassen wir uns von der Macht der Intuition führen: Durch Problemlösungsfragen rufen wir geniale Einfälle und hilfreiche Zu-fälle hervor.

- *Unsere letzte Entscheidung, unser letzter Entschluss zum Handeln* kommt »aus dem Bauch«. Wir lassen uns wieder von unseren stimmigen Gefühlen leiten. Das Handeln selbst ist wieder rational.

Eine erfolgreiche Lebensführung ist eine Kooperation von bewusster Führung durch Denken und Handeln und Führenlassen durch stimmige Gefühle und Intuition. Diese Kongruenz ist das Geheimnis der Macht. Es gilt nicht nur für die eigene Lebensführung, sondern auch die verantwortungsbewusste Führung anderer Menschen.

Das Leben märchenhaft gestalten

Das Leben erfolgreich zu führen, wie wir es im letzten Kapitel beschrieben haben, ist ein wichtiges *Zwischenstadium*. Es ist im wahrsten Sinne des Wortes *notwendig*, das eigene Leben aus Fremdbestimmung zu befreien und in den Griff zu bekommen. Doch *das wahrhafte Leben* fängt erst danach an, wenn wir *eine Meisterin des Lebens* werden, unser Leben märchenhaft gestalten, das Leben nicht länger »beherrschen« müssen, sondern es erschaffen und genießen können.

Die beherrschte Lebensführung entfaltet sich, indem Probleme ständig erfolgreich gelöst werden. *Die meisterhafte Lebensgestaltung* dagegen kennt keine Probleme mehr: Wir haben uns endgültig vom Reagieren auf Probleme oder Leiden gelöst.

Unser Leben ist keine Reaktion auf Umstände mehr, sondern die meisterhafte Kreation der Umstände selbst. Waren wir einst Spielfiguren in den Händen anderer, wurden wir mit der erfolgreichen Lebensführung selbst der Spieler in unserem Leben. Jetzt sind wir so weit, das Spiel und die Spielregeln selbst zu bestimmen, unser Leben als Märchen-Spiel selbst zu kreieren.

Die Vision: Ein märchenhaftes Leben
Stellen wir uns vor:
- Wir haben uns von Krankheiten befreit und *leben in vollkommener Gesundheit und kraftvoller Vitalität.* Unser Körper ist in hohem Maße regenerationsfähig und alterslos. Wir achten, lieben und pflegen ihn als unsere Wohnstätte, als Tempel unseres Lebens.

- Wir sind ganz erfüllt davon, unsere Lebensaufgabe zu erfüllen. *Wir leben kompromisslos und sanft unsere Lebensvision.* Unsere schöpferische (bezahlte) Tätigkeit macht uns Freude. Wir beschreiten den Weg der Freude und Leidenschaft. Unser Leben ist »Urlaub von der Arbeit für immer«, und wir lassen uns für unsere wertvollen und die Welt bereichernden Leistungen und Dienste fürstlich bezahlen.

- *Wir verfügen jederzeit über bedeutend mehr Geld, als wir für unseren Lebensstil brauchen.* Mit unserem überflüssigen Reichtum (es fließt über) sind wir *Wohltäter für andere Menschen und die Gesellschaft.* Denn *unser Wohlstand* ist auch ein Ausdruck dafür, *wie wohl es auch um andere Menschen steht.* Die Qualität einer Gemeinschaft und Gesellschaft ist immer daran abzulesen, wie die Geringsten dieser Gemeinschaft behandelt werden: Alte, Kinder, Tiere und Pflanzen.

- Wir leben in einer *Lebenswelt, die uns ein Segen ist.* Unsere Wohnstätte ist eine heilsame Kraftquelle. Sie ist in der Natur integriert und steht im Einklang mit der Natur um uns herum. Unsere Lebenswelt ist unser Paradies.

- Wir sind der ideale Lebenspartner und *leben in einer idealen Partnerschaft.* Indem wir uns selbst annehmen und lieben, können wir auch andere Menschen annehmen, so wie sie sind, und sie vollkommen lieben. In unserer Sexualität »erkennen wir«, wer wir wirklich sind, keine Einzelwesen, sondern eine intime Gemeinschaft von Wesenheiten. Wir erfahren uns in sexueller Ekstase als Zweiheit und erfahren uns in *vollkommener Liebe,* die wir auch an unsere Kinder, Eltern und andere Menschen als größtes Geschenk weitergeben können.

- Wir leben *in innerem Frieden und Zufriedenheit* – nicht nur mit uns selbst, sondern auch mit unseren Mitmenschen. Wir tragen dazu bei, dass der Frieden in der Welt zwischen Menschen und Menschen, zwischen Mensch und Natur wiederhergestellt wird. *Unsere Friedenstat heißt Kooperation* (und nicht Konkurrenz).

• Unser Leben dient *unserer stetigen SELBST-Verwirklichung*. Das Beste für uns zu tun und unser Bestes für die Gemeinschaft zu tun sind in vollkommenem Einklang. Wir werden reichlich dafür belohnt, dass wir unser SELBST verwirklichen.

• Wir leben in einem Zustand, in dem wir keine Fehler mehr machen. *Wir leben so bewusst, dass wir immer genau das Richtige tun:* tun, was zu tun ist. Wir nehmen die Lebensumstände nicht mehr als Problem wahr und reagieren nicht mehr auf Umstände, sondern schaffen uns das, was wir erschaffen möchten.

• *Wir erschaffen jederzeit, was immer wir sein, tun und haben wollen.* Unser Leben ist ein unaufhörlicher Schöpfungsprozess, ein Meisterwerk.

Diese Vision eines märchenhaften Lebens, in dem wir König und Königin unseres Reiches (ohne Untertanen) sind, IST unsere tiefe Sehnsucht. Die wenigsten Menschen jedoch schenken ihrer Sehnsucht Glauben. Gut, wir kaufen Produkte, die »ewige Jugend«, den »Jungbrunnen« versprechen. Denn die Werbung spricht unsere tiefe Sehnsucht tatsächlich an, ohne sie erfüllen zu können. Doch das ist ihre emanzipatorische Stärke: Sie »verführt uns« zu unserer Sehnsucht.

Aber glauben wir wirklich daran, unseren Körper alterslos zu erschaffen, uns ewige Gesundheit zu erschaffen, ein Leben voller Vitalität zu erschaffen? Glauben wir daran, in vollkommener Liebe leben zu können, was den Genuss ekstatischer Sexualität einbezieht? Glauben wir daran, fürstlich für etwas bezahlt zu werden, das uns reine Freude ist? Glauben wir daran, im Wohlstand zu leben und Wohltäter für andere sein zu können? Glauben wir wirklich, dass wir *die Macht dazu* haben?

»Das gibt es doch nur im Märchen!«, beruhigt und betäubt schnell unser Verstand unsere tiefe Sehnsucht. Und da haben wir schon den »Übeltäter« auf frischer Tat ertappt!

Loslassen, die Vierte

Lassen wir unseren Verstand ruhig noch ein wenig ungestört weiter schwadronieren, damit er sich in seiner ganzen Begrenztheit zeigen kann:

»Wir können im Leben nicht alles haben!«, »Ein Leben im Paradies ist langweilig. Wer will schon das Paradies auf Erden?«, »Das Leben ist nun mal ein Jammertal, Erlösung bringt das Leben nach dem Tod.«, »Wo kämen wir denn hin, wenn alle...« (Ja, wo kämen wir dann eigentlich hin?!), »Schuster, bleib bei deinen Leisten!«, »Das Leben macht erst richtig Spaß, wenn man die Sau rauslassen kann.«, »Nur ein Leben in Leiden zu führen ist heilig.«, »Alter ist eine Krankheit.«, »Geld verdirbt den Charakter.«, »Wenn ich reich bin, lieben die Leute nur mein Geld, und ich habe keine wahren Freunde mehr.«, »Was der eine gewinnt, hat der andere verloren.«, »Viel Geld macht man nur mit brutaler Rücksichtslosigkeit.«, »Reichtum ist ungerecht, weil ungerecht verteilt.«, »Viel Geld schafft Sorgen und Probleme.«, »Wer den Himmel auf Erden sucht, hat im Erdkundeunterricht nicht aufgepasst.«

Unser Verstand schwätzt nur *gedankenlos* das nach, was er von anderen vorgekaut bekommen hat. Er ist mit solchen Sprüchen ein erb-ärm-licher Wiederkäuer. Aber ist das *unser*

Leben? Ist das *unser* Lebenspotenzial? Sind wir wirklich so zwergenhaft? Oder macht uns unser Verstand zum Zwerg, weil er sich mehr nicht zutraut?

Wenn wir an diesen Glaubenssätzen der Selbstbegrenzung festhalten, sind wir gefangen wie Affen: In Südindien wendet man eine einfache Falle an, um Affen zu fangen. Man befestigt eine Kokosnuss, innen hohl, mit einem Loch darin an einem Baum, so dass sie ein Affe sehen und angelockt werden kann. Dann legt man einen Leckerbissen für den Affen hinein und lässt die Falle los – geht einfach weg.

Der Affe kommt sofort, greift in die Kokosnuss und will den Leckerbissen haben. Mit der vollen Hand aber kann er die Hand nicht mehr aus dem Loch ziehen, dafür ist es zu klein – und schon sitzt er in der Falle. Er ist gefangen. Dabei müsste er nur loslassen, und er wäre wieder frei. Aber genau das macht der Affe nicht! Und das ist sein Verderben. Diese Gier kostet ihn seine Freiheit.

Solche begrenzten Glaubenssätze sind die vermeidlichen »Leckerbissen«, an denen wir festhalten. Wir halten fest und sind gefangen in der Falle des eingeschränkten, begrenzten Lebens. Statt aus uns herauszukommen und unser Leben als Riesen zu leben, kauern wir uns in einem Schneckenhaus zusammen.

Der Weg zu einem märchenhaften Leben führt darüber, diese kleinkarierten Glaubenssätze loszulassen, um unsere Potenziale in Freiheit und Größe entfalten zu können. *Wie aber loslassen?!*

Den Verstand verlieren!

Die größte Übeltat unseres Verstandes ist es, uns von unserer Seele zu entfremden. Er ist sich seiner erbärmlichen Lebensphilosophie bewusst und hat »ein schlechtes Gewissen« der Seele gegenüber. Er redet uns deshalb ein, unsere Seele würde uns wegen unserer Lebensweise verurteilen.

Denn Urteilen ist ein Job unseres Verstandes. Er denkt, indem er urteilt. »Urteile« und besserwisserische Kommentare abzugeben ist sein Lebenselixier: Das ist gut. Das ist schlecht. Das ist böse. Das ist richtig. Das ist falsch. Das ist verrückt. Der hat keine Ahnung. Das ist ein Spinner. Je zynischer der Verstand in seinem Urteil ist, für umso brillanter hält er sich.

Er macht uns weis, die Seele würde uns verurteilen, uns erzieherisch mit erhobenem Zeigefinger beobachten und schlecht über uns denken. Wenn wir nach Sex, Geld, Erfolg, Macht und märchenhaftem Leben streben, sei unsere Seele zutiefst erzürnt und müsse von ihm, unserem Verstand, in Schach gehalten werden.

Dabei ist die Seele das erhabenste Gefühl, das wir kennen: die bedingungslose Liebe!

Die Wahrheit ist: Unsere Seele liebt uns so, wie wir sind. Sie liebt uns, wenn wir nach Sex streben (sie will Hingebung erfahren!), sie liebt uns, wenn wir nach Reichtum streben (sie will Wohlstand erfahren!), sie liebt uns, wenn wir nach Erfolg streben (sie will Beherrschung erfahren!), sie liebt uns, wenn wir nach Macht streben (sie will sich machtvoll erfahren!), sie liebt uns, wenn wir nach einem märchenhaften Leben streben (sie will sich meisterhaft erfahren!). Die Seele will Selbstverwirklichung mit allem, was es an lebendigen Erfahrungen nur gibt.

Und das ist für den Verstand unfassbar!

Wir erfahren unsere Seele unverfälscht, wenn wir so verliebt sind, dass wir den Verstand verloren haben. Wir haben aufgehört, den anderen Menschen zu beurteilen. Wir lieben ihn ohne jede Bedingung. Der Verstand fährt dazwischen: »Das ist nicht realistisch! Der andere Mensch hat Fehler. Du trägst als Verliebter eine rosarote Brille.« Die Seele entgegnet: Die Seele sieht das, was für die Augen (mit oder ohne Brille) unsichtbar ist – die Seele des anderen. In der Liebe sehen wir den anderen, wie er wirklich gemeint ist, nicht wie er sich gerade »realistisch« gibt. Die Seele sieht bereits das Große im Kleinen und kann so auch das Kleine lieben. Die Seele kennt keine Fehler. Das ist nur eine Sicht- und Seinsweise des Verstandes.

Der Verstand ist ein ausgezeichneter Mitarbeiter der Abteilung »Denken und Analyse« in unserem Unternehmen LEBEN. Er ist ein Rebellenführer, wenn es *gegen Abhängigkeit und Fremdbestimmung* geht. Wenn der Verstand das tut, worin seine Stärken liegen, dann kann er das Leben bereichern. *Doch der Verstand ist anmaßend. Er hält sich für die Krone der Schöpfung und will maßgebend sein. Er war der Kommandeur der Machtergreifung und will jetzt das Kommando behalten.* Der Verstand ist jedoch keine Meisterin, die das Leben meisterhaft zu führen in der Lage ist. Er ist ein beherrschender Rebellenführer, aber keine weise Königin über ein Friedensreich.

Wir können nur den Verstand verlieren, wenn wir unserer Seele die Führung übergeben. Sie kämpft nicht um die Führung. Sie kennt kein Kämpfen und hat unendliche Geduld mit uns. Ihr muss die Führung unseres Unternehmens LEBEN übertragen werden, sie möchte um die Führung gebeten werden. *Unsere Seele IST die Meisterin.* Je mehr wir unser Leben durch unsere Seele führen lassen, desto meisterhafter und märchenhafter können wir unser Leben gestalten. *Unsere Seele ist die Garantie für ein meisterhaftes Leben.*

Die Seele liebt uns, wir sollten auch unsere Seele lieben. Das

Leben liebt uns, wir sollten auch das Leben lieben. Je mehr unser Leben eine Liebesbeziehung (vor allem uns selbst gegenüber) wird, desto mehr wird es von unserer Seele geführt.

Meisterübung 24

Wir können sofort Kontakt zu unserer Seele aufnehmen! Setzen wir uns vor einen Spiegel und sehen uns ins linke Auge (im Spiegel erscheint es als rechtes!). Unsere Augen sind der direkte Zugang zu unserer Seele. Ein trüber Blick im Spiegel wird wohl erst durch einige Schichten Betrübtheit und Traurigkeit gehen, bis er liebevolle Klarheit und leuchtendes Strahlen der Seele erreicht hat.   .

Deswegen sollte die Übung zunächst nur fünf Minuten dauern und bei jedem tiefen und tränenden Erlebnis beendet werden. Wir wiederholen die Übung täglich. Irgendwann ist der Punkt erreicht, dass wir uns selbst vollkommen ruhig, strahlend und liebevoll (selbstverliebt) über eine lange Zeit in die Augen sehen können. Dann leben wir vollkommen präsent!

JETZT meisterhaft handeln!

Führung durch Intuition

Wie können wir ein Leben »am Verstand vorbei« führen? Wie den Verstand (seine Zweifelhaftigkeit) »ausschalten«? Wie können wir den Verstand, die »Ratio«, die eingefahrenen Denk- und Glaubenssätze *loslassen und aus der Führung unseres Unternehmens entlassen?* Vor allem: Wen setzen wir stattdessen ein?

Wir überlassen die Lebensführung unserer Intuition. Sie ist unsere innere Stimme, die Stimme unserer Seele, die ständig zu uns spricht, durch die lauten Selbstgespräche des Verstandes aber selten wahrgenommen wird. Sie besteht aus unseren stimmigen Gefühlen.

Unser erster Handlungsimpuls kommt meistens aus der Intuition. Dann greift der Verstand ein: »Halt, stopp, ich habe da meine *Zweifel und Bedenken.*« *Der denkende Verstand ist ein zweifelhafter »Bedenkenträger« unseres Unternehmens.* Er ist die Bremse, die uns davon abhält, im Leben abzuheben, einen wirklichen Durchbruch durch die Wolkendecke zu erfahren, damit wir auf eine märchenhafte Umlaufbahn kommen.

Die Seele sagt: »Zehn Prozent des Einkommens spenden? Ausgezeichnet! Wir leben in Reichtum und Überfluss und helfen anderen! Sofort! Füll den Scheck aus!« Der Verstand: »Die Idee ist ja gut, ABER noch nicht jetzt! Jetzt brauchen wir jeden Cent, jeden Pfennig, jeden Rappen, jeden Groschen. Jetzt tut sparen weh. Später, wenn wir mal richtig Geld verdienen, dann sind wir enorm großzügig!« Die Seele: »Spenden tut nie weh! Es ist ein grandioses, ein reiches Gefühl!« (Jeder kennt diese Dialoge!)

Doch der Verstand setzt sich meistens durch. Er ist lauter und dominanter.

Die Seele kämpft gar nicht um die Führung. Sie führt nur, wenn sie darum gebeten wird. Sie liebt auch den Verstand und lässt auch ihn seine Erfahrungen machen. Wir geben der Seele und unserer Intuition eine Chance, indem wir uns nach einem neuen Handlungsmuster verhalten.

Zur Erinnerung aus dem letzten Kapitel, der *Erfolgsprozess* ist:

Problem ➤ Nachdenken ➤ Problemlösung ➤ Handeln!

Jetzt versuchen wir so häufig wie möglich (»immer öfter«), unseren Handlungsimpuls direkt umzusetzen. Der *intuitive Prozess* lautet:

Intuitiver Handlungsimpuls → Handeln!

Wir stellen fest, dass *die Handlungsfolge aus dem Erfolgsprozess* von einem Problem initiiert wird. Und so hat ein weiser Denker das Denken einmal definiert: »Denken ist etwas, das auf Schwierigkeiten folgt und dem Handeln vorausgeht.«

Die *Handlungsfolge in einem intuitiven Prozess* wird nicht von außen initiiert, von einem Problem oder einer Schwierigkeit, sondern ist ein spontaner, von innen kommender Impuls. So geschieht Schöpfung! Wir schlagen dem Verstand also ein Schnippchen, indem wir ihn gar nicht erst zu Wort kommen lassen. Wir setzen unsere intuitiven Handlungsimpulse (Das solltest du tun, das ist jetzt das Beste für dich!) *sofort und bedenkenlos* in Handlung um. Dabei stehen wir nicht »unter Strom«, sondern setzen den Handlungsimpuls in ruhiger Gelassenheit um.

Konstruktive Handlungsimpulse kommen meistens aus unserer Intuition. Ein unstimmiges Gefühl wie Angst dagegen sagt ja eher: »Nicht handeln! Nichts tun!« Vielleicht noch: »Weglaufen!« Das sind keine energischen und konstruktiven Handlungsimpulse, denen wir unbedingt und gedankenlos Folge leisten sollten. Unstimmige Gefühle entstehen aus Drucksituationen. Intuitive Handlungsimpulse dagegen ergeben sich eher, wenn wir *nicht unter Druck* stehen, sondern wie Kinder in einer *freudigen Stimmung* sind und uns sozusagen fragen: »Und was spielen wir jetzt?«

Wenn sich so durch die sofortige Umsetzung von Handlungsimpulsen Seele und Handlung verschwistern, dann wird auch der Verstand geläutert. Nach den für ihn an Wunder grenzenden Erfolgen dieser Kooperationsgemeinschaft kann er wirklich *nach-denken, wie so etwas überhaupt möglich war.* So versteht er mit der Zeit, seine beschränkenden Denk- und Glaubenssätze als unpassende Altkleidersammlung beiseite zu räumen und sich mit ganz neuer Kleidung, neuen Denk- und Glaubenssätzen zu versorgen.

Wir spenden also zehn Prozent unseres Einkommens! Unsere Seele jubiliert (nicht weil sie über den Verstand triumphiert hat, sondern weil sie Spenden einfach gut findet). Wir fühlen uns wohl, auch wenn der Verstand in der Ecke schmollt. *Und dann passiert das Wunder: Wir ziehen immer mehr Geld an, wir schaffen immer mehr Überfluss und können immer mehr von unserem Wohlstand abgeben.* Und irgendwann muss auch der Verstand zugeben: »Die haben ja doch Recht!« (seine Art, es zu formulieren). *Und er spielt geläutert in der Kooperationsgemeinschaft unseres Unternehmens LEBEN wieder mit: inspirative Seele, handelnder Körper und denkender Verstand.*

Die neuen Kleider sind *Denk- und Glaubenssätze des Verstandes,* die ganz im Sinne der Führung durch die Seele maßgeschneidert sind.

Märchenhafte Wunder durch rasches Handeln zu vollbringen überzeugt den Verstand viel mehr und nachhaltiger als alle anderen Methoden, ihn umzuprogrammieren. Vor allem: Wir haben das Wunder bereits vollbracht, und dem Verstand bleibt nichts als Bewunderung.

Seiner Intuition bedenkenlos folgen lässt sich lernen. Als »Kompaktseminar« am besten im Urlaub, wenn wir unter keinem Druck stehen und einem spontanen Handlungsimpuls wirklich folgen können. Wir lassen uns durch Intuition und Zufälle leiten, machen ganz ungewohnte Erlebnisse und erfahren uns ganz neu.

Meisterübung 25

Machen Sie doch Ihr nächstes Wochenende zu einem Festival Ihrer Intuition. Verwöhnen Sie sich selbst, genießen Sie sich selbst, verlieben Sie sich neu (in sich selbst), und machen Sie das, was Ihnen ganz spontan einfällt.

JETZT meisterhaft handeln!

So entsteht SELBST-Vertrauen

Es heißt: Erfolg macht erfolgreich. Gleichermaßen gilt der Satz: Intuition schafft Selbst-Vertrauen. Je mehr wir unserer Intuition *anvertrauen* und die wundervollen Resultate achtsam in Empfang nehmen, desto mehr *Selbst-Vertrauen* entwickelt sich. Wir werden uns immer stärker gewiss, dass wir nicht nachkäuen müssen, was andere uns vorgekaut haben, dass wir nicht nach der Pfeife anderer Leute tanzen müssen, sondern wir unser Unternehmen LEBEN unserer eigenen Führung anvertrauen können.

Echtes Selbstvertrauen ist auf einem anderen Weg als dem innigen Kontakt zur eigenen Seele auch gar nicht zu erreichen.

Unsere Seele ist es, die uns dazu führt, unser Leben märchenhaft und meisterhaft zu gestalten. Unsere Seele ist alterslos und kennt keine Krankheiten. Unsere Seele ist der Hort unserer Lebensvision, unserer Lebensaufgaben. Unsere Seele ist in das Geheimnis des natürlichen Reichtums eingeweiht. Unsere Seele lebt im Paradies und hilft uns, paradiesische Umstände zu erfahren. Unsere Seele ist Liebe und Ekstase und sehnt sich nach der Vereinigung mit anderen Seelen (ihre größte Sehnsucht). Unsere Seele ist Frieden und Kooperation.

Unsere Seele IST unser ganzes Potenzial, IST das SELBST, das sich verwirklichen will, IST unser wahres Wesen. Die Sehnsucht unserer Seele ist es, dieses Potenzial nach außen zu tragen, sich in der Verwirklichung, im Schöpfungsprozess SELBST zu erfahren. *Wem sollten wir vertrauen, wenn nicht unserer Seele?*

Der Schöpfungsprozess

Durch das intuitive, bedenkenlose Handeln wird also auch unser denkender Verstand geläutert. Denn erst wenn alle Kräfte unseres Unternehmens LEBEN im Einklang miteinander stehen und sich gegenseitig fördern, lernen wir den Schöpfungsprozess zu meistern: Wir erschaffen in unserem Leben alles das, was wir sein, tun und haben wollen. Wir gestalten unser Leben märchen- und meisterhaft. *Der Schöpfungsprozess vollzieht sich in sieben Schritten:*

- *1. Schritt: Am Anfang steht das Verlangen, die Sehnsucht der Seele,* ihren inneren Reichtum (Liebe als höchste Form) als äußeren Reichtum *zu erfahren.* Sie weiß, was Reichtum IST, doch sie will es auch leidenschaftlich und ekstatisch ERLEBEN.

- *2. Schritt:* Die Seele teilt uns ihr Verlangen über Gedanken, Bilder, Wünsche, Träume, Freude, Glück, Liebe, Einfälle und Zufälle mit. Wenn wir achtsam sind, nehmen wir diese Zustände als Verlangen und Sehnsucht unserer Seele wahr.

- *3. Schritt: Der Verstand bringt das Verlangen der Seele in Form,* übersetzt es in gesprochenes oder geschriebenes Wort. Im Wort findet das Verlangen bereits eine starke Kraft vor, sich zu verwirklichen. Der Verstand formuliert. Die stärkste Schöpferkraft findet eine Formulierung durch *ICH BIN...*

- *4. Schritt:* Der Verstand imaginiert den Zielzustand, besetzt die Ziele mit immer stärkerer Energie, Emotion und Handlungswillen. Er ist sich innerlich gewiss (Gewissheit und Glaube), dass er sich so selbst verwirklicht. *Das höchste Gefühl ist das der Dankbarkeit* im Voraus (Es ist vollbracht!).

- *5. Schritt:* Der Verstand *betrachtet die Realität (IST-Zustand),* die es zu verändern gilt (in den SOLL-Zustand). Was ihm nicht mehr entspricht, sieht er als Wahl der Vergangenheit und lässt es mit Vergebung, Liebe und Segen los. Er hat eine neue Wahl getroffen.

- *6. Schritt:* Der Verstand lässt den Auftrag ans Leben in die Realität los *im Vertrauen,* dass die Schöpfung in Erscheinung tritt.

- *7. Schritt:* Unser tägliches energisches, konzentriertes und kompromissloses Handeln ruft unsere Schöpfung lebendig hervor. Kompromisslosigkeit im Handeln heißt nur noch den Weg der Freude zu gehen. *Das Leben bringt unsere Schöpfung vielfältig in Erscheinung, und wir nehmen sie auch achtsam an.*

Lassen wir uns *diesen Schöpfungsprozess an einem Beispiel* erläutern, wie wir uns von Krankheit selbst heilen.

Das Verlangen und die Sehnsucht unserer Seele ist es (1. Schritt), dass unser Körper so gesund ist wie die Seele selbst. Die Seele schmerzt die Disharmonie zwischen ihrer eigenen, vollkommenen Gesundheit und der Krankheit des Körpers. Sie sendet uns Heilungsbotschaften. Unsere Seele ist unsere Heilerin.

Wir sind diesen Botschaften gegenüber offen und achtsam (2. Schritt). Wir finden ein Buch, das unsere Krankheit erklärt, wir lesen einen Artikel, sehen eine Fernsehsendung. Wir bekommen Kontakt zu Menschen, die ebenfalls von unserer Krankheit betroffen sind. Wir tauschen uns aus. Unsere Krankheit verliert das Dämonische, den Charakter als »medizinischer Fall«. *Wir erahnen, dass wir etwas für unsere Heilung tun können, und lassen uns nicht nur medizinisch versorgen.*

Der Verstand setzt sich mit der Krankheit auseinander. Er IST nicht mehr identifiziert mit der körperlichen Krankheit, sondern geht auf Distanz (3. Schritt). Er beginnt, die Botschaft der Krankheit zu verstehen, das Leben selbstverantwortlich zu verändern. Die Krankheit ist kein Schicksalsschlag mehr, sondern *Heilung liegt in seiner Macht.*

Der Verstand setzt sich das Ziel, gesünder und liebevoller zu leben. *Er erkennt seine Krankheit als Selbst-Entfremdung und verordnet sich die Therapie »Selbst-Verwirklichung«.* In der höchsten Form seiner Schöpfungskraft formuliert er: *ICH BIN Gesundheit.*

Der Verstand *visualisiert den Zustand der Gesundheit* (4. Schritt). Er sieht den Körper vor seinen Augen wieder gesund und vital. Er kann dieses Bild der Heilung mit immer mehr Liebe besetzen. Er macht weder sich selbst noch anderen für die Krankheit Vorwürfe. Seine Heilungsenergie ist Liebe zu sich selbst und seinem Körper. In dieser Liebe entsteht die innere *Gewissheit und der Glaube,* wieder gesund zu werden. *Ein tiefes Gefühl der Dankbarkeit für die Genesung erfasst den Verstand.*

Der Verstand geht in die Realität der Krankheit, um sie zu verändern (5. Schritt). Er erkennt *die Herausforderung der*

Krankheit: Wie viel Lebenswillen besitzen wir (noch), um eine Wende zur Heilung im Leben zu vollziehen? (Krankheit ist immer auch Resignation und nachlassender Lebenswille.)

Der Verstand nimmt die Krankheit als Botschaft für ein neues Leben liebevoll an. Nur so kann er sich von der Krankheit lösen. Er verzeiht und vergibt jedem, den er für die Krankheit bisher verantwortlich gemacht hat, er macht niemandem einen Vorwurf – auch der Medizin nicht. Medizin kann körperliche Krankheit lindern, einen Krankheitsverlauf verlangsamen oder gar zum Stillstand bringen, auch zeitweilig Besserung hervorrufen.

Doch die Heilung liegt in uns selbst, und die Medizin kann sie uns nicht abnehmen, sie verschafft uns nur eine Atempause und Zeit, uns selbst zu heilen. Es liegt an uns, die Zeit zu nutzen, welche uns die Medizin durch ihre Therapieform schenkt.

Der Verstand lässt die Krankheit los und entscheidet sich für kompromisslose Gesundheit mit allen Konsequenzen für sein Leben. Gesundheit ist Ausdruck von Lebenswillen, Lebenskraft, selbstbewusstes Schwimmen im Strom des Lebens – oft auch energisch gegen die Strömung.

Der Verstand lässt Krankheit los im festen Vertrauen, dass der Heilungsprozess eingesetzt hat (6. Schritt). Für ihn ist Krankheit kein Thema mehr. Er denkt nicht mehr daran. Er wendet sich einem neuen Lebensthema zu, dem Beruf, der Liebe. *Wenn wir wirklich so weit sind, dass wir uns nicht mehr mit Krankheit beschäftigen, das Wort zu einem Fremdwort geworden ist, dann ist die Heilung vollzogen.*

Der handelnde Verstand gestaltet die Lebensverhältnisse um (Ernährung, Bewegung, Entspannung, Lebenswelt), nicht um verbissen gesund zu werden, sondern weil es einfach gut tut (7. Schritt). Wir lassen unsere innere Heilerin ihr Werk tun.

Wir achten auf ihre Impulse und handeln danach. Wir erfahren (fast unbemerkt) unsere neue Gesundheit als Spiegel unserer Geburt zu einem neuen Leben.

ICH BIN Reichtum

Ähnlich vollzieht sich der meisterhafte Schöpfungsprozess der finanziellen Gesundung, die Schaffung finanzieller Fülle, Wohlstands und Reichtums.

Unsere Seele ist die Quelle des Reichtums. Reichtum ist für sie ein sehr umfassender Begriff, der Evolution, Grenzenlosigkeit, Überfluss, Lebensfreude, Ekstase, Vielfalt und Wunder beinhaltet. Allseitigen Reichtum in unserem Leben erzeugen wir im dritten Schritt durch unser schöpferisches *»ICH BIN Reichtum!«*

Das ist die Geheimformel für den meisterhaften Umgang mit Geld. Es macht Sinn, sie mit allen Sinnen zu verinnerlichen und in Einklang mit der Seele zu bringen: aufschreiben, malen, täglich lesen, laut sprechen, singen, tanzen – ICH BIN REICHTUM.

Diese *Schöpfungsformel* vereint Seele, Geist und Körper in einen machtvollen Prozess und lässt Fülle, Wohlstand und Reichtum in allen Bereichen unseres Lebens in Erscheinung treten, kurz ein märchenhaftes Leben wahr werden.

Diese Schöpfungsformel nicht als Leerformel »nachzubeten«, sondern in ihrer ganzen Schwingungsfrequenz zu erfassen und auch selbst auszustrahlen erfordert eine gewisse Reife. Dieses Buch mag zu dieser Reifung beitragen.

Meisterübung 26

Wir wollen Ihrem Verstand seinen Job nicht nehmen, ihm nicht vorkäuen, was er nur nachzukauen hat. *Bitte erstellen Sie jetzt nach den sieben Schritten ihren Schöpfungsplan für finanzielle Gesundung und allseitigen Reichtum.*

JETZT meisterhaft handeln!

3. TEIL
Geld als heilsame Kraft

Fassen wir die bisher wesentlichen Erkenntnisse unseres meisterhaften Umgangs mit Geld aus den ersten beiden Teilen zusammen:

Unser neu gewonnenes *Geldbewusstsein* macht uns bewusst, dass *Reichtum* nur ein anderes Wort für *Evolution und Wachstum* ist. Die ganze Schöpfung ist ein Heraustragen innerer Reichtums-Potenziale in die äußere Realität. *Geld* hat in der Geschichte der Menschheit dabei eine besondere Rolle gespielt, wurde für den Reichtum unserer Kultur *ein genialer Evolutionsfaktor* – ähnlich wie die Schrift. Geld ist ein ideelles Speichermedium, speichert erbrachte Leistung und Wert für die Gesellschaft, ist allseitig austauschbarer Energieträger und letztlich »potenzielle Energie«, um mit seinem Vermögen etwas zu vermögen, in Bewegung zu setzen, Spuren zu hinterlassen.

Das Geldgeheimnis offenbart uns, dass Geld in unser Leben fließt, wenn wir in unserem Leben ein Energie aufbauendes System schaffen. *Wir erzeugen grenzenlose Energie,* wenn wir unseren grenzenlosen inneren Potenzialen durch Handeln den Weg in die Wirklichkeit zeigen. Wir kanalisieren das einkommende Geld vermögensaufbauend. Wir investieren Geld in uns und unsere Zukunft und das gesunde wirtschaftliche Wachstum der Gesellschaft, indem wir Geld intelligent anlegen und wachsen lassen.

Die Geheimformel für den meisterhaften und märchenhaften Umgang mit Geld lautet: *ICH BIN Reichtum.*

Sie wird zur Schöpfungsformel, wenn sie für uns keine Leerformel ist, sondern wir uns in Resonanz mit der heilsamen Schwingung dieser Formel befinden.

Mit diesen Erkenntnissen haben wir eine liebevolle und heilsame Einstellung zu Geld gewonnen. Wir sind auf REICHTUM eingestellt und haben uns *bewusst in den Prozess der Evolution* gestellt.

Doch wir können in keinem isolierten, privat eingerichteten Paradies leben. Wir sind Teil eines größeren Ganzen. Wir können nicht wirklich gesund sein, wenn das Ganze krank ist. *Wir leben erst dann im wahren Wohlstand, wenn es auch um die Erde und die ganze Menschheit wohl steht.*

Wir müssen den meisterhaften Umgang mit Geld noch um die dritte Dimension vertiefen. Der Fluss des Geldes findet nicht im luftleeren Raum statt, sondern in ganz konkreten gesellschaftlichen Verhältnissen: heute in einer dramatischen Krise der Menschheit und des Planeten Erde. *Was bedeutet es unter den heutigen Umständen konkret, für die Gesellschaft wertvolle Dienste zu leisten, Wertvolles zu erbringen?* Die Antwort kann nur lauten: *Unseren wertvollen und geldwerten Beitrag zu leisten, um die Krise der Menschheit zu überwinden!* Das ist das Thema dieses dritten Teils des Geldgeheimnisses.

Im Gift ist das Heilmittel verborgen

Geld haftet der Nimbus an, als Übeltäter für die Lage der Menschheit verantwortlich zu sein: Geldgier und Profitsucht sind schnell als Grund für das egozentrische Verhalten unserer kapitalorientierten Gesellschaft ausgemacht. Doch ist es nicht mehr als bequem, Geld als den »Teufel« zu maskieren? Ist es nicht vielmehr ein teuflisches Ablenkungsmanöver, um uns nicht mit dem wirklich Entscheidenden auseinandersetzen zu müssen: *unserem eigenen Denken und Verhalten?!*

Ein Messer kann tödlich sein – in den Händen eines Schlächters oder Mörders. Ein Messer kann Leben retten – in den Händen eines Chirurgen. Das Messer ist weder mörderisch noch lebensrettend. Es ist einfach Messer: *Hand-werks-zeug,* das erst in den Händen eines Menschen zum Wirken gebracht wird und etwas erzeugt.

Oder unsere *Schrift:* Wie viele Millionen und Abermillionen Seiten wurden und werden mit Schriften gefüllt, die Lügen enthalten, Ideologien und Propaganda verbreiten, zu Hetze, Gewalt und Krieg aufrufen. Ist Schrift die Wurzel allen Übels? Ist Schrift Teufelswerk, weil sie Träger von Lügen, Propaganda und Hetze sein kann? Schrift wird benutzt, um Denken zu verbreiten. Welches Denken sich der Schrift bedient, kann die Schrift selbst nicht beeinflussen. Das ist alles.

Und doch ist Schrift ein genialer Evolutionsfaktor! Wie viele herrliche Bücher gibt es auf der anderen Seite, wo *Schrift uns »Heilmittel« ist:* Wir lesen einen Liebesroman oder Bücher über Gesundheit und Vitalität, die unsere Heilung initiieren. Wir lesen philosophische Schriften, aufklärende Fachbücher, die unser Denken erhellen. Wir schreiben selbst Tagebücher oder Briefe, die unser Denken zum Ausdruck bringen.

Nicht anders geht es dem Geld: Mit Geld werden Armeen und Kriege finanziert, Menschen und Waffen gehandelt. Geld fließt da, wo Wälder gerodet werden, wo Natur und Menschen ausgebeutet werden.

Geld fließt aber auch da, wo Fabriken gebaut werden, wo Menschen Arbeit und Einkommen finden. Geld ermöglicht ein komplexes System von Schule und Ausbildung. Mit Geld werden Kliniken finanziert.

Geld geht es so wie der Schrift: *Es fließt, wo Destruktion am Werk ist, und es fließt, wo Konstruktives erbracht wird. Die Schrift jedoch ist ein lichtes Medium,* um gelesen zu werden, Öffentlichkeit und Bekanntheit zu schaffen. Schrift ist festgehaltenes, transparentes Denken. *Geld dagegen führt ein Schattendasein,* ein Leben im Verborgenen, im Geheimen.

Formulieren wir es zum Ende der Einleitung dieses dritten Teils provokant so: *Geld ist eine Heilkraft, wenn Geld aufhört, ein Geheimnis zu sein.*

- Wir kennen *das Geldgeheimnis,* haben unsere Einstellung zu Geld geheilt.

- Wir kennen *die Gesetze des Geldes* (wie man Geld vermehrt) und können uns durch den achtsamen und bewussten Umgang mit Geld die materiellen Verhältnisse so einrichten, dass wir finanziell gesund sind.

- Wir kennen *die Schöpfungsformel für Reichtum,* die uns ein märchenhaftes Leben im heilsamen Wohlstand ermöglicht.

- Wir tragen zur *Heilung der Welt* bei, indem wir den von uns erzeugten Geldstrom in wertvolle Projekte leiten.

- Wir schaffen selbst *finanzielle Transparenz,* so dass durch unser Handeln Geld aus seinem geheimnisvollen Schattendasein befreit wird und so selbst zu einer lichten und heilsamen Kraft gewandelt werden kann.

Die Bedeutung der Agrarrevolution vor 10 000 Jahren

Vor etwa 10 000 Jahren ereignete sich auf dieser Erde ein dramatischer Wandel. Diese Revolution hat unser Leben als Menschen grundsätzlich verändert, die *Grundlage für die menschliche Weltkultur* geschaffen! Bis dahin haben wir in kleinen Horden getrennt voneinander gelebt. Mit der Agrarrevolution begann die Menschheit zusammenzuwachsen, so dass wir uns heute dieses Prozesses bewusst werden können.

Wir haben als Menschheit die Epoche des Mangels verlassen und die Epoche des Reichtums und der Fülle betreten. »Reichtum und Fülle« waren zwar zunächst nur sehr wenigen unserer Gattung vorbehalten. Aber die Gesellschaft produzierte jetzt so viel Überfluss, dass von den »arbeitenden Klassen« wie Sklaven, Bauern und Handwerkern immer mehr Menschen miternährt werden konnten: Fürsten, Priester, Krieger.

Uns geht es hier ganz urteilsfrei nur um *die Tatsache des Überflusses,* den die neue Gesellschaftsform vorbringen konnte, unabhängig davon, wie dieser Überfluss hervorgebracht und verteilt wurde.

Es ist sehr lehrreich, uns diese Agrarrevolution wieder in Erinnerung zu rufen, helfen uns die grundlegenden Erkenntnisse doch, *die fundamentale Krise in unserer heutigen Welt besser zu verstehen.* Denn der Umbruch, den wir heute erleben, ist noch eine Auswirkung der Agrarrevolution vor 10 000 Jahren und wird sie an Tiefe in den Schatten stellen.

Die Revolution begann in Kleinasien: Aus umherziehenden Nomaden wurden *sesshafte Bauern.* Diese *neue Kultur der ei-*

genständigen *Nahrungsproduktion* war der alten Kultur des Nahrungssammelns so weit überlegen, dass sie bald zur herrschenden Kultur der Menschheit wurde. *Der Mensch begann sich von der Nahrungsbeschaffung in der Natur unabhängig zu erklären, begann sich die Erde, die Natur und andere Menschen untertan zu machen!* Aus dem Naturwesen Mensch wurde *ein produzierendes Gesellschaftswesen,* das sich eine eigene – von der Natur losgelöste – produktive Kultur wie eine zweite Natur erschuf.

Die jedoch unvergleichlich größere Zeit waren die Menschen als Naturwesen Nomaden, mehr als eine Million Jahre, mehr als 99 Prozent der Menschheitsgeschichte. *Diese Zeit hat unser »kollektives Unterbewusstsein« als Menschen sehr stark geprägt.* Es ist ein großes Reservoir, aus dem wir Kraft und Gelassenheit für die Überwindung der gegenwärtigen Weltkrise schöpfen können. Wir sind beides: Natur- und Gesellschaftswesen. *Die neue, im Entstehen befindliche Kultur der Menschheit wird auf den inneren Reichtum unserer naturverbundenen Urahnen zurückgreifen. Uralte Werte dieser frühen Kultur werden in den nächsten Jahrzehnten eine Wiedergeburt erleben.*

Leben von der Hand in den Mund

Vor dieser Agrarrevolution lebte die Menschheit über eine Million Jahre lang als »vagabundierende« Nomaden von der Hand in den Mund: Wir aßen das, was wir an Früchten, Samen und Knollen fanden, erlegten Tiere und ernährten uns von deren Fleisch.

Wir zogen in kleinen Gruppen und Stämmen immer genau dahin, wo es gerade eine tierische oder pflanzliche Nahrungsquelle gab (wie zum Beispiel die Indianer zu den Büffel- oder die Nordländer zu den Rentierherden).

Häufig mussten wir tage- und wochenlang warten, bis wir wieder reichlich Nahrung gefunden hatten. Wir lebten im Nahrungsmangel, waren noch nicht in der Lage, Nahrung über längere Zeit zu konservieren oder gar selbst zu produzieren: Die Nahrung musste sofort konsumiert werden, bevor sie verdarb.

Unser Körper hat sich darauf eingestellt: Wir können uns »voll fressen«, um »Winterspeck« anzusetzen, um für magere Zeiten Energiereserven gespeichert zu haben. Wir können andererseits auch tagelang oder wochenlang ohne Nahrung auskommen (fasten).

Halten wir eine Sekunde inne: Ist dieses Verhalten unserer Vorfahren uns heute wirklich so fremd? Leben heute nicht immer noch viele Menschen im Mangelzustand »von der Hand in den Mund«? Und sind viele nicht immer noch »Nomaden« geblieben, indem sie immer an den Ort ziehen, an dem sie ihr Geld verdienen? Ziehen viele nicht auch heute noch von einem Arbeitsplatz zum anderen – wie die Nomaden den Beutetieren hinterher?

Die naturverbundene Kultur der Nomaden

Doch neben diesem *täglichen Kampf um Nahrung* ist die Kultur der Nomaden überaus beachtenswert.

Die Indianerstämme Nordamerikas lebten noch vor ihrer Kolonialisierung durch die Weißen als Nomaden. Ihre Lebensweise und Weisheit fasziniert uns nach wie vor. Und auch heute noch gibt es Nomaden, die uns zeigen, dass sie eine überaus beachtenswerte Kultur hervorgebracht haben wie zum Beispiel die Aborigines in Australien. Wir können den inneren Reichtum dieser Menschen, die äußerlich in vollkommener Besitzlosigkeit leben, immer mehr verstehen und bewundern.

Diese nomadischen Kulturen zeichnen sich dadurch aus, dass sie sehr naturverbunden sind. *Sie stehen in einem sehr engen und ehrfürchtigen Kontakt zur Natur, leben im Einklang mit ihr.* Sie kennen häufig keine Krankheiten oder haben mit ihren Schamanen und Medizinmännern unglaubliche Heilmethoden (zum Beispiel bei Knochenbrüchen) entwickelt, die für unsere Medizin an Wunder grenzen.

Das Denken des Naturmenschen ist instinktiv und mystisch. Natur und Naturgewalten sind für ihn Göttinnen und Götter.

Die Männer jagen Wild (denken wir an Mammut-, Rentier- oder Büffel-Jäger), ziehen dem Jagdwild oft wochenlang hinterher. Die Frauen bleiben in den Quartieren und ernähren sich und die Familie zwischenzeitlich durch das Sammeln von Beeren, Früchten, Wurzeln und Kleintieren. Sie sind die Hüterinnen des Feuers, der Wärme und Geborgenheit.

Frauen wie Männer in den Nomadenstämmen erleichtern sich über die Jahrhunderte die Arbeit. Sie erlernen, *Herden zu domestizieren* und als Hirtenvölker mit ihnen zu ziehen. Aus der Domestizierung wird *die bewusste Viehzucht.* Mit dem Sesshaftwerden der Bauern wird das Herdenvieh zum Haustier. Frauen beherrschen, wo die Quartiere in regelmäßigen Abständen wieder aufgesucht wurden, bald den Gartenbau. Auch das ist ein wichtiger Zweig für den später mit der Sesshaftigkeit möglichen, groß angelegten Ackerbau.

Nomaden kennen keine Schrift (und erst recht kein Geld). Sie leben als Stämme und Gruppen in relativer Isolation und Autarkie. Das Leben *vollzieht sich sehr offen und gesellig,* Sexualität zum Beispiel ist nicht tabuisiert. Es gibt kein »Privateigentum« an Grund und Boden. Eigentum ist das, was man für seine Lebensverhältnisse selbst hergestellt hat: Kleidung, Schlafstätten, Geschirr und Werkzeuge.

Das Leben der Menschen strahlt trotz ihrer äußeren »Armut« *Frieden, Glück und Freude* aus. Auch wenn wir mit unserer natürlichen Kultur keinen äußeren Reichtum hervorbrachten, scheinbar in Armut lebten, haben wir *mit unseren Mythen und unserem Naturwissen einen beneidenswerten inneren Reichtum* entwickelt.

Dieser innere Reichtum, die Naturverbundenheit, das Gruppenbewusstsein, die Achtung des Lebens unserer Urahnen sind innere Quellen, aus denen wir heute wieder schöpfen können, wenn wir die Fehlentwicklungen der patriarchalischen Kultur überwinden wollen.

Das Patriarchat entsteht

Die Agrarrevolution ist der Beginn des Patriarchats, der Herrschaft weniger über viele, der Ausbeutung und Unterdrückung »Minderwertiger« (Kinder, Frauen, Sklaven, andere Völker), des Krieges und der Eroberungen. Vieles wurde im ersten Teil des Buches schon angedeutet, wir wollen es hier bei Stichworten bewenden lassen:

- Grund und Boden wurden *Privateigentum.*
- Die Menschen wurden »auf ihrer Scholle« *sesshaft,* bauten Dörfer und später Städte.
- Die *Schrift* entstand, um Ordnung in das neue Gefüge zu bringen: Grund und Boden wurden vermessen, Besitz aufgezeichnet und beurkundet, Verträge geschlossen.
- Die Schrift hilft auch bei der Einführung des *Steuersystems,* der Zwangsabgaben. Die Bauern hatten zum Schutz vor Fremden Herrscher und Krieger zu unterhalten.
- Durch dieses zwanghafte Abgabensystem entwickelten sich der Schrift kundige Beamte, welche die Steuereintreibung überwachten, *Staat und Bürokratie* entstanden.

- Es entwickelte sich eine immer differenzierte *Arbeitsteilung:* Manche Handwerker stellten nur noch das Werkzeug her (zum Beispiel Pflüge) und erhielten dafür im Tausch von den Bauern Nahrungsmittel.
- Statt des Naturalhandels entwickelten sich Gold und *Geld als allgemeine Tauschmittel.* Händler und Kaufleute lebten von diesem Tauschhandel.
- Dieser Fortschritt zog aber auch *Kriege* und den Aufbau einer Kriegerkaste (Armeen) nach sich: Grund und Boden und Reichtum konnten geraubt und mussten verteidigt werden.

Dies sind nur die Ankerpunkte für das neue Denken und Bewusstsein, das mit dem Patriarchat und der produktiven, der Reichtum produzierenden Gesellschaft entsteht.

Das analytisch-logische Denken entsteht

Das Denken der Menschen änderte sich fundamental und damit ihr Bewusstsein. Das Zeitalter der Philosophen, Mathematiker und Astronomen begann. Aus dem kindisch-anschaulichen (mystischen) Denken wurde ein immer abstrakteres, logisches und lineares Denken: Wenn ich A tue, folgt B, wenn ich X tue, folgt Y.

Physiologisch ist das die Zeit, in der sich die äußere Gehirnschicht, die Neocortex, mit den beiden Gehirnhälften herausbildet, die letzte große arttypische Ausprägung von uns Menschen als biologische Art.

- *Der Raum* wird aus dem natürlichen Lebensraum zu einem abstrakten Gebilde, das man messen kann, das Dimensionen hat, das auch vermessen werden kann. *Raum wird abstrakt.*

- Die Menschen »fallen in die Zeit«: *Zeit* wird aus einer zyklischen Naturbewegung (Mond- und Sonnenzyklus, Jahreszeiten) zu einem linearen Kontinuum, das sich messen lässt. Zeit dreht sich nicht mehr im Kreis (Zyklus), sondern schreitet linear und kontinuierlich voran. *Zeit wird ein lineares Bezugsystem.*

- *Ursache und Wirkung* (Kausalität) werden als zentrales physikalisches und geistiges Gesetz erkannt: Jede Ursache hat eine Wirkung, jeder Aktion folgt eine Reaktion. *Handeln wird folgerichtig, folgenreich und erfolgreich.*

- Mit dieser Logik des Denkens entstehen *Mathematik und Technik.* Die Bewegungen der Gestirne am Himmel lassen sich berechnen und voraussagen! Grund und Boden werden vermessen, Landkarten können entstehen. Prachtvolle Gebäude, Paläste, Städte können mit mathematischer Berechnung und technischer Ingenieurskunst erbaut werden.

- Da alles ein klar strukturiertes Wirkungsgefüge ist, lässt sich *das Ganze analysieren, in Teile zerlegen.* Die Idee entsteht, dass es ein kleinstes Teilchen geben müsse, das man nicht mehr teilen kann: das Atom (»das Unteilbare«). Die naturwissenschaftliche Suche nach »dem Kern der Sache« im kleinsten Teilchen, im Atom, beginnt (eine gewaltige Illusion dieser Denkweise!).

- Mit all diesen Abstraktionen kann sich auch *die Schrift* aus einer Bild-Symbolik zu abstrakten Zeichen herausbilden. Auch die Schrift ist *linear und analytisch* (reduziert auf einzelne Buchstaben, gestaltet sich als lineare Aneinanderreihung von Zeichen). Die Erfindung der Schrift ist zunächst ein Werkzeug, die Welt zu ordnen, Gesetze aufzuschreiben, Besitztümer per Vertrag zu regeln. Doch dann wird die Schrift zum adäquaten Mittel für philosophische und politische Betrachtungen. *Schrift ermöglicht es, Denken (Philosophie) und Handeln (Politik) in Ordnungssysteme zu bringen.*

- In den religiösen Vorstellungen vollzieht sich *eine dramatische Wende zum Monotheismus (Judentum):* Statt eine Schar von Göttern mit menschlichen Tugenden und Untugenden anzunehmen (wie noch in Ägypten, Griechenland oder Rom), *wird das Göttliche abstrakt, unvorstellbar. Das ist sicher ein großer, grandioser Gedankensprung.* Doch diesem Göttlichen werden tyrannische Tugenden gegeben: männlich, strafend, bedrohlich, herrschsüchtig. So können sich die Despoten der Vergangenheit als unmittelbare Gesandte Gottes zelebrieren lassen.

Wenn wir von diesem neuen Denken mit dem Aufkommen der Agrarrevolution sprechen, so entfaltet es sich natürlich zunächst bei einer kleinen Schicht von Menschen, die durch dieses neue Bewusstsein auch über *Herrschaftswissen* verfügen. Es ermöglicht die *groß angelegte Manipulation von Natur und anderen Menschen.*

Doch auch die Bauern haben sich durch ihre Arbeitsweise dieses logisch-analytische Denken angeeignet. Es ermöglicht ihnen, eine reiche Nahrungsproduktion einzufahren.

Die Gesetze der reichen Ernte

Vollziehen wir die *Logik des bäuerlichen Denkens* nach, um reiche Ernte einzufahren. Da dies auch für unseren Umgang mit Geld so überaus interessante Parallelen aufweist (wir können auch Geld säen), weisen wir in jedem einzelnen Punkt darauf hin.

Die wesentlichen Gesetze einer reichen Ernte lauten:

1. Saatgut ist ja eigentlich Nahrung. *Ich darf das Saatgut nicht konsumieren* (sozusagen zu Müsli verarbeiten und verspeisen), sondern muss es sparen. Mehr noch: Ich muss es säen, das heißt wegwerfen und loslassen! *Wer alles gleich konsumiert, also von der Hand in den Mund lebt, kann nie produktiv und reich werden.* Ein bestimmter Teil des Geldes muss gespart werden. Aber nicht in einem Strumpf unter dem Kopfkissen, sondern es muss losgelassen und in den Geldkreislauf zurückgegeben werden, damit das Geld »arbeiten«, also wachsen und sich vermehren kann.

2. Werfe ich mein Saatgut allerdings auf einen schlechten Boden, kann ich auch keine große Ernte, keinen reichhaltigen Ertrag erwarten. *Die Qualität des Ackerbodens ist wichtig.* Natürlich sollte ich auch *auf dem eigenen Acker säen.* Säe ich auf dem Acker des Nachbarn, freut sich der, und ich habe bei der Ernte das Nachsehen. Die Ernte wird besser, wenn man *den Ackerboden vorher bestellt und düngt.* Auch dieses zweite Gesetz der reichen Ernte kann uns für den Umgang mit Geld zu denken geben: 1. Jeder Angestellte sät eigentlich nicht auf dem eigenen, sondern auf fremden Boden. 2. Den Ackerboden bestellen und düngen, können wir mit unserem Denken vergleichen: Je mehr wir unser Selbstmanagement voranbringen, unser Denken »bestellen und düngen«, Unkraut (= negative Gedanken) jäten, desto mehr tragen wir selbst zur Höhe des Ernteertrages bei. 3. Die Qualität des Ackerbodens, sein Ertragsreichtum, lässt sich mit Renditen vergleichen, die wir für angelegtes Geld bekommen.

3. Ich muss *auf die richtige Saatzeit achten.* Es ist wenig sinnvoll, in der Erntezeit oder gar im Winter zu säen. Im Herbst wird geerntet, was man gesät hat, und im Winter kann man

von den geernteten Vorräten leben. Und wenn ich zur richtigen Zeit säe, muss ich natürlich auch *Geduld für die Reifezeit* haben: Ich darf nicht gleich die ersten Sprösslinge, die 14 Tage nach der Aussaat aus dem Boden schießen, gleich gierig abgrasen und zu Keimsalat verarbeiten. Vertrauen in die Saat und Geduld für die Reife gehören zu den Voraussetzungen einer reichen Ernte. So macht es wenig Sinn, gespartes und angelegtes Geld schon nach kurzer Zeit wieder abzuheben und »auf den Kopf zu hauen«. Geld wächst überproportional mit dem Zeitraum der Anlage.

4. *Wer sät, muss auch ein klares Ziel vor Augen haben:* Ich muss schon bei der Aussaat wissen, was ich ernten will, und auch *das* aussäen. Ich kann nicht Kraut und Rüben aussäen und in der Erntezeit erwarten, Weizen ernten zu können. So lustig es klingt, aber genau diesen Fehler machen viele: Wir sind immer unzufrieden mit der Ernte und legen uns gar keine Rechenschaft darüber ab, dass wir genau das auch gesät haben, was zur Ernte steht. Jeder erntet immer genau das, was er verdient, das heißt gesät hat!

5. *Monokultur ist gegen Schädlinge sehr anfällig.* Besser man sät nicht nur eine Art Saatgut, sondern verschiedene Arten auf verschiedenen Feldern. Dafür muss man natürlich erst einen gewissen Reichtum erworben haben, um sich eine solche »Diversifikation« leisten zu können. Statt das gesamte Geld auf eine Karte zu setzen, ist es sinnvoll, sein Geld unterschiedlich anzulegen.

6. Um eine reiche Ernte einzufahren, *sollte man das heranwachsende Saatgut auch pflegen,* das bedeutet wässern, wenn nicht genügend Regen fällt, und Unkraut jäten, damit dem eigenen Saatgut nicht Licht, Nährstoffe und Platz zum Wachsen genommen werden.

7. Viele Leute vergessen den letzten Schritt bei einer reichen Ernte: *Wenn die Zeit gekommen ist, muss die Ernte natürlich auch angenommen und eingefahren werden.* Viele lassen die Ernte auf dem Feld vergammeln, weil sie das Feld vergessen haben oder gerade etwas angeblich Dringenderes zu tun haben. Das Faszinierende an der Ernte ist die Erkenntnis der Wahrheit: Die Natur kennt nur Fülle und Überfluss! Aus einer Handvoll Saatgut kann eine überaus reiche Ernte eingefahren werden. Das Hervorbringen von Reichtum ist ein natürliches Gesetz! Die Natur kann über unsere Angst vor Armut nur lachen!

8. Zu den Gesetzen der reichen Ernte gehört natürlich auch *die Notwendigkeit, einen Teil der Ernte wieder als Saatgut für die nächste reiche Ernte zu »re-investieren«.* Meinen wir, es endlich geschafft zu haben und jetzt in Saus und Braus leben zu können, dann kann bald die ganze Ernte verbraucht sein, und wir haben größere Schwierigkeiten als vorher.

Diese Denkweise ist *Ursprung unserer bewussten Produktionsweise als Menschheit,* zunächst der Nahrungsproduktion. Sie sollte als Einmaleins in den Schulen gelehrt werden.

Die patriarchalisch-materialistische Denkweise entsteht

Die patriarchalisch-materialistische Denkweise der letzten 10 000 Jahre ist typisch für eine ganze Menschheitsepoche. Sie ist in fast jedem Gedankensystem dieser Epoche wiederzufinden: in dogmatischer und institutionalisierter Religion, in philosophischen und wissenschaftlichen Denksystemen, im pragmatischen »gesunden« Menschenverstand – *all diese*

Denkweisen haben überraschende Ähnlichkeiten, wenn es an die Substanz geht. Das »patriarchalische« dieser Denkweise ist so alt wie das Patriarchat selbst: Der Mann hat das Sagen, sei es in der Kirche, im Staat, in der Politik, in der Firma oder in der Wissenschaft. Doch als »materialistisch« setzt sich diese Denkweise erst seit 200 Jahren durch, verbünden sich Patriarchat und Materialismus als Zwillingsbrüder:

Die Materie sei der Ursprung, der Geist eine Hervorbringung der Materie, das Materielle wesentlich, das Geistige eine Nebenwirkung.

Mit dem *Aufkommen der Naturwissenschaft* (in der Emanzipation gegen religiöse Dogmen) wird der Materialismus selbst zu einem theoretischen Dogma: Gott hat in der Naturwissenschaft nichts zu suchen. Im *Marxismus* wird der Materialismus auch zu einer erklärten politischen Philosophie. Unser *kapitalistisch orientiertes Gesellschaftssystem* ist Materialismus pur: Das Weltliche, das Materielle, das Körperliche (im Gegensatz zum Geistig-Seelischen) stehen im Mittelpunkt.

- *Die Natur ist der erste Feind – ist minderwertig, zu beherrschen und auszubeuten.* Wir können es drehen und wenden, wie wir wollen: In unserem Verhalten den Tieren gegenüber als auszubeutendes Nutzvieh und ihrer industriellen Ausschlachtung als Nahrungslieferant zeigt sich unsere ganze primitive Brutalität der Natur gegenüber. Hören wir denn nicht mehr das Wehklagen der Tiere in unserer Nahrung? Haben wir jede Verbindung zur Seele der Tiere, zur Seele der Natur verloren?

- *Männer sind Menschen erster Klasse* (gleichgültig ob es in Religion, Wissenschaft, Politik oder Arbeitswelt ist, Männer haben Vorfahrt, sind an der Macht). Alles, was noch

irgendwie »nach Natur riecht«, ist minderwertig und zweit-
klassig: Frauen und ihre Kinder. Wir setzen den Kampf gegen die Natur als Geschlechterkampf und Generationskon-
flikt fort.

- *Die Natur und Gesellschaft funktioniert wie die Mechanik einer Uhr.* Hat Mann das erkannt, ist alles nach seinem Denken planbar und machbar!

Der Mann erhebt sich zum Gott und duldet keine fremden
Götter neben sich. *Nicht »Dein Wille geschehe!«, sondern
»Mein Wille geschehe!«* Naturwissenschaft und Technik,
Politik und Gewalt werden zum alles beherrschenden Zep-
ter. Dieses Denken in Staatsplänen war im Kommunismus
bis zum Exzess ausgeprägt und hat kläglich versagt. *Der
Untergang dieses Materialismus in Reinkultur* ist nur das
Vorspiel für den Untergang der patriarchalisch-materialisti-
schen Kultur, die erste Runde.

- *Urteilen und verurteilen ist der Kern der patriarchalisch-materialistischen Denkweise:* Das ist gut, das ist schlecht. Wir
sind die Guten – ihr seid die Bösen. Dabei gibt es immer
»Auserwählte« und solche, die bekehrt oder vernichtet werden müssen. Dieses Denken ist in seiner ausgeprägtesten
Form der Fanatismus.

- *Krieg und Gewalt werden glorifiziert.* Das Böse bedroht uns
überall. Es gilt, den »heiligen« oder den »gerechten« Krieg
zu führen. Die patriarchalisch-materialistische Denkweise
ist im Kern feindlich, kämpferisch und kriegerisch.

- Diese kämpferische Ideologie setzt sich auch im Alltag fort:
Es gilt die *»Macht des Stärkeren«.* Feindschaft, Wettbewerb
und Konkurrenz, Rücksichtslosigkeit, Ellenbogen und
Durchsetzungsvermögen bestimmen unser Verhältnis zu anderen Menschen. *Der Mensch ist dem Menschen ein Feind.*

Ausgezogen, die Natur zu unterwerfen, sind wir am Ende nur noch von Feinden umgeben.

- *Patriarchat bedeutet immer Hierarchie!* Die oben denken und lenken, die unten haben zu gehorchen. Diese Weltanschauung und ihr Erziehungssystem sind so tief in uns verwurzelt, dass wir selbst nicht mehr nachdenken, sondern es gut finden, denken zu lassen. *Die oben manipulieren, die unten lassen sich manipulieren.*

- Das vielleicht Kurioseste an der patriarchalisch-materialistischen Denkweise ist unsere Einstellung zur Arbeit. *Wir haben eine produktive Gesellschaft erschaffen, doch das Produzieren selbst, die Arbeit macht gar keinen Spaß,* ist Mühsal, Anstrengung, geschieht »im Schweiße des Angesichtes«. Wir arbeiten für andere, nicht für uns.

- *Was zählt, ist Besitz: Hast du was, bist du was;* dein seelischer und geistiger Reichtum zählen nicht. Besitz scheint alles Unglück, alle Unzufriedenheit, alle Verletzungen, alle Mühsal, allen Ärger und alle Angst zu entschädigen. *Materieller Besitz ist die heilige Kuh, der Fetisch, der Götze in der patriarchalisch-materialistischen Denkweise.*

- *Das Patriarchat ist kein goldenes Zeitalter, sondern ein dunkles.* Die entscheidenden Fäden werden hinter den Kulissen gezogen, alles spielt sich im Geheimen, Verborgenen ab. Die Machtverhältnisse scheuen das Licht.

- *Die materialistische Denkweise ist atheistisch, also gottlos.* Für weite Teile der Politik (zum Beispiel Sozialismus) oder Wissenschaft ist dies offenkundig, aber *auch die großen, patriarchalischen Religionen sind atheistisch.* Ihren Dogmen und Gesetzen gilt es zu gehorchen. Eigenes Denken und eigener Glaube zählen nicht. Wer nicht mitspielt, wird exkommuniziert. Religion ist eher Götzendienst und hat mit *wahrhafter Gotteserfahrung* wenig zu tun. Die organisierten Religionen als erklärte »Bollwerke gegen den Materialismus« sind durch ihre patriarchalische Struktur im Materialismus integriert.

Fassen wir zusammen: Die Agrarrevolution hat die *Grundlage für einen umfassenden Reichtum der Menschheit und des einzelnen Menschen* geschaffen. Mit ihr kann die Menschheit aufgrund des ökonomischen Austauschs eine einheitliche Menschheitsfamilie werden. Wir sind bereits zu einer »Wirtschaftsgemeinschaft« zusammengewachsen.

Die Agrarrevolution hat uns *um Verstand gebracht,* den menschlichen Verstand hervorgebracht. Die Logik von Saat und Ernte, das Erkennen von Naturgesetzen und ihre Nutzung machen uns zu Verstandesmenschen. Mit diesem Verstand als neuem Werkzeug im Umgang mit der Welt haben wir uns endgültig aus dem Tierreich erhoben, wir haben eine von der äußeren Natur unabhängige *Kultur* aufgebaut.

Doch das mit der Agrarrevolution einhergehende Patriarchat hat uns auch »*geisteskrank*« gemacht: Es beruht auf Angst, Egoismus und Gewalt. So unterschiedlich die Ausprägungen dieser »Geisteskrankheit« sind (Religionen, Weltanschauungen, Wirtschaftsprogramme, Wissenschaft oder »gesunder Menschenverstand«), im Kern ist es ein einheitlicher Brei männlicher Arroganz sowohl der NATUR als auch der FRAU gegenüber.

Wir haben von der Erde Besitz ergriffen – doch Besitz ist zur Besessenheit geworden. *Die »Nebenwirkungen« der Agrarrevolution in der Form des Patriarchats treten heute klarer denn je vor Augen.*

Die *kommende* Bewusstseinsrevolution in der Nachfolge der

Agrarrevolution wird die »Geisteskrankheit des patriarchalisch-materialistischen Denkens« heilen. *GELD wird dabei zur
Heilkraft, wenn es dieser Bewusstseinsrevolution dient.* Es ist
eine neue Kulturrevolution, die uns als Menschheit vereinigt
und den Reichtum für alle Menschen zugänglich macht.

Die aktuelle Krise in der Welt

Die Krisensymptome sind schnell beschrieben und aus dem ersten Teil des Buches in Erinnerung zu rufen. *Die Menschheit hat sich an den Rand des Abgrundes geführt.* So kann es nicht weitergehen, so wird es nicht weitergehen.

Der Zustand der Erde spiegelt das Bewusstsein der Menschheit in der Gesamtheit wider! Unser Bewusstsein als Menschheit hat uns an diesen Abgrund geführt.

Wir kennen die gefahrvollen Symptome, wir kennen den Kern der patriarchalisch-materialistischen Denkweise, doch wie heißt die Krankheit? *Wie erleben wir – jeder von uns – diese Krankheit?*

Angst

Mit der »Vertreibung aus dem Paradies«, der Trennung von der Geborgenheit der Natur, in der die nomadischen Völker lebten, hat uns die Existenzangst ergriffen. Wir haben unser Urvertrauen verloren, unsere innere Sicherheit, unsere Geborgenheit. Uns beschleicht eine innere Leere, Sinnlosigkeit und existenzielle Angst.

Als Naturwesen sind wir ein Teil der Natur. Deshalb *entfremdet* unsere Rücksichtslosigkeit, unser ausbeuterisches Verhalten der Natur gegenüber uns *auch von uns selbst:* Wir spielen uns nicht nur als Beherrscher der Natur, sondern auch als Beherrscher unseres Körpers, unserer Sexualität auf.

So unachtsam, ja gewaltsam und brutal wir gegen die Natur vorgehen, *so brutal gehen wir auch mit unserem Körper um.* Wir stopfen in ihn Dinge hinein, die man nur mit großer Mühe als Nahrung bezeichnen kann, wir schädigen unseren Körper durch Alkohol, Tabak und andere »Genussmittel«. Wir haben es verlernt, das Leben zu genießen, und greifen zu käuflichem »Genussersatz«. Wir erleben unsere Sexualität als Gier und Frust, können uns der körperlichen Ekstase nicht mehr hingeben.

Der Körper – unendlich geduldig – reagiert irgendwann mit Krankheiten, Verlust an Vitalität und Dahinvegetieren bis zum vorzeitigen Tod. Wir müssen uns darüber klar sein, dass ein Leben von über 120 Jahren bei voller Gesundheit, Vitalität und Lebenskraft durchaus im Bereich unserer körperlichen Möglichkeiten liegt.

Doch das Durchschnittsalter der Menschen erreicht kaum 80 Jahre. Das bedeutet, dass wir bereits mit 40 Jahren den Höhepunkt unserer körperlichen Vitalität erleben und dann abbauen, bis unser Körper mit 80 Jahren am Ende seiner Qualen und Torturen ist. Wir verschenken nicht nur 40 Jahre unseres Lebens (!), sondern auch die 40 Jahre zwischen 40 und 80 sind ein von Krankheiten begleiteter Abbau. *Wir machen aus unserem Tempel KÖRPER einen Saustall.*

Obwohl wir unsere körperliche Vitalität und Gesundheit selbst verantwortlich bestimmen und nur auf die Signale unseres Körpers hören müssten, haben wir *Angst vor Krankheit, Siechtum und dem Verlust vitaler Lebensfunktionen.* Unser Körper ist uns so fremd geworden, dass wir vor ihm Angst haben, *als sei er ein unberechenbares Monster. Wir haben Angst vor der Rache der Natur nach ihrer Vergewaltigung durch uns!*

Doch auch in den anderen Lebensbereichen dominiert Angst als Lebensgefühl: Angst vor dem Verlust des Arbeitsplatzes oder vor Kundenaufträgen, Angst vor dem Verlust des Lebenspartners, Angst vor dem Verlust des Vermögens, dem Konkurs der Firma, Angst vor der Gewalt in den Straßen, vor Kriegen.

Angst macht unser Leben eng und reduziert. Angst ist eine Energie, die sich zusammenzieht und uns isoliert, die die Wege zu uns selbst versperrt, die das Leben einschränkt und begrenzt erleben lässt, die vor Gefahr und Herausforderung wegrennt, die sich versteckt und vor Verantwortung drückt, die Besitztümer als äußere Sicherheit hortet, die sich selbst und anderen Schaden zufügt.

Unsere größte Angst jedoch ist die Angst vor Vereinigung. Die »Ursünde« (im Sanskrit heißt »sinte« Trennung) des Patriarchats ist die Trennung: die Trennung aus dem Paradies NATUR, das Ur-Teilen und die Trennung von Gut und Böse, die Trennung von Mein und Dein im Privateigentum, das »teile und herrsche!«, das Aufspalten von Körper, Seele und Geist. Doch diese Trennung ist für den Fortgang der Menschheit natürlich ein Segen. So können wir unser Leben selbst wählen, haben die Vollmacht, nach unserem Willen zu handeln.

Es kann kein Zurück in den paradiesischen Zustand der Bewusstlosigkeit geben. Wir haben Angst, mit der Aufhebung von Trennung, der Vereinigung in dieses schwarze Loch zu fallen. Wir klammern uns an das Urteilen, Trennen, Spalten als Grundlage unserer Lebensweise und verschließen uns (ängstlich) der hingebungsvollen Vereinigung als Körper-Geist-Seele, als Mann-Frau, als Individuen (»Untrennbare«) einer Gemeinschaft, als Zelle Mensch im Organismus Menschheit.

Materialismus

Wir haben über die Bedeutung der materialistischen Denkweise für die Gesellschaft schon gesprochen, doch sie ist auch Krankheit in persönlicher Hinsicht.

Nachdem wir die innere Sicherheit und Geborgenheit durch die Entfremdung von der Natur verloren haben, *suchen wir süchtig und gierig die Sicherheit im Äußeren, im Materiellen, im materiellen Reichtum, den wir erschaffen.* Wir versuchen, unsere Angst mit Besitz in Schach zu halten. Wir richten unsere Werte an Besitz aus, Grund und Boden, Häusern, Firmen, Autos, Jachten oder Flugzeugen. Wir leben auf »Teufel komm raus!« in der Welt des Materiellen, um die wenigen lebenswerten Jahre in Saus und Braus richtig auszuleben.

»*Materialismus*« *ist unsere Droge, sie betäubt unsere innere Leere.*

Hierin wurzelt *die Kritik an Geldgier.* Doch *die Gier* ist das Krankhafte, nicht aber das Geld. *Die Sucht* nach Reichtum ist das Krankhafte, nicht aber Reichtum. *Die Besessenheit* von Besitz ist das Krankhafte, nicht aber Besitz. Gesund ist, wenn wir GELD, BESITZ und äußeren REICHTUM haben und genießen, aber für unseren Selbstwert nicht brauchen.

Das größte Verhängnis unserer materialistischen Lebenseinstellung ist es jedoch, dass wir unsere Arbeit nicht lieben. Wir verrichten unsere berufliche Tätigkeit, um die Familie zu versorgen und im Alter versorgt zu sein. Wir vollziehen eine klare Trennung zwischen Arbeit und Freizeit. Freizeit macht Spaß, Arbeit muss sein. Wir engagieren uns in der Arbeit gerade so viel, dass wir keinen Grund zur Kündigung bieten (die innere Kündigung ist längst ausgesprochen). Jeder Montag und erst recht jeder erste Arbeitstag nach dem Urlaub ist ein Horrortag. Ein Großteil unseres Lebens besteht aus einer Tätigkeit, die wir hassen (einschließlich Chefs, Mitarbeiter, die Fahrt zur Arbeit, Mobbing, das Produkt).

Wir machen unsere Arbeit lieblos und schlecht und bekommen dafür Geld, das als Äquivalent auch nicht besser sein kann. Wir versuchen, mit möglichst geringem Einsatz möglichst viel für uns herauszuholen.

Neben der Krankheit »Lebensangst« ist unsere würdelose Einstellung zur Arbeit – unser Austausch in der materiellen Welt – der zweite Mühlstein um unseren Hals, der unsere Lebenskraft und unsere Vitalität dramatisch herunterzieht. *Was tun wir uns mit einer solchen Arbeit an? Wie lieblos müssen wir uns selbst gegenüber sein, wenn wir tagtäglich eine Tätigkeit verrichten, die unsere Selbstachtung untergräbt und uns unserer Würde beraubt?*

Egoismus

Um zu etwas zu kommen, müssen wir uns in der »Ellenbogengesellschaft« durchsetzen können. Wir setzen uns schon in der Schule gegen Mitschüler durch (ich bin besser als andere, ich bin der Beste); wir setzen uns in der Arbeit gegen Kollegen durch, wir setzen uns als Firma gegen Mitbewerber durch, wir setzen uns als Nation gegen andere Nationen durch.

Egozentrik ist keine gesunde Selbstliebe, sondern geht immer auf Kosten anderer. Und das ist das Problem, das ist die Krankheit. Die Menschen kooperieren nicht miteinander, sondern stehen in Konkurrenz und Wettbewerb. Kooperation schafft synergetischen Energiegewinn, Konkurrenz ist unnötiger Reibungsverlust. Es geht in diesem *tagtäglichen Kampf ums Gewinnen und Verlieren.* Und wer seine eigenen Interessen nicht egoistisch durchsetzen kann, der gehört zu den Verlierern.

Egoismus ist nicht nur eine Eigenschaft von einzelnen Menschen. Egoistisch sind Firmen, Gemeinden, Völker, Nationen und Staaten. Jeder kämpft um seine Rechte und Interessen, ohne auf die Interessen des Ganzen zu achten.

Wir kennen eine Krankheit, die nach dem gleichen Verhaltensmuster funktioniert: Krebs. Dabei wuchern kranke Zellen »egoistisch«, ohne auf die anderen Zellen, die Gewebe und Organe Rücksicht zu nehmen. Durch ihr egoistisches Verhalten schädigen sie ihren »Wirt«, den Körper, doch mit dessen Vernichtung haben die Krebszellen auch ihren Nährboden zerstört und gehen zugrunde.

Doch wir sollten wissen: *Die Krebszelle an sich ist nicht bösartig!* Gesunde Zellen, die zu Krebszellen entarten, haben in dieser Lebensform als Krebszelle *ihre einzige Überlebensmöglichkeit.* Das sie umgebende Gewebe ist schlecht mit Sauerstoff versorgt. Die gesunden Zellen würden an Sauerstoffmangel »ersticken«, wenn sie nicht vom aeroben (Sauerstoff verbrauchenden) auf den *anaeroben Stoffwechsel* (Energiegewinnung über Glukose) *umschalten und damit zur Krebszelle würden.* Das ist der Stoffwechsel von Einzellern, die sich keinem Zellverband unterordnen müssen. Die Krebszelle hat den Zellenverband Organismus verlassen und gebärdet sich im Wildwuchs wie ein Einzeller. Der Körper hat durch die schlechte Versorgung des Körpers mit Sauerstoff die gesunden Zellen jedoch zum Überlebensprogramm »Krebs« gezwungen. (Damit soll nur *ein* Aspekt der komplexen Krankheit Krebs metaphorisch für unseren Zusammenhang beschrieben werden!)

Wir sind als Menschen nicht »von Natur aus« Egoisten. Unser Egoismus ist ein angepasstes Überlebensprogramm in einer Gesellschaft, die nur diese Mentalität belohnt.

Egoismus ist ein *mentales* Problem. Unser EGO setzt sich als Verstand ins Zentrum unserer Persönlichkeit, nicht unser wahres SELBST. Das ist der Kern unserer Geisteskrankheit. *Egoismus als Krankheit ist das Streben nach kurzfristigem Gewinn, unabhängig vom langfristigen und zerstörerischen Scha-*

den für das Ganze. Der Gewinn des Egoismus ist nur scheinbar – auch egoistisches Verhalten verliert am Ende durch die
Schädigung des Ganzen (prägnant in dem Spruch zum Ausdruck gebracht: »Nach uns die Sintflut!«).

Manipulation

*Nachdem wir die Kooperationsgemeinschaft mit der Natur
aufgegeben und erkannt haben, dass wir sie manipulieren können, ist Manipulation unser tägliches »Handwerkszeug« geworden.* Wir manipulieren andere Menschen, Arbeitskollegen,
Kunden, Ehepartner, unsere Kinder, wir manipulieren sogar
uns selbst!

*Das größte und mächtigste Instrument der Manipulation ist
zweifellos die Erziehung und unser Schulsystem. Wir erziehen
unsere Kinder durch Manipulation und machen sie manipu-
lierbar.*

Zugegeben: Dies ist vielleicht der dickste Brocken, den es zu
schlucken gilt, wenn wir erkennen wollen, wie wir unsere
Krankheit an unsere Kinder weitergeben. Der Widerstand gegen eine Kritik der Erziehung zeigt, wie sehr wir der Krankheit
noch verhaftet sind. Jedes diktatorische System hat ein ausge-
prägtes Erziehungssystem. Das sollte zu denken geben!

*Wir behandeln unsere Kinder nicht wie Menschen, die Wür-
de und Respekt verdient haben, sondern wie Tiere, die ge-
zähmt und dressiert werden müssen.*

Kinder brauchen nicht erzogen zu werden. Sie lernen ganz
automatisch durch Vorbild. Sie haben Lust, uns nachzuahmen,
das zu können, was wir können. *Es ist viel wichtiger, Kindern
ein gutes Vorbild zu sein, als ihr Verhalten zu manipulieren.*
Unser Vorbild wirkt stärker als das, was wir mit erzieherisch
erhobenem Zeigefinger von uns geben. Als Raucher zum Bei-

spiel haben wir keine Chance, Kindern eine gesunde Lebensführung zu lehren. Unsere Worte wären reine Heuchelei.

Was wir lieben, erziehen wir nicht, was wir erziehen, lieben wir nicht. Liebe ist bedingungsloses Annehmen des anderen. Erziehung ist Missachtung des anderen, Einmischung in seine Seele, Umprogrammierung seines Lebens nach unseren Interessen.

Als Erziehungsgeschädigte verlieren wir den Kontakt zu uns SELBST, werden »außengeleitet«, charakterlos, gehorsam, hörig, manipulativ und egoistisch. Kinder und Jugendliche verlieren den Kontakt zu ihrer Lebensaufgabe und ihrer Lebensvision durch Erziehung.

Inhaltlich lehren wir unsere Kinder in der Schule die Methoden von gestern, mit denen sie die Probleme von morgen lösen sollen, ein wenig sinnvolles Unterfangen.

Gefühllosigkeit

Gefühllosigkeit ist die Kehrseite des Egoismus. »Cool sein« ist ein neues »Lebensgefühl«.

Wir leben nach kopfgesteuerten EGO-Programmen. Der Zugang zu unseren wahren, stimmigen Gefühlen ist uns durch unsere Ängste versperrt. *Unsere Ängste sind keine wahren Gefühle, sondern Denkkonstrukte* (wir kommen darauf zurück). Unser Körper kennt zum Beispiel keine »Angst vor Krankheit«. Das ist vielmehr eine mentale Einstellung, die sich als Angst verkleidet. Für unseren Körper ist Krankheit eine Botschaft, in der er sein Unbehagen zum Ausdruck bringt, sich uns mitteilt. Warum sollte der Körper »Angst« vor Krankheiten haben? Angst ist vielmehr enges Denken, eine negative Erwartung, die mit einer starken Energie besetzt ist.

Es ist doch eigenartig: Angst bestimmt unser Leben, und wir sind trotzdem – oder gerade deswegen! – *gefühllos*. Von solchen »unstimmigen Gefühlen« wie Angst lösen wir uns durch anderes, neues Denken. Die Lösung dieser Angst zeigt ihren Ursprung im Denken. Angst blockiert wahre Gefühle wie Liebe.

Und da, wo wir scheinbar emotional explodieren, in Wutausbrüchen, bricht die durch blockiertes Denken unterdrückt gehaltene Energie ihre Bahn ins Freie. Auch Wut oder Ärger sind keine echten Gefühle, sondern ein Ausbruch von gestauter Energie, wenn etwas nicht so läuft, wie wir uns das gedacht haben.

Selten, dass wir (vor allem Männer) uns von stimmigen Gefühlen oder Intuition leiten lassen. Der Verstand hat das Sagen. Die in den Verstand (über Erziehung) eingegebenen Programme steuern unser Verhalten.

Auch unseren Mitmenschen (auf der ganzen Welt), Alten, Kindern oder Tieren gegenüber haben wir kein Mitgefühl mehr. Unser mentales Programm heißt: Ich bin für mein Leben verantwortlich – und du für deins! Wer nichts aus seinem Leben macht, ist selbst Schuld. Das ist *dein* Problem – was kümmert es *mich*?

Gefühllosigkeit ist eine Krankheit. Sie entfremdet uns von unserem wahren Menschsein, macht unser Verhalten in letzter Konsequenz unmenschlich.

Verantwortungslosigkeit

Unsere Erziehung hat uns die Verantwortung für unser Leben genommen. Nicht wir, sondern andere sind verantwortlich – haben wir gelernt. Andere scheinen besser zu wissen, was unsere Interessen sind. Sie haben uns beigebracht, was für uns gut und was schlecht, was für uns richtig und was falsch wäre. *Unsere Erzieher haben uns die Verantwortung abgenommen.*

Wir spielen eine Rolle nach einem Drehbuch, dessen Autor wir nicht sind. Wir haben viele Antworten darauf, wer der Autor ist, nach dessen Drehbuch wir leben: das Schicksal, das Karma, die Religion, die Gesetze, der gesunde Menschenverstand. »Der oder die da oben« tragen die Verantwortung – wir können eh nichts machen. Wir schieben die Verantwortung gerne auf andere ab. *Die Mächtigen haben die Verantwortung – und weil wir uns machtlos dünken, sind wir verantwortungslos.*

Auch für das, was wir an Elend und Unstimmigkeiten in unserem Leben bewirken, geben wir anderen die Schuld. *Alles und alle sind für unsere Lebenssituation verantwortlich – nur nicht wir selbst.* Ver-*antwort*-ungslosigkeit: Wir geben auf Probleme, die uns selbst nicht unmittelbar betreffen, keine Antwort mehr. *Die Krankheit Verantwortungslosigkeit trennt uns aus dem Gefüge des Ganzen, isoliert uns, macht uns macht- und wehrlos.*

Diagnose: Persönlichkeitsspaltung

Wenn wir dieses »Krankheitsbild« zusammenfassen wollen, so leiden wir an SELBST-Entfremdung: Unser SELBST, unser wahres Wesen ist uns fremd geworden. Wir leben nicht unser Leben, sondern sind funktionierende Rädchen in einem Getriebe, Schauspieler mit einer vorgeschriebenen Rolle.

Wir sollten uns immer bewusst sein: *Unsere Persönlichkeit besteht aus drei Wesenheiten: Körper, Geist und Seele.* Und diese drei Wesenheiten sind nicht in Harmonie miteinander, sind voneinander gespalten, stehen gar im Widerspruch zueinander. Das ist die Krankheit!

Der Körper hat seine Bedürfnisse: wertvoll ernährt zu werden, durch atmungsaktive Bewegung immer wieder in Schwung zu kommen, durch tiefes Atmen Energie aufzunehmen, zur Ruhe zu kommen und sich zu entspannen, Sexualität ekstatisch zu erleben.

Der Geist (Verstand) hat seine Bedürfnisse: offen zu sein für Neues, zu lernen, neue Erfahrungen zu machen, Horizonte und das Bewusstsein zu erweitern, gefordert zu werden, selbst zu denken, Herausforderndes selbst zu lösen, der eigenen Selbstverwirklichung zu dienen.

Die Seele (Herz) hat ihre Bedürfnisse: lieben und geliebt zu werden, Gutes zu tun, zu geben, Lebensfreude zu genießen, Potenziale zu entfalten, sich SELBST zu verwirklichen.

Unser hektisches, außengeleitetes Leben macht uns *seelenlos, innerlich leer.* Wir reagieren fast ausschließlich auf äußere Anforderungen, sind Re-Akteure, bei denen die Seele nichts zu melden hat. Wir leben ohne Lebensaufgabe, ohne Mission in den Tag hinein. Unsere Welt hat kaum einen größeren Horizont als unsere Familie, unsere »Sippe«. Unsere Seele fristet in dem Dreierbund ein elendes, kümmerliches Dasein. *Verantwortungs- und Gefühllosigkeit* sprechen Bände über die *Verarmung unserer Seele in unserem Leben.* Dabei ist sie die wahre Quelle des Reichtums.

Mit dem Verstand ist es nicht besser bestellt. Er scheint in unserem Leben zwar die dominierende Rolle zu spielen, doch es sind ja nicht die eigenen Gedanken, die er denkt. Statt selbst zu denken, lassen wir denken. Wir nähren unseren Geist kaum noch, nehmen vorgekaute Geistesnahrung zu uns, kauen wieder, was uns vorgekäut wird. Unser EGO ist ein außengesteuertes Fremdprogramm. *Unser Geist ist nicht unser Denkinstrument, sondern Manipulationswerkzeug für fremde Interessen.* Unser Verstand ist kein brillanter Diener unserer Seele, der Außenminister der Seele, sondern ein erbärmlicher Wiederkäuer.

Von daher rührt unser krankhaftes Verhalten von Egoismus und Manipulation.

Unseren Körper behandeln wir eher wie einen Abfalleimer als wie den Tempel unseren Lebens. Doch wir leben vor allem auf der Ebene unseres Körpers. Materielle Bedürfnisse des Körpers stehen im Mittelpunkt unseres Lebens: Selbsterhaltung und Ernährung, Arbeiten, Geld verdienen, Kleidung, uns fortpflanzen, kurz: überleben. Doch wir leben selbst unsere körperlichen Bedürfnisse verzerrt. Die körperlichen Bedürfnisse werden durch Verstand und Seele zu *aufgeblähter Gier und Sucht.*

Unsere Sucht sucht im Äußeren, was wir uns innerlich verschlossen haben. Eine innere Sicherheit aus der Symbiose zwischen Körper, Geist und Seele wäre die Heilung, doch die gespaltene Persönlichkeit sucht Sicherheit in äußeren Besitztümern. Unser auf das Körperliche begrenzte Leben lebt in Angst und Materialismus.

Eine primitive Kultur

Ist diese Diagnose zu hart? Sollten wir »freundlicher« oder »positiver« mit uns umgehen? Was nutzt uns Schönreden, wenn so viel auf dem Spiel steht? *Wir sollten uns nichts mehr vormachen! Nicht mehr nach dem Motto leben: Nach uns die Sintflut! Die schonungslose Wahrheit ist der erste Schritt zur Heilung.*

Wie sollten wir eine Kultur charakterisieren, welche die elementarsten Formen des friedlichen Zusammenlebens der eigenen Art noch nicht praktizieren kann:

- *Die Menschheit versteht es bis heute nicht, Konflikte gewaltfrei zu lösen.* Noch immer ist Gewalt ein legitimes und geduldetes Mittel der Auseinandersetzung zwischen Menschen – öffentlich wie privat. Friede und Zufriedenheit sind noch Vision und nicht gelebte Wirklichkeit.

- *Die Menschheit versteht es nicht, ohne Angst zu leben.* Doch ein leidenschaftliches Leben fängt erst da an, wo wir angstfrei leben: keine Angst vor Krankheiten, keine Angst vor Alter oder Tod, keine Angst vor Armut und Arbeitslosigkeit, keine Angst vor dem Verlust geliebter Menschen haben.

Erst ein Bruchteil unserer Gattung lebt in angstfreien und gesicherten Lebensverhältnissen. Für einen Großteil ist das Überleben kaum erst gesichert.

- *Die Menschheit versteht es bis heute nicht, ohne eigensüchtige Interessen zu leben.* Der einheitliche Organismus MENSCHHEIT kann aber nicht funktionieren, wenn er sich nur aus eigensüchtigen »Einzellern« zusammensetzt. Das ist eher ein Flohzirkus.

- *Die Menschheit versteht es nicht, bedingungslos zu lieben.* Gleichgültigkeit und Hass (Ignoranz und Aggression) bestimmen »die Chemie« zwischen uns. Doch eine Meisterin zeichnet sich dadurch aus, dass sie selbst ihre Mörder lieben kann.

Unsere Kultur ist bis heute nicht wirklich bewusst und menschlich, sondern noch instinktiv und primitiv. Wir begreifen gerade erst, was wahres Menschsein bedeuten könnte. Wir erwachen gerade erst als Menschen zum Selbstbewusstsein.

Die Evolutionstheorie als Wissenschaft hat das »fehlende Glied« (»missing link«) zwischen Affe und Mensch noch nicht gefunden. Kein Wunder: *Wir sind es!*

Wie das Ganze, so die Teile

Wir haben bisher die Krankheit der Menschheit in Bezug auf einen einzelnen Menschen betrachtet, sozusagen *an einer Zelle des Ganzen.*

Die Agrarrevolution vor 10 000 Jahren hat uns immense Vorteile gebracht, uns ein neues Denken und einen unglaublichen Reichtum ermöglicht. Sie ist *das Morgenrot in der Menschheitsgeschichte.* Doch unser Bewusstsein ist in der Morgendämmerung noch dunkel und erst wenig erleuchtet. Wir müssen uns der Schattenseiten unserer patriarchalisch-materialistischen Lebensweise bewusst werden – doch nicht nur als abstrakte Gesellschaftskritik, sondern *in ihren direkten Auswirkungen auf unser eigenes Leben.*

Wir müssen diese Schatten der noch »primitiven Menschheitskultur« in unseren eigenen Lebenskrisen wiederfinden. Wenn wir als Mann und Frau Probleme miteinander haben, dann sehen wir darin nicht nur unsere zwischenmenschlichen Kommunikationsschwierigkeiten, sondern *auch ein Stück »Krise der Menschheit«.* Das sollte unsere Solidarität miteinander fördern, um in unseren kleinen Streitigkeiten das Problem des Ganzen wiederzufinden. Wenn wir als Geschlechter – du und ich – Frieden miteinander finden, dann tragen wir ein großes Stück dazu bei, Frieden in der Welt zu schaffen!

Jeder erlebt die Krise der Menschheit auf seine Weise. Und gerade so können wir *unsere Verbundenheit* erkennen! Die Leiden anderer Menschen sind unsere Leiden, unsere Probleme sind auch die Probleme anderer Menschen. Gerade in der Krise erkennen wir uns als Teil einer großen Familie. Und die alles bedrohende Krise ist es, die unsere uneingeschränkte und bedingungslose Solidarität miteinander herausfordert. *Das ist unsere Chance! Die einzige und letzte?*

Krankheit als Botschaft

Krankheiten sind in der Regel keine Todesurteile, sondern aufrüttelnde Botschaften, das Ruder des Lebens wieder in die Hände zu nehmen.

Problematisch wird es erst, wenn wir die Botschaft der Krankheit missachten und der Körper immer lauter »schreien« muss, dass etwas nicht stimmt. So ist mit der Krankheitsbeschreibung die Menschheit auf der Erde keinesfalls dem Untergang geweiht, auch wenn das Drama nicht heruntergespielt werden darf.

Krankheiten sind dazu da, dass wir die Botschaft verstehen lernen. *Anders als über ihre Krisensymptome kann die Erde nicht mit uns sprechen. Verstehen wir endlich ihre Sprache, verstehen wir ihren Aufschrei?!* Die Botschaft ihrer Krankheit lautet: *Menschen, ihr seid eine Familie auf dem Planeten Erde!* Bringt euch selbst, eure Persönlichkeit wieder in Einklang (Körper, Geist und Seele), bringt euer Leben wieder in Einklang (Mann, Frau, Kinder, Eltern, schöpferische Tätigkeit), bringt eure Gemeinschaften wieder in Einklang (Kooperation und Frieden), kommt mit der Natur und dem Planeten wieder in Einklang, dann wird die Erde mit allem Leben wieder heil!

Leiden als Geburts- und Wachstumskrise

Leiden ist aber häufig keine Botschaft der »Regression«, wo wir energetisch abbauen, uns gehen lassen, resignieren und der Körper uns wachrütteln will. *Leiden und Schmerz treten häufig auch bei Wachstumsschüben auf.* Das System ist an seine Grenzen gestoßen und versucht den *Sprung auf die nächste Seinsebene.*

Auch Geburt ist alles andere als eine Krankheit, tut trotzdem weh, verursacht Schmerz, ist von Krisen begleitet. Doch diese Geburtskrise schafft neues Leben, ist der Anfang eines Lebens auf neuer Ebene.

Durchleben wir die Geburtskrise der Menschheit? Ist sie lebensfähig oder wird es eine Totgeburt?

Kinder, die das Laufen lernen, holen sich viele Beulen. In dieser Zeit, da sie Laufen lernen wollen, es aber noch nicht beherrschen, können sie manchmal unausstehlich sein. Doch sie sind nicht zu bremsen. Keiner kann sie davon abhalten, den aufrechten Gang als ein wesentliches Merkmal des Menschseins zu lernen. *Kommen wir Menschen gerade aus dem Krabbelalter heraus? Sind wir dabei, den aufrechten Gang mit vielen Beulen zu erproben?*

Vom Informations- ins Bewusstseinszeitalter

Wir können es drehen und wenden, wie wir wollen: Unsere Kultur ist primitiv, auf dem Niveau von Krebszellen gegenüber einem heilen Organismus. Doch dies soll nur eine aufrüttelnde Beschreibung des Standortes sein, keine Verurteilung. »Alles ist gut, so wie es ist!« Wir müssen einfach von unserem hohen Ross herunter!

Das Patriarchat ist die erste Stufe auf dem Weg zu einer wirklich menschlichen Gesellschaft, fast sind wir geneigt, diese 10 000 Jahre als »Vorschule« der eigentlichen Menschheitsgeschichte zu sehen.

Das Industriezeitalter als letzte Phase des Patriarchats entlässt seine Kinder. Die maschinelle Produktion wird automatisiert. Industrieroboter übernehmen den Job von Menschen. Nur wenige hochqualifizierte Menschen steuern und überwachen die immer vollautomatischer werdenden Produktionsprozesse. Länder der »Dritten Welt« treten jetzt auch in die industrielle Phase ein.

Doch *das Informationszeitalter* hat bereits seinen Durchbruch erlebt. Vor allem das rasant anwachsende Internet, die allgemeine Computervernetzung der Welt, ist die Basis des Informationszeitalters.

Es verändert in dramatischer Weise unsere Art zu arbeiten. Immer mehr Arbeitsplätze werden zu Computerarbeitsplätzen: Ob wir im Büro arbeiten oder zu Hause, wird gleichgültig. Wir können unsere Arbeit nach Hause verlagern, reduzieren den Straßenverkehr in hohem Maße, da unsere Arbeit über die Datenautobahn zum Empfänger gelangt. Wir müssen mit unseren Fähigkeiten nicht mehr nur für eine einzelne Firma arbeiten. *Wir können uns von zu Hause aus selbstständig machen und für verschiedene Firmen arbeiten.* Das Informationszeitalter schafft *eine völlig neue Kultur der Selbstständigkeit,* wie einst der Berufsstand der Bauern. Dieses Informationszeitalter ist eine Herausforderung an unseren Geist und unseren Verstand. Als Selbstständige fangen wir wieder an, selbstständig zu denken!

Doch auch das nächste Zeitalter ist bereits in Sicht und keimt auf, *das Bewusstseinszeitalter.* Die Bewusstseinsrevolution, die wir als Menschen und als Menschheit vollziehen müssen, wird uns zu einer neuen Kultur führen, schafft einen neuen Einklang unserer wahrhaft menschlichen Kultur mit der Natur.

Die Bewusstseinsgesellschaft vernetzt die Menschheit geistig. Im Bewusstseinszeitalter beginnt die eigentliche Menschheitsgeschichte unter der Führung der Seele.

Der persönliche Weg aus der Krise

Die Rettung der Erde, die Wende zu einer heilsamen Entwicklung, die Bewusstseinsrevolution, der nächste Evolutionssprung – das alles muss bei jedem einzelnen Menschen beginnen. Wenn eine »kritische Masse« von Menschen vom neuen Denken und Handeln erfasst wird, wird die Heilung des Planeten Erde vollzogen sein. *Vieles spricht schon für diesen Heilungsprozess.* Vor einigen Jahren war ein Atomkrieg der Weltmächte nicht auszuschließen, heute ist er zwar noch denkbar, aber doch relativ unwahrscheinlich geworden.

Liebe als Heilung

Die Erde zu heilen heißt also zunächst, uns selbst zu heilen. *HEILUNG heißt heil werden, ganz werden und kann nur bei jedem selbst beginnen!* Die vollendete Form des Heil-Seins ist der Einklang, die Symbiose zwischen Körper, Geist und Seele. Der Körper ist das Tierische in uns, der Geist das Menschliche, die Seele das Göttliche. Krankheit ist »Tri-spalt«: seelische Leere, geistige Verirrung, körperliches Gebrechen.

Körper, Geist (Verstand) und Seele haben ihre eigenen Bedürfnisse. Und da ist die Frage, wer dominiert! *Es gibt aber auch Allianzen.* Kinder leben die Allianz zwischen Körper und Seele, bis der Verstand dazwischen fährt, bis aus der Zweisamkeit ein Trio wird. Dann entwickelt sich häufig eine Allianz zwischen Körper und Geist, der die Seele verdrängt. *Wirkliche Gesundheit und heilsames Wachstum entstehen aus einer neu geschaffenen Dreisamkeit und Allianz (»Kongruenz«) zwi-*

schen Seele, Körper und Geist, welche die Seele führt. Sich von
der Seele (intuitiv) führen zu lassen ist der Weg.

Mit »Gefühlen« ist das so eine Sache. *Der Körper hat seine
eigenen Gefühle,* dazu gehören Hunger, Durst, sexuelles Verlangen, Angst vor Gefahren. Das sind stimmige Gefühle, die
Sprache des Körpers.

Doch seit der Verstand sich als Chef über den Körper und
gegen die Seele etabliert hat (mit seinem ICH WILL), *verkleidet er viele Gedankenkonstrukte in Gefühle:* »*Angst vor einer
tiefen Beziehung*« zum Beispiel ist kein körperliches Gefühl, es
ist erst recht kein seelisches Gefühl. Es ist ein Konstrukt des
Denkens! Denken ist immer Ur-Teilen (das ist richtig, das ist
falsch!), Trennen und Erkennen von Polarität (oben – unten,
kalt – warm, männlich – weiblich,...) und Analyse bis zur
»Haarspalterei«. Lebenselixier des Denkens ist das gedankli-
che voneinander Trennen. Vereinigung hieße, den Verstand zu
verlieren. Dagegen wehrt sich der Verstand energisch: Er ent-
zieht dem Körper Energie, um das Gedankenkonstrukt »tiefe
Bindung« als Angst-Energie zu speichern. »Gefühle« (energetisch geladene Konstrukte) des Verstandes sind unstimmige
Gefühle. Ihnen zu folgen fördert keine Harmonie, sondern
Disharmonie.

Das Gefühl der Seele ist Liebe und eng verwandte Gefühle
wie Glückseligkeit, Freude, Verzückung, Dankbarkeit und Geduld.

Leben unter der Regie des Körpers ist *instinktives, wenig bewusstes, aber energisches Handeln!*

Leben unter dem Kommando des Verstandes ist *bewusst,
aber verzweifelt* (Zwei-fel ist eine abgeleitete Funktion des
analytischen Trennens, denn es gibt für den Verstand immer
Zwei-Fälle), steht ständig am Scheideweg (soll ich das machen

oder doch lieber das?), ist handlungsunsicher und oft entscheidungslos.

Leben unter der Führung der Seele ist *liebevoll und wachsend,* in wirksamer Bewusstheit und *leidenschaftlichem Handeln.*

Die Seele ist Wachstum. Ihr Verlangen, ihre Sehnsucht ist die leidenschaftliche Erfahrung des Körpers. Sie ist Bewusstheit und liebt auch das Bewusstsein des Verstandes. *Die Seele ist die Heilerin, ihre Methode die Liebe.* Die Seele IST Gesundheit, IST Vitalität. Je mehr die Seele die »Führung des Unternehmens« übernehmen darf, desto mehr geschieht Heilung. Die Seele heilt den Körper von kränklichen Symptomen und den Verstand von unstimmigen Gefühlen, Vorurteilen und negativem Denken.

Die Seele ist jedoch keine Rebellin, welche die Führung im Handstreich übernimmt. Sie ist alterslos und hat unendliche Geduld. Sie weiß, dass ihre Zeit kommen wird. *Sie übernimmt die Führung nur, wenn sie darum gebeten wird. In der Bitte des Verstandes an die Seele liegt die Heilung.* Der Verstand, der seine Begrenztheit erkannt hat, bittet die Seele um die Führung, zunächst sporadisch in Problemsituationen, dann immer öfter. Ein spontaner, intuitiver Handlungsimpuls der Seele wird vertrauensvoll und be-denken-los in Handeln umgesetzt. *Der Verstand hat das Vertrauen erworben, sich selbst zu verlieren.*

Diese Stärke des Verstandes kann sich nur in SELST-Liebe entfalten. Der Verstand erkennt, dass er nicht mit dem Körper allein auf weiter Flur ist, dass er die Seele früh verdrängen musste (dieser Prozess wird Erziehung genannt) und dass sein schlechtes Gewissen die Seele in einer tief verschlossenen Truhe in Schach hielt. *Er verliebt sich in die Seele, die liebevoll antwortet. Die Selbst-Heilung hat begonnen.*

In der Bindung zwischen zwei Menschen treffen immer sechs Wesenheiten aufeinander: zwei Körper, zwei Geister, zwei Seelen. Ist die Beziehung körperlich, dominiert der sexuelle Austausch, ist die Beziehung vergeistigt, dominiert der geistige Austausch, ist die Beziehung seelisch, dominiert der Austausch von Liebe.

Verliebtheit ist ein Aufeinanderprallen aller sechs Wesenheiten, bei dem allerdings häufig das Körperliche und Geistige dominieren (Verliebtsein ist narzisstisch). Es ist ein Schmelztiegel, bei dem sich schnell herausstellt, in welchem Verhältnis die Bestandteile stehen, wie sich die Legierung der Beziehung gestaltet.

Liebe als HEILUNG bedeutet, abgespaltene der sechs Wesenheiten wieder zu integrieren, alle Austauschformen anzunehmen und mit dem heilsamen Wachstum der Beziehung in Harmonie zu bringen. Eine heile Liebesbeziehung lebt alle drei Austauschformen ekstatisch (Körper), euphorisch (Verstand) und leidenschaftlich (Seele). (Euphorie ist ein energisch geladener Gedanke.)

Liebe als HEILUNG hat gute Chancen, wenn die Seele wenigstens bei einem Partner mit Führungsaufgaben betraut ist, sie die Seele des Partners stärken kann und diese seelische Kooperationsgemeinschaft das Unternehmen »Liebespaar« in seinem Wachstum und seiner Entfaltung leitet.

Kinder als Repräsentanten der Seele können Heilung bewirken, wenn sie als eigenständige Seele geachtet werden und nicht durch den Prozess der Erziehung ihre eigene Glückseligkeit verlieren.

Wenn wir unser Leben wirklich zum Heil wenden wollen, sollte an allererster Stelle stehen, unsere Liebesbeziehungen zu klären, hier keine faulen Kompromisse mehr zu dulden und

Liebe leidenschaftlich und kompromisslos zu leben. Hier geht unser wahres Menschsein direkt unter die Haut – als Mann, als Frau, als Paar, als Eltern.

Arbeit als Selbstverwirklichung

Der zweite Bereich, in dem wir für unsere Selbst-Heilung kompromisslose Verhältnisse schaffen müssen, ist unsere Arbeit. Die berufliche Tätigkeit verdient es, *eine leidenschaftliche Liebesbeziehung* zu werden.

Wir verwirklichen uns über unsere schöpferische Tätigkeit. Über unsere Arbeit stehen wir im Austausch mit anderen Menschen, ja mit der ganzen Menschheit. *Wir sollten es für unser Leben nicht mehr länger dulden, einen wichtigen Teil unserer Lebenszeit mit einer Tätigkeit zu verbringen, die wir nicht lieben, sondern im Gegenteil: die uns krank macht! Arbeit macht krank, wenn*

- die Arbeit uns keinen Spaß bereitet,
- wir unsere Arbeit nicht mögen,
- wir uns in unserer Arbeit nicht weiterentwickeln können,
- wir unser Produkt, unsere Leistung nicht mögen,
- wir die nicht mögen, für die wir arbeiten oder mit denen wir zusammenarbeiten,
- wir auch das nicht mögen, was wir als Gegenleistung für unsere Arbeit bekommen: Geld.

Unsere berufliche Tätigkeit (oder Untätigkeit) ist eine deutliche Aussage über unsere Identität, unser Selbstbewusstsein.

Wir sollten für uns nur die höchste Vision einer glücklichen beruflichen Arbeit und schöpferischen Tätigkeit gelten lassen. Alles andere heißt, Abstriche an dem zu machen, was wir wirklich sein können. Wir geben bedingungslos unser Bestes und nehmen genauso bedingungslos das Entgelt für unsere Leistungen entgegen.

Unsere schöpferische Tätigkeit als Quell des bezahlten Einkommens ist eine aktive Liebesbeziehung:

- Unsere Arbeit ist *Ort unserer Selbstverwirklichung.* Unsere berufliche Tätigkeit ist Ausdruck unserer Selbstachtung. Wir können uns ständig weiterentwickeln, wir wachsen und erweitern unser Bewusstsein.

- *Wir lieben unser Produkt, unsere Dienstleistung.* Wir bringen uns in unserer Leistung zum Ausdruck, finden uns darin wieder.

- *Wir mögen und lieben die Menschen, mit denen wir zusammen tätig sind.* Wir achten unsere berufliche Tätigkeit als Ort der Kommunikation und des Austauschs mit anderen Menschen. Wir kooperieren bewusst mit diesen Menschen, sind ein idealer Kooperationspartner. Unsere gemeinsame Tätigkeit ist ein Ort gemeinsamen und synergetischen Lernens und Handelns.

- *Wir geben unsere Kenntnisse bereitwillig und gerne weiter.* Wir bemühen uns darum, dass Jugendliche in ehrenamtlichen Kursen von unserer Tätigkeit lernen. Wir verstehen uns als »Lehrer in der Schule des Lebens« für andere Menschen.

- *Wir mögen und lieben die Menschen, für die wir tätig sind, die Arbeitgeber, die Auftraggeber, die Kunden.* Unsere Leistung dient ihrem Wohlbefinden, ihrem Wohlstand und ihrer Entwicklung.

- *Wir achten auch darauf, dass unsere Tätigkeit ein Ort des Wohlbefindens für unseren Körper ist* (Stichwörter: Lärm, Raumgestaltung, Luftqualität, Bewegung und Pausen).

- *Wir mögen und lieben auch das, was wir für unseren Lie-*

besdienst »Arbeit« in Empfang nehmen: Geld. Es ist das Adäquate für das, was wir leisten. Ist unsere schöpferische Tätigkeit ein Werk der Liebe, dann ist Geld sozusagen *gespeicherte Gegenliebe.*

Mit dieser Einstellung und ihrer Umsetzung tragen wir nicht nur viel zu unserem eigenen Weg aus der Krise bei, unserer eigenen Heilung. *Wir tragen durch unsere schöpferische Tätigkeit auch Heilung in die Welt. Unser Arbeitsplatz ist nicht nur ein Ort der Selbstverwirklichung, sondern auch Heilquelle für andere. Das sollte kompromisslos unser zweites Ziel der Selbst-Heilung sein.*

Geld als Heilkraft

Geld als »gespeicherte Gegenliebe« hat natürlich alle Potenz, im Rückfluss auch als Heilkraft zu wirken. Geld ist gespeicherte, potenzielle Energie und wird durch seine Fähigkeit, Bewegung zu verursachen, zu einer Kraft (wir sprechen von »Kaufkraft« des Geldes). Es kann eine destruktive oder konstruktive Kraft sein.

Geld wird zunächst im Fluss durch unsere Hände zur Heilkraft und fördert die Heilung unseres Lebens.

Wir verwenden unser hereinkommendes Geld dafür, um *unsere Lebensverhältnisse weiter zu heilen:*

- Wir schaffen uns *Wohn- und Lebensraum,* der uns ein heilsamer Ort, eine Kraftquelle ist.
- Wir schaffen uns *finanzielle Sicherheit und finanzielle Unabhängigkeit,* so dass Geldsorgen unser Leben nicht mehr irritieren.
- Wir investieren unser Geld in uns und unsere Zukunft, legen es intelligent an, um *auch in Zukunft jederzeit über das Ver-*

mögen zu verfügen, was wir für unseren Lebensstil brauchen.

- Wir *teilen unseren Reichtum mit anderen,* so wird auch das Geld, das wir im Überfluss haben, zu einer *Heilkraft für andere.*
- Wir achten darauf, dass unser gespendetes Geld wirklich zur Heilung beiträgt, *Hilfe zur Selbsthilfe* ist.

Uns selbst und unsere Arbeit zu lieben lässt uns gar keine andere Chance mehr, als auch Geld liebevoll zu nutzen. *So verwandelt sich Geld zur Heilkraft.*

Und wir betonen nochmals: *Die heilsame Wirkung von Geld beginnt bei jedem von uns. Dann entfaltet sich die Heilkraft aus den gesponserten Projekten, die als Organisation heilsam in die Welt wirken. Und es wird nicht mehr lange dauern, dann werden auch Firmen und Unternehmen zur Gesundung des Planeten Erde beitragen.*

Unser Beitrag zur globalen Entwicklung

[handschriftliche Notizen: "Lange Jahren ?", "Kommunismus ?", "~ alles nur geträumt ."]

Die Vision der einheitlichen Menschheit

Der Untergang der Menschheit ist möglich, aber eher unwahrscheinlich. Die Menschheit wird sich zu einer einheitlichen Familie im Einklang mit der Natur verbinden – früher oder später. Die zeitlichen Dimensionen, ob 50 oder 500 Jahre, sind dabei völlig gleichgültig. Wir sollten schon heute unser Leben auf diese Vision ausrichten und unseren Beitrag zu ihrer Verwirklichung leisten:

- *Die Menschheit wird als einheitliche Familie in Frieden leben.* Es wird keinen Krieg mehr zwischen Nationen geben. Die Menschen werden Streitigkeiten auch nicht mehr mit Morden beenden. Die Gewaltkriminalität (des Staates oder des Einzelnen) gehört der Geschichte an.

- *Verhungern und existenzbedrohende Armut sind beseitigt.* Die gewaltsame Ausbeutung von Erde und Menschen ist beendet. Das Gemeinwesen schafft für den Einzelnen eine lebenswerte Grundlage für die Entfaltung seiner Persönlichkeit.

- *Die Umweltzerstörung auf der Erde ist beendet.* Die Erde wird renaturiert. Tiere werden wieder ausgewildert.

- *Besessenheit, Gier und Sucht nach Materiellem sind geheilt.* Die Menschen finden ihr Glück vor allem in der inneren Fülle. Spiritualität ist eine allgemeine Lebensform geworden.

- *Wahrhaftig gleiche Chancen für alle sind realisiert.* Doch die Menschen sind nicht gleich, im Gegenteil: in der Vielfalt liegt der Reichtum. Aber die Chancen, sich zu entfalten, sind für alle gleich. Schule und Ausbildung werden die Talente des Einzelnen frühzeitig erkennen und individuell fördern, aber auch friedvolle Kooperation und Gruppenbewusstsein fördern.

• *Beschränkungen und Diskriminierungen jeglicher Art finden ein Ende.* Dies gilt für Frauen, Kinder und Minderheiten in den Bereichen des Wohnens, des Arbeitsplatzes, des politischen Systems und in der persönlichen und sexuellen Beziehung.

Diese Vision wird jedoch keinesfalls automatisch geschehen. Die Menschheit muss das Ruder herumreißen. Sie ist abhängig von jedem Einzelnen.

Verantwortung übernehmen

Wir sollten erkennen: Jeder von uns ist für das Ganze verantwortlich. Der dramatische Zustand der Erde, die primitive Kultur der Menschheit ist so, weil wir in unserem Denken, in unserem Bewusstsein, in unserer Liebesfähigkeit noch nicht weiter sind.

Verantwortung beginnt bei uns selbst, bei den Menschen, mit denen wir zusammenleben, bei der Art, wie wir durch berufliche Tätigkeit uns selbst zum Ausdruck bringen, bei der Art, wie wir Geld erzeugen und als Heilkraft wirken lassen. Verantwortliches Handeln erweitert ständig die Einflusszone des eigenen Wirkens.

Die Verantwortung zu übernehmen ist die Antwort auf die Krise der Menschheit. Im Ausmaß unserer Verantwortung zeigt sich unsere Bewusstheit um die Krise.

Uns selbstständig machen, Selbstständigkeit fördern

Selbstständigkeit und Unabhängigkeit sind ein notwendiges Zwischenstadium auf dem Weg zur einheitlichen Menschheitsfamilie. Sie sind nicht das Endstadium.

Machen wir uns bewusst: Unser Leben beginnt in großer *Abhängigkeit und entwickelt sich zu immer größerer Selbstständigkeit.*

In unserer *pränatalen Phase* im Mutterschoß sind wir vollkommen abhängig. *Mit der körperlichen Geburt* lösen wir die Abhängigkeit langsam, aber sicher. *Das Erwachen des ICH-Bewusstseins* (»Trotzphase«) ist ein weiterer Schritt zur Unabhängigkeit. Wir sind von der Mutter auch emotional nicht mehr abhängig, lösen uns emotional. *Unsere Identitätsfindung in der Pubertät* ist eine soziale Unabhängigkeitserklärung. Wir definieren für uns, wer wir sind. In diese Unabhängigkeit fallen Persönlichkeitsbildung, Berufsfindung und die Bildung einer eigenen Familie.

Doch hier endet für die meisten der Prozess der Unabhängigkeit. *Neue Abhängigkeiten entstehen:* die Abhängigkeit von der Arbeit, die Abhängigkeit vom Lebenspartner, die Abhängigkeit von Banken.

Wenn wir persönlich wachsen wollen, sollten wir auch hier auf Unabhängigkeit und Selbstständigkeit achten. Selbst wenn die eigene berufliche Selbstständigkeit keine Perspektive mehr sein sollte, helfen wir doch anderen Menschen und vor allem unseren Kindern, selbstständig zu werden. Es ist auch für die Liebesbeziehung zwischen Frau und Mann heilsam, wenn jeder sein eigenes Einkommen hat und keiner finanziell abhängig ist.

Doch Unabhängigkeit und Selbstständigkeit sind noch nicht das Ende der Entwicklung.

Abhängigkeit sagt: »Ich brauche dich, ohne dich kann ich nicht leben.« *Selbstständigkeit* sagt: »Ich mache das, was ich will.«

Der nächste Schritt ist die Kooperation (»Interdependenz«). Sie sagt: »In der Kooperation bin ich besser, gemeinsam sind wir stark.« *Interdependenz* ist das WIR von Selbstständigen, nicht von Abhängigen. Wir begeben uns freiwillig in eine neue, kooperative Abhängigkeit. *Unser Körper,* bestehend aus etwa 85 Billionen Zellen (etwa 1000 Mal mehr Zellen, als wir Menschen die Erde bevölkern!), ist ein ausgezeichnetes Modell für die Kooperation von im Grunde selbstständigen Zellen in einer großen Gemeinschaft, in einem großen Organismus.

Doch um diese »Interdependenz« der Menschheitsfamilie zu erreichen, müssen wir erst noch ganz massiv das Stadium der Selbstständigkeit durchlaufen, *eine »neue Kultur der Selbstständigkeit«* errichten. *Das größte Geschenk, das wir unseren Kindern machen können, ist sie in Selbstständigkeit aufwachsen zu lassen.*

Familien und Gruppen heilen

Wir haben gerade unseren Körper als Kooperationsgemeinschaft beschrieben. Doch weiter: *Diese Kooperationsgemeinschaft von 85 Billionen Zellen hat ein eigenes »Gesamtbewusstsein« hervorgebracht!* Jede einzelne Zelle hat ihr eigenes Bewusstsein, die egoistische Krebszelle beweist, dass es vorhanden ist und sich losgelöst reaktivieren kann. Doch diese Vereinigung von Zellen *schafft neues Bewusstsein,* das Bewusstsein des Ganzen, das wir wie selbstverständlich als »unser Bewusstsein« wahrnehmen!

Und unsere Familie, eine Gemeinschaft von drei, vier, fünf oder mehr Einzelwesen, schafft sich ein Familienbewusstsein, ja, eine Familienseele! Wir denken nicht mehr als Einzelwesen, sondern als Familie, als Gruppe, als Gemeinschaft!

Unseren Beitrag zu leisten heißt auch, bewusster in Gruppen zu leben, nicht nur in der Familie oder in der Arbeitsgruppe, sondern auch in anderen Gruppen. Gruppenbewusstsein und Gruppenseele hervorzubringen ist die beste Heilung gegen die aktuelle Krankheit der Menschheit: Angst, Materialismus, Egoismus, Manipulation, Gefühllosigkeit und Verantwortungslosigkeit.

Solche bewussten und beseelten Gruppen sind die Keimzelle für die Menschheit als einheitliche Familie. *Dies ist ein wichtiger Bereich, in dem wir unseren Beitrag zur Überwindung der menschlichen Krise leisten müssen.*

Transparenz schaffen

Transparenz bedeutet Durchsicht, Klarheit, Sichtbarkeit, Wahrheit, Ehrlichkeit, sich öffnen, Vertrauen entgegenbringen. *Transparenz ist das heilsame Gegenmittel zu ängstlicher Verborgenheit, manipulativer Geheimhaltung und dunklen Machenschaften.* Transparenz schaffen ist ein wesentlicher Beitrag, um Gruppen zu bilden und Gruppenbewusstsein zu fördern.

Wir sollten jedes Doppelleben, jedes Leben mit einem Janusgesicht beenden. *Wahrheit und Ehrlichkeit sollten in unser Gesicht geschrieben sein, unser Antlitz erleuchten.* Andere können sich auf uns einlassen, weil auf uns Verlass ist. Transparenz ist die Basis eines auf Dauer angelegten Vertrauens.

Wir sollten auch den Mut aufbringen, unsere Geldverhältnisse offen zu legen.

Reichtum teilen

Wir haben in diesem Buch mehrfach darauf hingewiesen, wie wichtig es ist, zehn Prozent unseres Einkommens zu spenden. Wir sollten noch einen Schritt weiter gehen! *Sobald wir ein Einkommen erreicht haben, das wir nur noch als »Überfluss« bezeichnen können, sollten wir uns eine obere Grenze unseres Einkommens festsetzten, das wir für uns behalten. Alles, was darüber hinausgeht, spenden wir an wohltätige Gemeinschaften.* Wir sollten uns als Ziel setzen, *ohne Scham unverschämten Überfluss und Reichtum hervorzubringen, um reichlich mit anderen Menschen teilen zu können.* Dieses Ziel sollte so motivierend sein, dass wir das Zwischenziel finanzielle Unabhängigkeit möglichst schnell erreichen.

Den Reichtum, den wir mit anderen Menschen teilen, sollten wir aber auch bewusst teilen. Es macht viel mehr Sinn und Freude, nicht nur dort mildtätig zu spenden, wo Menschen unverschuldet Katastrophen ereilen (Naturgewalten, Kriege), sondern *in Projekte zu investieren, die entscheidend für unsere Zukunftsgestaltung und die Zukunft der Menschheit sind.*

Die Kunst dabei ist, wirklich zu helfen und nicht durch Geldfluss selbstverantwortliches Handeln zu ertränken. Es muss von allen Seiten ein klares Bewusstsein darüber vorhanden sein: *Wie kann das Geld helfen, Selbsthilfe zu verstärken? Das ist die nächste fundamentale Form, in der Geld zur Heilkraft wird: Geld als Hilfe zur Selbsthilfe.*

Die Geburt der selbstbewussten Menschheit

Der Geist der Zeit

Wir leben heute in Zeiten, die spannender nicht sein könnten. Vor unseren Augen vollzieht sich ein dramatischer Wandel, wie ihn die Menschheit bisher kaum erlebt hat.

Der Wandel vollzieht sich geräuschlos und vor allem im Bewusstsein der Menschen. Ein geistiges Erdbeben rüttelt am Denken der Menschen. Kaum ein Stein bleibt auf dem anderen, keine Vorstellung kann sich der Prüfung entziehen. Ein ganzes ideologisches Lager im Osten Europas ist fast geräuschlos zusammengebrochen, weil die staatliche Propaganda das Bewusstsein der Menschen dort nicht mehr vernebeln konnte.

Wir durchleben eine globale Krise, die Geburt eines neuen geistigen Zeitalters, des Bewusstseinszeitalters. Kaum eine Wende in der Menschheitsentwicklung war so tief gehend wie der gegenwärtige Umbruch: vergleichbar mit der Wende vor 10 000 Jahren, als die Menschheit sesshaft wurde, Ackerbau und Viehzucht betrieb und Häuser und Städte zu bauen begann.

Damals nahmen wir Menschen Besitz von der Erde, Grund und Boden wurden zu Produktivkräften. Wir lernten zu säen und zu ernten. Wir zogen Grenzen um unseren Privatbesitz. *Materieller Besitz und Wohlstand wurden zum Statussymbol – das materielle Zeitalter begann.* Unser Denken – vorher animalisch und mystisch – wurde rational und logisch.

Ein derart tiefer Umbruch vollzieht sich auch heute. *Jetzt nehmen wir Besitz von unseren inneren und sehr differenzierten Bewusstseinsarealen. Wir hören auf, uns mental (durch welche Religion oder Ideologie auch immer) fernsteuern zu lassen, sondern nehmen unser Denken in Besitz.* Wir erkennen, dass wir nur einen Bruchteil unseres Gehirnpotentials nutzen. Wir erwachen zu neuem Leben.

Denken und Bewusstsein werden zu treibenden Produktivkräften. Weisheit und Bewusstheit sind nicht mehr nur einzelnen, herausragenden Menschen vorbehalten, religiösen Gründern oder wissenschaftlichen Genies. Weisheit und Bewusstsein beginnen, die Menschheit zu erfassen – *das geistige Zeitalter bahnt sich seinen Weg.* Unser Denken gewinnt eine neue Qualität, eine neue Dimension. Es wird global und intuitiv.

Das neue Denken

Wie gesagt: Der Kern der globalen Krise ist keine wirtschaftliche Strukturkrise, sondern eine *Bewusstseinskrise.* Das Denken, die Weltanschauung stimmen nicht mehr. *Wir versuchen mit Methoden von gestern, die Probleme von morgen zu lösen.* Während die Menschheit zu einer einheitlichen Kooperation mit sich selbst und der Natur zusammenwachsen sollte (und nur darin liegt unsere Überlebensperspektive), beherrschen immer noch Egozentrik, Konkurrenz und Wettbewerb unser Denken.

Was ist an dem alten Denken falsch? Von welchem Denken müssen wir uns lösen, damit es nicht unser Schicksal wird? Was macht das neue Denken aus?

Die materialistisch-patriarchalische Denkweise hat uns im vergehenden Zeitalter gute Dienste geleistet, der Menschheit in vielen Bereichen technischen Fortschritt und äußeren Wohlstand und Reichtum gebracht. Jetzt ist sie das größte Hindernis für den globalen Fortschritt der Menschheit geworden. Den materialistischen Weg zu gehen bedeutet dabei, das Materielle, die äußere Welt überzubewerten, die Natur wie ein Krebsgeschwür auszubeuten, das technisch Machbare über das menschlich Sinnvolle zu stellen.

An die Stelle dieses materialistischen Denkens tritt jetzt *das spirituelle Denken:* die Hochachtung des Geistes und der Natur, der inneren Welt und der Zwischenmenschlichkeit. *Spiritualität (spiritus = Geist) setzt den Geist vor die Materie, findet den Geist in der Materie, stellt unser bisheriges Denken vom Kopf wieder auf die Füße.* Spirituelles Denken vermeidet jedoch Einseitigkeit und strebt nach Harmonie zwischen Geist und Materie, innerer und äußerer Welt, Menschlichkeit und Technik, weiblichen und männlichen Energien. *Wahre, geerdete Spiritualität* zeigt den Weg zu materiellem Wohlstand und Reichtum, ohne die Natur und andere Menschen ausbeuten zu müssen, ohne vom materiellen Besitz besessen zu sein. Spiritualität legt großen Wert auf den Wohlstand aller Menschen, damit sie sich auf dieser Basis sorgenfrei spirituell entwickeln können. *Das ist das Paradox der Spiritualität: Sie klebt nicht an äußerem Reichtum, erschafft ihn dagegen mühelos. Spiritualität entfaltet sich durch die meisterhafte Beherrschung des Materiellen.*

War das spirituelle Denken lange Zeit kleinen, esoterischen Kreisen vorbehalten, so ist heute *eine breite Bewusstseinsrevolution spürbar, die viele Menschen spirituell erfasst hat.* Eine echte Wende in der Entwicklung auf dem Planeten Erde setzt ein Umdenken der Menschheit voraus und braucht eine neue Lebensphilosophie, die von der Mehrheit der Menschen praktiziert wird. Viele Menschen erkennen heute die eigene Verantwortung für die Zukunft der Menschheit auf dem Planeten Erde, für den Fortgang der Schöpfung. Uns retten aber keine Gurus oder Eliten: *Die Geburt des neuen Bewusstseinszeitalters, des geistigen Zeitalters, ist vielmehr das kooperative Werk der gesamten Menschheit.*

In dieser Zeit tauchen auch viele Strömungen auf, die in Sekten gelebt werden und in den Gruppen zeitweilig neue Abhängigkeiten schaffen. Solche rückwärts gerichteten Stromwirbel werden den großen Strom hin zur Bewusstseinsgesellschaft immer am Rande begleiten.

Wirklich gelebte Spiritualität ist die Befreiung und nicht die Versklavung des Denkens. Spiritualität verhilft dem Menschen zu Selbstständigkeit und erzwingt keine neuen Abhängigkeiten. *Spiritualität fördert das Wohlergehen in der Welt und nicht die Verteufelung des Weltlichen.* Spiritualität mischt sich in diese Welt ein, ist Teil dieser Welt und zieht sich nicht in Selbstgefälligkeit zurück. Spiritualität führt zu mehr Frieden, Harmonie, gegenseitiger Achtung und Menschlichkeit in der Welt.

Der geistige Weg

Wie soll sich das Denken der Menschheit ändern, wenn diese Änderung nicht bereits bei einzelnen Menschen vollzogen ist? Und wie soll dieses neue Denken machtvolle Wirklichkeit werden, ein neues Zeitalter begründen, wenn es nicht von vielen Menschen getragen wird?

Der geistige Weg ist nicht nur der Ausweg für die Menschheit aus der globalen Krise, sondern auch der Ausweg jedes Einzelnen aus seiner Lebenskrise.

Wir haben uns Gedanken darüber gemacht, welche Auswirkungen das materialistische Denken auf die Entwicklung der Menschheit hat, wie es jetzt die Selbstzerstörung der Menschheit nach der Logik eines Krebsgeschwürs forciert. Welche Auswirkungen hat dieses Denken aber auf das Leben des Einzelnen?

Der Mensch sucht (und ist süchtig) nach Lebenssinn, Glück, Erfüllung, innerem Frieden, Glauben und letztlich Liebe. Jede Art von Sucht *sucht* vergeblich diese inneren Werte in der äußeren Welt. Die materialistische Denkweise nährt dabei die Illusion, diese Werte in der materiellen Welt finden oder gar kaufen zu können. Da so aber die Suche nach den inneren Werten nicht befriedigt werden kann, bläht sie sich als materiell orientierte Sucht egozentrisch und rücksichtslos auf. Von dieser unerfüllbaren Sucht getrieben, bleibt die Seele der Menschen leer und unwohnlich.

Und wir haben erkannt: Je mehr Menschen in dieser materiellen Sucht verhaftet sind, je mehr sie sich dem Ganzen gegenüber egoistisch verhalten, desto gefährdeter ist die Menschheit auf dieser Erde. Es ist nicht ein falsches Denken von einzelnen Politikern und Weltführern, das uns in die Sackgasse leitet.

Jeder trägt durch ein materialistisch orientiertes Denken dazu bei. Wir haben die politische Führung, die unsere Denkweise verdient.

Doch immer mehr Menschen erkennen in ihrer eigenen Lebenskrise, dass der materielle Weg ausgeschöpft ist und keine sinnerfüllende Perspektive mehr bieten kann.

Der geistige Weg ist ein Weg nach innen, ein Weg der Liebe und der Weisheit, der »Erleuchtung«. Je mehr Menschen diesen geistigen Weg gehen, desto machtvoller können sich die Informations- und Bewusstseinsgesellschaften entwickeln. So schaffen wir uns die äußere Welt des Reichtums und Wohlergehens für alle, die unser aller spirituelle Entwicklung fördert.

Diesen geistigen Weg muss jedoch jeder Einzelne für sich gehen. Niemand kann es ihm abnehmen, so wie jedes Kind das Einmaleins, das Schreiben selbst lernen muss. *Es ist eine Bildungsaufgabe,* erscheint wie eine selbst vollzogene Neugeburt. Die Welt erscheint in einem anderen Licht, die Anschauung der Welt ändert sich (wird friedvoller, leichter und heller), der Umgang mit sich selbst und den Mitmenschen wird bewusster, liebevoller und erfüllender.

Die Zeit ist reif, dass sich viele Menschen auf den geistigen, den spirituellen Weg machen, auch wenn viele Irrlichter den Weg säumen. Irrlichter befreien nicht aus der Sucht, sondern ersetzen die materielle Sucht durch eine emotionale Sucht und Abhängigkeit. Doch spirituelles Denken erhebt uns aus emotionalen Verstrickungen und verhilft uns zu Selbstständigkeit und Selbstbeherrschung.

Auf dem geistigen Weg lernen wir sehr klar zwischen Gefühlen und Intuition zu unterscheiden, zwischen omnipotentem EGO-Verliebtsein (Narzissmus) und echter, transformierender und wirkungsvoller Selbstliebe.

Die Abgrenzung von irreführenden Ideologien kann die eigene Überzeugung stärken, das Selbstbewusstsein erhöhen, den Schritten auf dem geistigen Weg mehr Sicherheit verleihen.

Die geistige Geburt

Den geistigen Weg zu gehen ist oft verbunden mit einer tiefen Lebenskrise, einer Krise, die wirklich an die Substanz geht: in Partnerschaft oder Beruf. Was im Leben bisher so wichtig war, verliert an Wert, wird in Frage gestellt, bekommt einen ganz neuen Stellenwert.

Wie jede Geburt tut auch diese, unsere geistige Geburt, oft weh (Geburts-»wehen«). Sie ist die fünfte Geburt in unserer

Persönlichkeitsentwicklung, eine Geburt zum wahren Mensch-sein. Und wenn man sich jetzt nicht genügend Zeit für die Selbstfindung und Selbstentwicklung schenkt, dann findet das Leben immer einen Weg, uns die Zeit für uns selbst zur Verfügung zu stellen. Wir sollten erkennen: *Mit der fünften Geburt machen wir uns selbst zur Hauptaufgabe unseres Lebenswerkes.* Das bedarf der Aufmerksamkeit:

In der fünften Geburt wenden wir die Aufmerksamkeit aus der äußeren Welt auf uns selbst, stellen wir uns selbst in den Mittelpunkt unseres Interesses. Uns interessieren jetzt vor allem die Fragen:

Wer bin ich WIRKLICH? Was für einen Sinn macht das alles? Was kommt nach der Befriedigung der materiellen Bedürfnisse? Was heißt es, seine Lebensaufgabe zu erkennen und zu erfüllen?

Wenn wir über die fünfte Geburt sprechen, müssen wir auch die ersten vier Geburten benennen, um die fünfte Geburt in ihrer vollen Tragweite erfassen zu können:

Die erste Geburt ist die Zeugung, die Initialzündung für ein neues Leben. Mit der Vereinigung der Potenziale zweier Menschen erhalten wir unser eigenes Potenzial, was aus uns im besten Falle werden kann.

Die zweite Geburt ist die körperliche Geburt. Wir befreien uns aus der körperlichen Abhängigkeit der Mutter, beginnen selbstständig zu atmen und Nahrung zu uns zu nehmen. Die zweite Geburt ist eine Unabhängigkeitserklärung der körperlichen Selbstständigkeit.

Die dritte Geburt ist die Geburt unseres EGO (häufig »Trotzphase« genannt). Wir beginnen als Kinder, »ich!« und »nein!« zu sagen. Wir befreien uns aus der engen Mutter-Kind-Beziehung. Die dritte Geburt ist eine emotionale Unabhängigkeitserklärung, ein Signal emotionaler Selbstständigkeit. (Viele bleiben zeitlebens in emotionaler Verstrickung mit ihrer Mutter.)

Die vierte Geburt durchleben wir während der Pubertät und finden hier zu einer eigenständigen Identität. Die vierte Geburt ist eine soziale Unabhängigkeitserklärung von der Primärfamilie, das Finden und Anpassen von gesellschaftlichen Rollen. (Die allermeisten Menschen bleiben in dieser Entwicklungsetappe stecken, weil sie aus den außengeleiteten Erwartungen nicht zur innengeleiteten Selbstbestimmung erwachen.)

Mit der fünften Geburt hören wir auf, soziale Rollen zu spielen und auf die materielle Welt fixiert zu sein, und entdecken unser wahres Selbst. Wir nehmen uns als geistiges Wesen wahr und beginnen ein neues Leben auf geistiger Ebene. Auf dieser Ebene erkennen wir uns auch als untrennbarer Teil eines größeren Ganzen und übernehmen Verantwortung für die gesellschaftliche Entwicklung. Erfüllung in allen Lebensbereichen stellt sich mit Leichtigkeit ein. *Das Leben wird zur Meisterschaft.* War diese fünfte Geburt bisher nur relativ wenigen Menschen vorbehalten, eher eine Ausnahmeerscheinung, so finden heute immer mehr Menschen diesen »*Weg der Erleuchtung*«.

Die Zeit ist reif, uns an unser wahres Selbst zu erinnern und als wahrhaft kultivierte Menschen auf dem Planeten Erde ein wirklich wohnliches Zuhause einzurichten.

Die Geburt zum Selbstbewusstsein

Wie der einzelne Mensch in seinem Leben verschiedene Geburten erlebt, so können wir jetzt in der Gesamtschau *auch für die bisherige Evolution der Menschheit (»Phylogenese«) verschiedene Geburtsprozesse nachvollziehen:*

Die erste Geburt ist die Idee des Menschen als »Abbild Gottes«. »Ebenbild Gottes« zu sein heißt nicht, GOTT körperlich zu gleichen, sondern *sich als Schöpfer mit uneingeschränkter Vollmacht* zu verstehen. Wir sind »Kinder Gottes« und haben den Job, die Schöpfung auf dem Planeten Erde fortzuführen. In uns erfährt sich Gott. Das ist die tiefe Idee des Mensch-SEINS.

Die zweite Geburt ist die körperliche Menschwerdung: Wir unterscheiden uns von den anderen Primaten: aufrechter Gang; Freisetzen des Daumens und Entwicklung der Griffhand; Modulation des Kehlkopfes, so dass wir zu sehr differenzierten Lauten fähig sind; Gehirnentwicklung, die fantastische Denk- und Bewusstseinsleistungen erlaubt. Diese Geburt liegt etwa eineinhalb Millionen Jahre zurück. Doch wir bleiben als Jäger und Sammlerinnen bis in die hoch entwickelten nomadischen Kulturen immer noch Naturwesen.

Die dritte Geburt der Menschheit ist die Agrarrevolution. Wir beginnen uns von der Natur zu lösen und eine produktive, soziale Kultur zu schaffen. Diese Geburt ist mit der kindlichen Trotzphase zu vergleichen. Wir verhalten uns »Mutter Natur« gegenüber trotzig und herrschsüchtig. In unserem Denken keimt Egobewusstsein, zunächst so übertrieben, dass der Mensch sich zum Mittelpunkt der Welt erhebt (anthropozentrische Sicht).

Die vierte Geburt ist die industrielle Revolution. Sie ist sozusagen die Pubertätszeit der Menschheit. Das Vermögen, Reichtum zu schaffen, wird auf die Spitze getrieben. Das EGO (im Egoismus) berauscht sich an sich selbst, ist von seiner Macht betört. Es ist aber auch die Zeit, in der wir uns eine materielle Basis in Wohlstand und Reichtum verschaffen.

Die fünfte Geburt der Menschheit erleben wir im Moment, es ist die Geburt zum Selbstbewusstsein der Menschheit. Uns wird bewusst, dass wir keine Einzelwesen sind, sondern »Zellen eines größeren Organismus«. Wir gliedern uns bewusst in diesen Organismus ein, werden selbstbewusster Teil der Menschheitsfamilie.

Transparenz unserer Geldverhältnisse

Wir haben als Menschheit bereits zweifellos einen gigantischen materiellen Reichtum hervorgebracht.

Durch die ausbeuterische Art des Anhäufens von Reichtum wurde und wird dieser Reichtum jedoch noch ungleichmäßig verteilt. Wir beuten nach wie vor die Erde aus. Aber die Reichtümer der Erde sollten doch der ganzen Menschheit gehören und nicht zum Beispiel nur dem Staat, der sein Territorium auf der Ölquelle hat. Wir beuten gegenseitig unsere Arbeitskraft aus. Aber der so geschaffene Reichtum sollte doch allen gehören, die an dieser Wertbildung teilhaben.

Es verändert sich vieles und das auch unglaublich schnell. Firmen sind mehr denn je auf ihre Mitarbeiter als ihr wertvollstes Kapital angewiesen. *Die Gewinne eines Unternehmens werden unter den Mitarbeitern schon heute wesentlich gerechter verteilt. Dieser Trend führt am Ende zur Beendigung der Ausbeutung.* Mit der Auflösung von einzelnen Staaten wird auch der Reichtum der Natur immer mehr Besitz der ganzen Menschheit werden. *Auch über die Bildung der Staatengemeinschaft wird sich der materielle Reichtum der Menschheit gerechter verteilen.*

Das Internet schafft die Möglichkeit einer weltumspannenden Transparenz, die wir uns vor Jahren noch gar nicht haben vorstellen können. *Es eröffnet uns die Möglichkeit, den unterirdischen Geldfluss offen zu legen, transparent zu machen und so unsere Gemeinschaft zu demokratisieren und unseren*

Reichtum zum Wohle aller gleichmäßiger zu verteilen. Das setzt jedoch unser Lösen vom materiellen Denken voraus, macht spirituelles Denken notwendig.

Spiritualität als Ausweg

Wie im Leben des Einzelnen ist dies der spirituelle Weg der Menschheit zur einheitlichen Menschheitsfamilie. Die Menschheit beginnt, das Leben auf der Erde zu meistern. Wir Menschen werden eine sich gegenseitig stützende Gemeinschaft von Meisterinnen und Meistern.

Der natürliche Reichtum, den die Erde hervorgebracht, der materielle Reichtum, den die Menschheit bisher hervorgebracht hat, und der geistige Reichtum einer wirklich kultivierten und vereinigten Menschheit werden das Antlitz der Erde dramatisch verändern. *Es ist eine Kulturrevolution. Mit ihr beginnt sich die Evolution bewusst zu vollziehen, wird zur »bewussten Evolution«.*

Im spirituellen Weg der Menschheit wird sich der materielle Reichtum *mehr denn je, aber harmonisch und ohne Ausbeutung entfalten können.* Äußerer Reichtum wird nicht die Hauptsache in unserem Leben sein, sondern eher eine angenehme Nebensache. Reichtum zeigt nicht nur, dass wir meisterhaft mit Geld umgehen können, sondern auch mit der materiellen Lebenswelt.

Materieller Reichtum wird nicht mehr das Privileg Einzelner bleiben, sondern es wird ihn jeder Erdenbürger durch sein spirituelles Denken und seine schöpferische Meisterschaft für sich selbst und die anderen verursachen können. Unsere Schulen werden Orte des spirituellen Lernens sein, geheiligte und heilsame Orte. Unsere spirituellen Lehrer und Lehrmeisterinnen werden ein hohes Ansehen in der Gemeinschaft genießen.

All dies wird geschehen. Es ist nur eine Frage der Zeit. Es liegt an jedem Einzelnen, wie verkracht und langsam oder wie friedvoll und schnell sich diese weitere Evolution der Menschheit vollziehen wird. Tun wir unseren Job in voller Bewusstheit, gegenseitiger Liebe und Unterstützung!

Meistern wir unser Leben, meistern wir den heilsamen Umgang mit Geld, wandeln wir Geld durch unsere Hände in eine heilsame Kraft. Lösen wir uns als Gemeinschaft von der Krise der Menschheit und dem Planeten Erde!

Nachwort:
Die Meisterprüfung

Herzlichen Glückwunsch, dass Sie diese Buch bis hier gelesen haben. Es hat sie »gefesselt«, Sie können sich mit der Botschaft des Buches identifizieren. Sie sind bereit, Ihr Leben so zu gestalten, dass Sie den spirituellen Weg des Reichtums gehen, der auch der Weg des Herzens ist, um für sich selbst und für andere unbegrenztes Glück und Liebe zu erfahren.

Für das Buch wurde ein bestimmter Preis bezahlt, von Ihnen oder einem Menschen, der Sie mit diesem Buch beschenkt hat. Wie ist es möglich, einen solchen Wert aus einem Buch zu erschließen, der erheblich höher liegt als der Preis, den das Buch kostet? *Wie lässt sich aus diesem geistigen Kapital ein Mehrfaches an Wert gegenüber dem Preis realisieren?*

Die Meisterprüfung am Ende lautet also: Wie verwende ich dieses Buch, um damit ein märchenhaftes geistiges und materielles Vermögen zu verursachen? Wie ist dieser unglaubliche Mehr-Wert durch ein Buch zu schaffen?!

Der meisterhafte Umgang mit diesem Buch erschließt Ihnen auch den meisterhaften Umgang mit Geld. Geld und Schrift sind als ideelle Speichermedien miteinander verwandt. In diesem Buch ist geistiges und materielles Vermögen gespeichert. Es gilt, diesen ideellen Wert in Ihrer Realität in Erscheinung treten zu lassen. *Auch dieses letzte Geldgeheimnis ist unglaublich einfach: aus gekauftem Wissen ein Vielfaches an Wert zu schöpfen.*

Was wir nicht nutzen, ist wertlos

Beginnen wir so einfach, wie es einfach enden wird: Das Buch selbst ist *als materieller Gegenstand* relativ wertlos. Weniger, als Sie dafür bezahlt haben. Im Ofen wäre es schnell verbrannt und würde kaum Wärme erzeugen. Es besitzt einen geringen Brennwert. Für ergiebiges Brennmaterial wäre das Geld besser in Briketts oder ähnliche Brennstoffe investiert. Ungenutzt im Bücherregal hätte es nicht einmal Brennwert, sondern nur einen zweifelhaften Wert als Staubfänger. Das mag lustig und banal klingen. *Aber wie viele Bücher werden als Staubfänger oder später Brennmaterial entwertet?!*

Vergleichen wir diesen *wertlosen Umgang mit Büchern* mit einem wertvernichtenden Umgang mit Geld. Stellen wir uns vor, wir hätten eine Million in einem Safe neben dem staubanfälligen Bücherregal. Im Safe ist das Geld aber völlig nutzlos und damit wertlos. Wir könnten mit dieser Million sogar verhungern, wenn wir das Geld im Safe lassen, statt einen Schein herauszunehmen und damit Lebensmittel einzukaufen. (Geld selbst lässt sich ja nicht essen.)

Erst wenn wir Geld aus dem Safe nehmen, es nutzen und in die Geld- und Warenzirkulation zurückführen, verwirklicht es im Akt des Tauschens (Lebensmittel gegen Geld) seinen *potenziellen* Wert (oder »potenzielle Energie«, wie wir es im Buch nannten).

In Europa sind viele nationale Währungen in Euro umgestellt. Die nationalen Zahlungsmittel haben völlig ihren Wert verloren und nur noch der Euro zählt.

Stellen Sie sich vor, wir hätten die Millionen in alter Währung immer noch im Safe und nicht in den Euro eingetauscht. *Unser Geld im Safe hätte plötzlich gar keinen Nutzen mehr, wäre als Zahlungsmittel völlig wertlos geworden.* Wir könnten mit den wertlos gewordenen Scheinen ein kleines Feuerchen machen. Aber auch bei Geldscheinen ist der Brennwert erschreckend niedrig. Also: Sogar Geld, das nicht »arbeitet«, sondern nur irgendwo (außerhalb der Zirkulation) »geparkt« ist, hat so gut wie keinen Wert.

So ähnlich ist es auch mit Büchern. Sie haben einen materiellen Wert (der relativ gering ist) und einen *potenziellen, geistigen* Wert. Nun liegt es einzig an dem Nutzer, sich diesen Wert für das eigene Leben zu erschließen, *den geistigen Wert umzutauschen in materiellen Wert*. Das Buch macht das nicht für den Leser.

Dieses Buch wird erst wertvoll für Sie, indem und je nachdem wie Sie es nutzen. Je mehr Wert Sie ihm beimessen, desto wertvoller wird es für Sie. Sie können mit diesem Buch Millionen machen, wenn Sie es so nutzen, dass Sie seinen *potenziellen Wert* für Ihr Leben erschließen. Sie können es aber auch als Brennmaterial oder Staubfänger nutzen. *Das ist letztlich Ihre Wahl.* Sie geben diesem Buch den Wert, je nachdem *wie Sie es nutzen*. Das Buch gibt Ihnen genau *das* zurück.

Lassen Sie uns das Gesagte in eine kurze Formel bringen: Im *wertbildenden* Umgang mit diesem Buch lernen wir auch den *wertbildenden Umgang* mit Geld. Wir lernen *mit unserem Denken, Fühlen und Handeln* Wohlstand und Reichtum selbst zu erschaffen. Wir selbst sind es, die unser Leben so *wertvoller* gestalten. Hierin liegt die *Meisterprüfung für das Verständnis des Buches*.

Billige Lösungen sind nichts wert!

Dieses Buch ist kein billiges Fastfood, eher ein Menü mit drei Gängen und zusätzlicher Vor- und Nachspeise. Aber warum funktionieren billige Lösungen nicht?

Wäre es nicht toll, wir könnten uns eine Luxuslimousine als Spielzeugauto kaufen, es mitten in die Garage stellen, eine Nacht schlafen und... am nächsten Morgen stünde das Luxusauto in Originalgröße, fahrbereit und mit vollem Tank in der Garage. Funktioniert auch nicht. *Aber warum um Himmels willen nicht?! Es ist eigentlich ganz einfach: Billige Lösungen sind im wahrsten Sinne des Wortes: nichts wert!*

Man kann nicht wenig geben (ein Spielzeugauto) und über Nacht viel dafür bekommen (eine ausgewachsene Luxuslimousine). *Wie sollte das funktionieren: mit einer leichten, billigen, wertlosen Methode etwas Wertvolles erreichen?!* Wie sollte man Weltmeister in einer Disziplin werden, ohne je trainiert zu haben? Man muss schon einen Wert geben (trainieren), um einen Wert zu bekommen (den Weltmeistertitel).

Stopp! Wie ist es mit Glücksspielen? Glücksspiele sind verführerisch, weil sie uns zu diesem *faulen, irreführenden Denken* verleiten: wenig geben – viel bekommen. *Glücksspiele sind Irrlichter,* die uns vom Weg abbringen und in den Sumpf locken. Und tatsächlich: Den meisten Lottomillionären rinnt das Geld so durch die Finger – viele sind nach wenigen Jahren ruiniert. Für die meisten ist mit der Zeit der Lottogewinn ein Fluch und kein Segen. Doch noch schlimmer ist: Glücksspiele nähren ständig unsere Illusion, man könnte schnelles Geld machen und damit leicht ein Vermögen aufbauen.

Lösen wir uns **schnell** *von solchen Illusionen. Das macht uns das Leben* **leichter!**

Wir erreichen Wertvolles nur dann, wenn wir auch Wertvolles einsetzen. Das ist nur eine andere Formulierung für das Geldgeheimnis. Das Leben lässt sich nicht betrügen. Wir können nicht Wertloses geben und im Gegenzug dafür Wertvolles bekommen. Das widerspricht jedem kosmischen Gesetz.

Das Buch ist also keine Anleitung für Lottogewinne oder ähnliche billige Lösungen, sondern eine Anleitung, wie wir der Gesellschaft Wertvolles geben, um Wertvolles zu erhalten.

Wie wertvoll ist das Ziel?

Klären wir zunächst ab, wie wertvoll für Sie das Erreichen dieses Ziels ist: des meisterhaften Umgangs mit Geld. Denn wir investieren unsere Kräfte immer in das, was uns am wertvollsten ist. *Steht das Ziel bei Ihnen wirklich an erster Stelle? Kompromisslos? In aller Entschlossenheit und Beharrlichkeit? Wird Sie davon nichts mehr abbringen können?*

Was für einen Wert möchten Sie dem Leben *geben*, damit dieser für Sie wertvolle Zustand in Ihrem Leben in Erscheinung treten kann? Werte, die Sie dem Leben geben können, könnten sein:

- Sich selbst wertschätzen: Sie sind es wert, im Wohlstand zu leben.
- Dem Thema viel Zeit und die volle Aufmerksamkeit zu schenken.
- Den unwiderruflichen Entschluss fassen, dieses Ziel zu erreichen.
- Sich von diesem Ziel nicht mehr ablenken zu lassen.
- Es jetzt zum Hauptthema Ihres Lebens zu machen.
- Dieses Buch als Wegbeschreibung so oft zu lesen, bis Sie das Ziel erreicht haben.
- Erst aufzuhören, wenn Ihr innerer Reichtum sich auch in Ihrem äußeren Leben verwirklicht hat.

Für das, was wir als wertvoll erachten, haben wir auch die Zeit, um es liebevoll zu pflegen. Indem wir *Zeit* investieren, zeigen wir, was für uns wirklich wichtig ist. Doch genauso ist es mit *Liebe:* Wir schenken dem Aufmerksamkeit und Liebe, was uns wichtig ist. Und wir investieren durch *Handeln:* Wir handeln da, wo uns Veränderung wichtig ist.

Wie schaffen wir Wertvolles?

Wir können die Meisterprüfung jetzt zu einer einprägsamen Formel als Aufgabe zusammenfassen: Der Wert, den Sie aus dem Buch schöpfen können, *ist das Produkt aus vier wertbildenden Faktoren: Geld, Zeit, Liebe und Handeln.*

Die Formel lautet:

$$\text{Wertbildung} = \text{Geld} \times \text{Zeit} \times \text{Liebe}^3 \times \text{Handeln}$$

- *Sie investieren Geld:* Geld für das Buch, vielleicht ergänzende Seminare, 500 Euro als Garantieschein im Portemonnaie.
- *Sie investieren Zeit (in Stunden):* Sie lesen das Buch, führen Übungen aus, erstellen schriftliche Pläne, machen sich ein Budget, besuchen Seminare..., Denken braucht Zeit.
- *Sie investieren Liebe:* Sie entwickeln ein liebevolles Verhältnis zu sich selbst. Sie sind sich selbst so wertvoll, dass Sie keine Kompromisse mehr in Ihrer Liebesbeziehung, in Ihrer bezahlten Tätigkeit und Ihrem Verhältnis zu Geld und Reichtum zulassen. Dieser Faktor ist so wichtig, dass er in der Formel in der 3. Potenz erscheint.
- *Sie investieren Handeln* (Handlungsenergie): Sie führen zum Beispiel die 26 Meisterübungen im zweiten Teil dieses Buches gewissenhaft durch.

Die Formel ist sicherlich nicht mit einer mathematisch-wissenschaftlichen Formel zu vergleichen. Letztlich lässt sich die Verbesserung der Lebensqualität auch nicht in eine quantitative Formel bringen. *Doch wenn wir davon absehen und die Formel als qualitative Formel für Wertbildung verstehen, dann sollten wir mit ihr spielen:*

- Geben wir uns für den Preis, die Kosten des Buches, einen Wertpunkt. Wenn wir den Garantieschein im Portemonnaie tragen, addieren wir dazu noch zehn Wertpunkte. Für jedes zum Thema besuchte Seminar geben wir uns fünf Wertpunkte dazu.
- Jede Stunde, die wir mit dem Buch beschäftigt sind, bekommt einen Wertpunkt.
- Die Liebe, die wir durch den meisterhaften Umgang mit Geld zum Fließen bringen, schätzen wir auf einer Skala von eins bis zehn ein. Den Wert, den wir dabei erhalten, multiplizieren wir dreimal mit sich (nehmen die 3. Potenz): Schätzen wir den »Liebesfluss« auf den Skalenwert sechs ein, rechnen wir 6 x 6 x 6 = 216 Wertpunkte.
- Für jede gewissenhaft durchgeführte Meisterübung (insgesamt 26) geben wir uns zwei Wertpunkte.

Und jetzt rechnen Sie einmal Ihre Wertpunkte aus! Wie viel Wert haben Sie aus dem Buch schöpfen können?

Das ist der letzte Teil des Geldgeheimnisses: geistigen Wert in materiellen zu verwandeln, aus geistigem Vermögen materielles Vermögen zu schaffen, geistigen Reichtum in materiellen Reichtum umzusetzen.

Machen Sie sich auf die Reise!

Wahrscheinlich haben Sie erst wenige der Übungen in diesem Buch wirklich vollzogen. Wir »überfliegen« ein Sachbuch erst einmal, um seinen Wert für ein intensives Lesen einschätzen zu können. *Können Sie sich jetzt entscheiden, welchen Wert das Buch für Sie hat? Es liegt nicht zufällig in Ihren Händen!* Es ist wie bei einer Abenteuerreise. Erst vollziehen wir sie auf der Landkarte, kaufen uns Reiseführer, träumen von der Reise. Doch dann heißt es, die Sachen packen und den ersten Schritt in die wirkliche Abenteuerreise zu wagen.

Wir laden Sie dazu ein! *Nehmen Sie das Buch als Reiseführer und Reisebegleiter, und machen Sie sich auf den Weg der Meisterin in Ihr Paradies.*

Dasjenige Buch ist das beste und wertvollste, das Sie in die Praxis umsetzen. Es liegt in Ihren Händen!

Anhang

Register

A

Abhängigkeit 77, 143, 224, 283f.
Achtlosigkeit 104
Achtsamkeit 104, 108
Achtung 53, 125
Aggression 190, 268
Aktien 112, 157, 167ff., 179ff., 214
Aktienfonds 179ff.
Aktiengesellschaft 169
Aktion 83
Altersversorgung 62
Analphabeten 13
Angst 127f., 172, 180, 209f., 254, 256ff.,
  263f., 267f.
Anlageberater 154
Anlagenrate 176, 179
Anlagestrategie 168, 172, 178ff.
Anlagezeit 161
Anleihen 167
Arbeit 41f., 63, 152, 168, 253, 259f., 272,
  277ff.
Arbeitslosigkeit 213
Arbeitsplätze 169
Arbeitsteilung 55, 60, 245
Armut 22, 28, 143, 244, 281
Armutsprogramm 87, 92, 106
Atom 246
Attraktivität 213
Aufgaben 141, 144, 206
Aufmerksamkeit 109
Ausbeutung 21f., 25, 35, 38f., 41f., 296

Ausbildung 81, 213
Ausflüchte 189
Ausgaben 10, 112, 118, 123f., 134
Ausgabenkategorien 113
Ausstrahlung 151
Auto 120, 125f.

B

Banken 62, 70, 81, 172
Bankgebühren 129
Bauern 54, 243, 245, 247, 272
Beachtung 107
Bedarf 55
Bedürfnis(se) 58ff., 93, 119, 265ff.
Begeisterung 136, 142
Begeisterungsfähigkeit 134
Beharrlichkeit 135
Bequemlichkeit 142, 181
Beruf 15, 96, 142, 200, 203
Berufung 94, 142, 200, 206
Bescheidenheit 126
Besessenheit 259, 281
Besitz 38, 253f., 259, 287ff.
Betriebsrente 176
Betrug 71
Bewusstsein 27, 30, 48, 56, 67, 131, 146,
  151, 245, 256, 282, 286, 288
Bewusstseinszeitalter 272, 287, 290
Bibel 46, 48
Börse 170, 172, 180
Bücher 124

Leserservice

Vor allem in schwierigen Börsenzeiten ist es wichtig, in die richtigen Anlagen zu investieren. Falls Sie sich für interessante Vermögensanlagen interessieren, helfen wir Ihnen gerne weiter.

Internationale Akademie
der Wissenschaften (IAW)
St. Markusgasse 11
FL-9490 Vaduz (Liechtenstein)
Tel. (00423) 233 1212
Fax (00423) 233 1214

JA, ich interessiere mich für Erfolg versprechende Anlagen. Senden Sie mir unverbindlich und kostenlos weitere Informationen zu.

Name _____ Vorname _____

Adresse _____

PLZ _____ Wohnort _____

Prof. Dr. phil. Kurt Tepperwein persönlich erleben

Wünschen Sie tiefer in das Buchthema einzusteigen oder die Möglichkeit zu nutzen, Prof. Kurt Tepperwein einmal live zu erleben? Die Internationale Akademie der Wissenschaften bietet Ihnen die folgenden Seminare und Ausbildungen an:

Seminare:
- Die mentale Hypnose
- Heile Dich selbst
- Perlen der Weisheit
- Erfolgreiche Praxisführung
- Erfolg-reich-sein
- Märchenhaft leben
- Optimales Selbstmanagement
- Der Tepperwein-Prozess
- Ferienakademie

Ausbildungen (Direkt- und Heimstudienlehrgänge):
- Dipl. LebensberaterIn
- Dipl. Mental-TrainerIn
- Dipl. Erfolgs-TrainerIn
- Dipl. Intuitions-TrainerIn
- Dipl. Bewusstseins-TrainerIn
- Dipl. Partnerschafts-BeraterIn

Gesamtprogramme:
- Gesamtseminar- und Ausbildungsprogramm der IAW
- Neuheiten der Bücher-, Audio- und Videoprogramme von Kurt Tepperwein

Sie erhalten Ihre gewünschten Informationen selbstverständlich kostenlos und unverbindlich bei:

Internationale Akademie
der Wissenschaften (IAW)
St. Markusgasse 11
FL-9490 Vaduz (Liechtenstein)
Tel. (00423) 233 1212
Fax (00423) 233 1214
Internet: www.iaw.li

Beratungssekretariat
in Deutschland:
Tel. und Fax (0049) 911 699247

Dazu ein persönliches Geschenk: Für Ihre Anfrage bedanken wir uns mit der 20-seitigen Broschüre von Prof. K. Tepperwein »Praktisches Wissen kurz gefasst«.

An gleicher Stelle ist das Audio- und Video-Seminar

»DAS GELDGEHEIMNIS«

von Prof. Dr. phil. Kurt Tepperwein erhältlich:

○ Hörkassette, 1 Box à 4 Kassetten, 240 Minuten Laufzeit
Art.-Nr. 2018AP, 49,– Euro/89,– SFr.
○ Video-Kassette, 120 Minuten Spielzeit
Art.-Nr. 3017VP, 49,– Euro/89,– SFr.
○ Sparpaket DAS GELDGEHEIMNIS
Art.-Nr. 3805SP, 89,– Euro/158,– SFr.

Der Weg zum Erfolg

Jack Canfield
Janet Switzer

Kompass für die Seele

So bringen Sie Erfolg in Ihr Leben

Vom Autor des Weltbestsellers
»Hühnersuppe für die Seele«

16666